A Reader in French Sociolinguistics

APPLICATIONS in FRENCH LINGUISTICS

Series Editor:
Professor Carol Sanders, *University of Surrey, Guildford, UK*

Other Books in the Series
Chtimi: the Urban Vernaculars of Northern France
TIMOTHY POOLEY

Other Books of Interest
'Francophonie' in the 1990s
DENNIS AGER
Languages in Contact and Conflict
SUE WRIGHT (ed.)
Language Policies in English-Dominant Countries
MICHAEL HERRIMAN and BARBARA BURNABY (eds)
Language Reclamation
HUBISI NWENMELY
Mission Incomprehensible: The Linguistic Barrier to Effective
Police Cooperation in Europe
ROY D. INGLETON
Quantifying Language
PHIL SCHOLFIELD

Please contact us for the latest book information:
Multilingual Matters Ltd, Frankfurt Lodge, Clevedon Hall,
Victoria Road, Clevedon BS21 7SJ, England.

APPLICATIONS IN FRENCH LINGUISTICS 1
Series Editor: Carol Sanders

A Reader in French Sociolinguistics

Edited by
Malcolm Offord

MULTILINGUAL MATTERS LTD
Clevedon • Phildelphia • Adelaide

To four very special people –
Dominic, Matthew, Kirsty and Jessica

Library of Congress Cataloging in Publication Data

A Reader in French Sociolinguistics/Edited by Malcolm Offord
Applications in French Linguistics: 1
1. French language–Social aspects. 2. French language–Social aspects–Foreign
countries. 3. Sociolinguistics. 4. Language policy–France. 5. Languages in contact.
6. Women–Language. I. Offord, M.H. II. Series
PC2074.75.R43   1996
306.4'4'0944–dc20   96-3294

British Library Cataloguing in Publication Data

A CIP catalogue record for this book is available from the British Library.

ISBN 1-85359-343-5 (hbk)
ISBN 1-85359-342-7 (pbk)

Multilingual Matters Ltd

UK: Frankfurt Lodge, Clevedon Hall, Victoria Road, Clevedon, Avon BS21 7SJ.
USA: 1900 Frost Road, Suite 101, Bristol, PA 19007, USA.
Australia: P.O. Box 6025, 95 Gilles Street, Adelaide, SA 5000, Australia.

Typeset by Archetype, Stow-on-the-Wold.
Printed and bound in Great Britain by WBC Book Manufacturers Ltd.

Contents

Sources

Permission to reproduce the material included in this book has been sought and received from the following publishers:

Association pour la sauvegarde et l'expansion de la langue française, for Jacques Capelovici, 'Si les réformateurs de l'orthographe daignaient répondre', *Lettre(s)* (*Bulletin édité par l'ASSELAF*) (4, juillet–septembre 1992), pp. 9–10. (Chapter 1.8)

Belfond, for Marina Yaguello, *Le Sexe des mots* (Paris: 1989), pp. 11–13, 17–20, 22–23, 38–39, 43–44, 46–47, 50–51, 52–53, 69–70, 108–109. (Chapter 4.5)

Blackwell, for Ronald Wardhaugh, *Languages in Competition: Dominance, Diversity and Decline* (Oxford: 1987), pp. 99–104. (Chapter 1.1)

Cahiers de lexicologie, for C. Galeazzi, 'Les Dénominations des femmes dans deux corpus de presse féminine' (Vol. 49, 1986), pp. 53–54, 76–85, 91–92. (Chapter 4.4)

C.E.S.C.M., for Georg Kremnitz, 'Remarques sur la situation sociolinguistique de l'occitan en 1989' in *Mélanges de langue et de littérature occitanes en hommage à Pierre Bec* (Poitiers: 1991), pp. 259–265, 269–272. (Chapter 2.3)

Champion, for Didier de Robillard et Michel Beniamino (éds), *Le Français dans l'espace francophone*, tome 1 (Paris: Champion, 1993), pp. 229–241 and 318–323. (Chapters 3.2, 3.3)

Conseil de la langue française, for *La Situation démolinguistique au Québec et la Charte de la langue française* (Quebec: 1980), pp. 9–11 (Chapter 3.4) and *Bulletin du Conseil de la langue francaise* (10, 1993), pp. 1–3. (Chapter 3.5)

Délégation générale à la langue française, for *Dictionnaire des termes officiels* (Paris: 1991), pp. 7, 8, 119, 120, 123. (Chapters 1.6, 4.3)

La Documentation française, for Haut Conseil de la Francophonie, *Etat de la francophonie dans le monde* (Rapport 1993) (Paris: 1993), pp. 225–7, 229,

269–271, 273–283 (Chapter 3.6.) and (Rapport 1994) (Paris: 1994), pp. 211–217, 505–510, 513–516. (Chapter 3.1)

Duculot, for André Goosse, *La « nouvelle orthographe »* (Paris: 1991), pp. 30–35, 45–52, 109, 110. (Chapter 1.7)

Gallimard, for Gabriel de Broglie, *Le Français pour qu'il vive* (Paris: 1986), pp. 265–268. (Chapter 1.2)

Gouvernement du Québec, for Edith Bédard et Jacques Marais (eds) *La Norme linguistique* (Québec: 1983), pp. 763–787. (Chapter 1.4)

Bernard Grasset, for Luce Irigaray, *Sexes et genres à travers les langues: éléments de communication sexuée* (Paris: 1990), pp. 62–65. (Chapter 4.2)

L'Harmattan, for Geneviève Vermès (éd.) *Vingt-cinq communautés linguistiques de la France,* tome 1 *Langues régionales et langues non territorialisées* (Paris: 1988), pp. 91–94, 101–104, 261–278, 291–299. (Chapters 2.2, 2.4, 2.6)

International Journal of the Sociology of Language (Vol. 29, 1981), pp. 15–28. (Chapter 2.5)

Odile Jacob, for Claude Hagège, *Le Français et les siècles* (Paris: 1987), pp. 215–221. (Chapter 1.3)

Robert Laffont, for Henriette Walter, *Le Français dans tous les sens* (Paris: 1988), pp. 127–145. (Chapter 2.1)

La Recherche (Vol. 248, 1992), for Robert Chaudenson, 'Les Langues créoles'. (Chapter 3.7)

Tel Quel, for Anne-Marie Houdebine, 'Les Femmes et la langue' (Vol. 74, 1977), pp. 84–90. (Chapter 4.1)

Introduction

The extracts included in this book have been selected to illustrate as wide a range as possible of the aspects of the sociolinguistics of the French language — historical analyses, subjective assessments, the use of questionnaires, general surveys, demographic calculations, tables, charts, forecasts, situations of rivalry between standard French and the dialects and regional languages of France, rivalry between French and other languages outside France, reflections on linguistic gender issues, as well as official documents and pronouncements.

Section 1 concentrates upon standard French, its rise to preeminence, the success of its campaign against rivals and its position in France today, especially from an official perspective.

In the opening chapter (1.1.), Ronald Wardhaugh reviews the development of standard French from the earliest times to the present day, showing how the language gained in prestige and importance not only in France itself, but also on a wider European plane. The most notable events and personalities involved in that process are discussed: the Ordinance of Villers-Cotterêts, the founding of the *Académie française*, Rivarol, l'Abbé Grégoire, Barrère, Jules Ferry, the *loi Deixonne*. Wardhaugh traces attitudes towards French and other languages, thus accounting for the attitude "which makes it difficult for many who use French to set any high value on other languages" and which leads to the downgrading of the regional languages and dialects of France (dealt with in Section 2).

A common contemporary lay attitude towards French — one of love coupled with despair — is reflected in the passage from Gabriel de Broglie (1.2.), which through its emotional content contrasts powerfully with the objective attitude demonstrated in Wardhaugh's presentation. De Broglie points an ironical finger of accusation at certain factors which he holds responsible for what he sees as the deterioration in quality of the language — education, lexical poverty among adults, "hexagonalisms", distortions of meaning, lack of syntactical correctness, the use of approximations, a drift away from Latin. Looking to the future, he rejects the view that the development of language is a matter of fatalism, or that language is an organism which is born, ages and then dies. He speculates on possible future developments and in the final analysis believes that, whichever of the scenarios envisaged prevails, French is well placed among world languages to survive and to continue to perform a civilizing rôle. It is up to French speakers, he concludes, to play their part in preserving the language.

Whereas de Broglie was keen to preserve the pristine quality of French, Claude Hagège, in "Les visages du français" (1.3.), illustrates the rich diversity of the varieties of French and the benefits to be derived from exploiting them. Languages naturally branch out from their original stock, and French is no exception. He insists, therefore, that contributions from regional varieties of French, whether originating in France itself or further afield, should be welcomed into the canon of French.

"Les Français devant la norme" is a detailed study (1.4.) of attitudes towards the spoken norm in the Touraine area. The spoken, rather than written, norm was chosen since, on the one hand, to pronounce words "incorrectly" attracts censure and derision from one's peers, and on the other the Touraine is reputed to be the area of France with the purest accent. One of the interesting features of the extract is the account of the methodology used for the survey — drawing up a questionnaire and choosing the sample population. A comparison is made between the practice of Tourangeaux themselves and speakers from Lille, Limoges and St Denis in Réunion. The implications that this has for the "linguistic security" of the various groups are spelt out. Different conclusions are drawn for the various groups — not all the groups produce a uniform result — and explanations are provided.

There follow two edicts from the government to illustrate its concern about the quality of the language and the steps it takes to promote it. The first (1.5.) is a selection of articles from the bill presented by the *ministre de la culture*, Jacques Toubon, to the *Sénat* and *Assemblée nationale* in mid-1994. It repeats almost verbatim elements of the legislation known as the *loi Bas-Lauriol* of 1975 concerning the use of French in certain spheres of national life, but goes further by adding more spheres of concern and imposing penalities for contravening the terms of the act. In a bid to stem the abandonment of French in favour of English, the importance of using French in education and at conferences organized in France is emphasised. The police are given powers to investigate claims of illegal use of languages other than French in France. Not only is the bill interesting in itself but so also is the controversy which it provoked in the country at large. Passions ran high, some parties suggesting that the legislation did not go far enough in protecting the language, others mocking the very idea of linguistic legislation. In the event the bill had to be slightly revised after it was referred to the *Conseil constitutionnel*, who ruled that it was unconstitutional to deny citizens the right to express themselves in whichever language they chose, and became law on 4 August 1994.

The second (1.6.) is an extract from an *arrêté* to illustrate how the government through its *commissions de terminologie* seeks to protect and invigorate the language by providing terminology with official status, and to play its own part in upholding the stance outlined in the previous extract. Government bodies, organizations benefitting from government aid and the media are enjoined to use this terminology in all their publications. The list of expressions provided is typical of the format of the recommendations of the *commissions*.

One of the major issues facing French is that of spelling. New reforms are proposed every two or three decades and provoke considerable public interest. The next two extracts present two opposing views relating to the most recent attempt at orthographical reform. The first (1.7.) is in two parts. The first presents those areas of the French orthographical system about which the *Conseil supérieur de la langue française* made recommendations in 1990 (the hyphen, the plural of compound words, the circumflex, the past participle of pronominal verbs and a number of anomalies), and the second consists of comments by André Goosse, a member of the *Conseil supérieur* team which proposed the recommendations, who explains the thinking behind the decision to propose the deletion of the circumflex from a large number of words where it occurs at present. The second abstract (1.8.) is a caustic attack on the orthographical reforms then under discussion (accusing the reformers of *mégalomanie conquérante*) by one of the leading members of the *Association pour la sauvegarde et l'expansion de la langue française*, Jacques Capelovici, who makes the point that other languages survive with more anomalies between spelling and pronunciation than French, and who highlights a number of other areas of the orthographical system which the enquiry did not cover. Would it not be better, he asks, if these people who succeed in mastering unerringly French spelling themselves, were to pass on their experience and expertise to others instead of changing the very system?

Section 2 is devoted to an examination of the sociolinguistic situation in France itself, regional languages, dialects and regional French. In the first extract (2.1.), Henriette Walter gives a brief overview of the history and current position of the seven regional languages of France, four non-Romance, Basque, Breton, Flemish and Alsatian and three Romance, Occitan, Catalan and Corsican. She attempts to provide figures for the number of speakers of each language and also locate where they are found.

She concentrates particularly upon the most widely spoken of the regional languages, Occitan, and charts the controversy concerning the provision of suitable grammatical and orthographical systems following the demise of Frédéric Mistral and the Félibrige in the early years of this century.

Next come two extracts outlining in some detail the sociolinguistic situation of two of these languages and their relationship with French. The first one (2.2.) illustrates one of the non-Romance languages, one which bestrides the border with another country, Basque, and the second (2.3.) repeats that exercise for the most widely spoken of the languages of Romance origin, one which is used exclusively on French soil, Occitan. Basque is shown to be "une langue résistante", despite the small number of speakers (approximately 80,000), since there is a very lively local culture and a number of initiatives have been taken in the realm of education to ensure that it is passed on to the younger generation. Basque on the French side of the Pyrenees also derives a certain amount of support from the fact that on the southern side it has official status alongside Spanish in the autonomous community of Euskadi. A similar approach is adopted by Georg Kremnitz in his article on Occitan. The author seeks to provide an overview of the current sociolinguistic situation in Occitania. He asserts that in all probability there are no speakers for whom Occitan is their first language. He proceeds to chart the demographic movements into and out of the area but is particularly concerned to investigate the degree of competence in Occitan possessed by those who still claim to use it (to what extent can they speak, understand, read and write it?) and to discover how that competence was acquired. The conclusion is that although the number of speakers is on the decline, an infrastructure of institutions exists which try to support the language, but what is urgently required to enhance the chances of survival of Occitan effectively is the creation of a pan-Occitan awareness, which may be possible because of a more sympathetic attitude towards minority languages within the European Union.

Anne Lefèbvre's discussion of French dialects (2.4.), which she calls "les langues d'oïl", attempts a definition of an extremely elusive entity, relying mainly on the criterion of mutual comprehension, but realizing that this needs to be carefully circumscribed. Two diametically opposed factors are seen to be at play — one producing linguistic insecurity, especially amongst those dialects the furthest removed from Paris, and the other where the dialect becomes an "object of desire", to be preserved. The case of the dialect of Lille is taken as an illustration of the latter position. Standardizing the dialects is the theme of the second part of the chapter, and various attempts to divise an orthographical system for Gallo, the dialect spoken in Brittany, are discussed. However, it is regretted in the conclusion that the form of local dialect which associations try to preserve is not that actively used by present-day speakers but that belonging to past generations — attesting once more to the power of French to divert attention away from the current situation to a more distant past.

The case of Nord-Picardie, an area where dialect is best preserved in France, is taken up by Fernand Carton (2.5.), who systematically describes and accounts for the complex present-day state of affairs: a variety of dialects/languages, some originating from the same source, others with diverse origins, yet others which are mixed varieties. He discusses the sociological aspects inherent in any review of a dialect, the contrast between male and female speakers, age differences, educational/socio-economic factors, communication contexts, and concludes that the term dialect is scarcely appropriate for the region, since local people control a number of varieties, not simply a single one. He is confident that Nord-Picardie will retain its linguistic originality for some time to come.

Gaston Tuaillon (2.6.) follows a theme alluded to by Claude Hagège, namely the contribution that regional French makes to the linguistic picture in France. Regional French is defined as being constituted by those linguistic variants which contrast, by virtue of their geographic distribution, with the rest of the country and especially the Paris area. Phonetic, grammatical and lexical examples are given, accompanied by an assessment of the attitude of lexicographers towards the inclusion of regional items in their dictionaries. Tuaillon expresses the hope that, despite the severe discipline of standard French which opposes the individuality implicit in the existence of dialects and regional French, these forms which have escaped normalization will continue to survive.

Finally in this section, there is an extract (3.7.) on how young immigrants cope linguistically with the identity crisis caused by living in a situation which places them in two cultures. It is demonstrated that there is a variety of ways of reacting to this problem (the youngsters may flaunt their minority status, hesitate over their position, accept a dual world or reject their original culture) and also a variety of linguistic practices (involving different degrees of use of and competence in their original languages), which do not necessarily correlate with the attitudes expressed earlier. The extract also examines the relative importance of the contexts in which the original language and French are acquired (the home, peer group, school and country of origin).

Section 3 attempts, by looking at the linguistic situation in a number of individual countries and using them as exemplars, to give a picture of Francophonia outside France. However, before that, comes an extract from the official annual report on the state of Francophonia worldwide (3.1.). The survey deals first of all with certain issues occurring in a range of Francophone countries (in Europe, North Africa, Black Africa, North America and south-east Asia), highlighting in particular the number of French-speakers in each case, always of great consequence to French-speakers, and the prospects for the French language in each country. This is followed by a presentation and discussion of the benefits enjoyed by Francophone countries — the international status of French, availability of teaching in French, the Francophone cultural and linguistic bond and the North-South solidarity and defence of pluralism afforded by French. It is also shown how these benefits are counterbalanced by negative trends affecting Francophonia — the results of the world-wide economic crisis, the permanent crisis in Francophone Africa, a fall in education and the move towards a universal use of English. The extract finishes with a statement of modest optimism that, despite the problems that exist, French is nonetheless managing to sustain its position in the world.

The next extract (3.2.) takes a Francophone European country, Belgium, and analyses this *laboratoire linguistique*. The complexity of this laboratory is illustrated through the creation of its three Regions (Flanders, Wallonia and Brussells) and its three Communities (Dutch-speaking, French-speaking and German-speaking). The progress of the French language is shown to be counterbalanced by the economic and political weight of Flanders. Other aspects of the linguistic situation examined are the status of the three official languages, the French dialects of Belgium and, a feature which emerged earlier (1.4.), linguistic insecurity, this time experienced by the French speakers of Belgium. A quite different situation is seen in the case of Guinea in West Africa (3.3.), where political decisions by the newly independent government in 1958 had a profound effect upon the position of French, the language of the ex-colonial power, in the country. National languages were encouraged in all areas of life at the expense of French and in contrast to the situation in most of the other ex-French colonies in Black Africa. This policy changed in 1984 when French was reinstated as the language of education. The extract presents the results of a survey carried out in Guinea to assess linguistic usage; after a statistical analysis, it looks at those domains where French is used and at the ways in which Guineans are exposed to French. Then the effects of contact between French and local languages are considered. It is suggested in conclusion that the 1984 change of policy should lead to a change in the fortunes of French in the country. Two extracts have been chosen to illustrate the current situation in Quebec, one (3.4.) a commentary upon *la Charte de la langue française*, passed in 1977, which declared French to be the sole official language of Quebec. The commentary attempts to quell the fears of English-speakers that their position in Quebec was being threatened. The other extract (3.5.) is a statement made in 1993 by the *Conseil de la langue française*, which was established in 1977, as a result of *la Charte*, with the mission of overseeing linguistic developments in Quebec. The extract outlines its intentions and the challenges it will have to face in the years ahead.

Usage social du français langue seconde en milieu multilingue (3.6.) is taken from the 1993 report of the *Haut Conseil de la francophonie* and examines the position of French in a number of Francophone countries. For the purpose of this chapter, two of the eight countries originally examined have been chosen, Luxemburg for Europe and Tunisia for Africa. Identical questionnaires were issued to a number of speakers in each country, and the results presented in identical form to facilitate comparison. It should be stressed that the investigation focused exclusively upon multilingual situations and that the methodology utilized was rather amateurish — in some cases the number of informants chosen was extremely small, only ten for Luxemburg, but sixty for Tunisia. The *synthèse générale* provides an interesting picture of the use of French in the eight countries, showing that the further behind one leaves the domestic context and the more one moves into professional and official social situations, the more French is used.

The last extract in this section (3.7.) is devoted to French-based creole languages. After outlining the three groups of hypotheses regarding the origins of creole languages, Robert Chaudensson proceeds to a sociohistorical analysis of the conditions pertaining in the colonies at the time the languages were being formed. He shows that at the root of the creolization process proper is the transition from a "société d'habitation", where relations between whites and blacks were close and regular (thus accounting for the French base of the creoles), to a "société de plantation", where with the massive influx of African workers, relations became more distant and less regular (thus accounting for the various African substrata). He also reviews briefly the current situation, calling for prudent management of the diglossic situations in the creolophone areas and warning of the effect of successful education in French or English upon the vitality of the creole languages.

Section 4 is concerned with the matter of sex/gender and language. After a review of linguistic sexual differentiation in a number of Amerindian and Caucasian languages, Anne-Marie Houdebine makes an appeal (4.1.) for a rational examination of this topic in English and French, to discover whether there is a woman's language and/or a man's language and to what extent it is permissible to speak of linguistic discrimination according to sex. She sets out a number of criteria which should guide such research. In contrast with Luce Irigaray's psychoanalytical bias (4.2.) and the reaction to changed social circumstances which inspired the Roudy report (4.3.), Houdebine demonstrates a more exclusively linguistic approach to the matter.

Luce Irigaray, from a feminist standpoint, writes (4.2.) of the psychological difficulties suffered by women in having to use masculine pronouns instead of feminine ones as they pass from early childhood into the "discours culturel du *il* et de l'*entre-ils*". Pronoun usage is one aspect of the war of the sexes, which she would like to see brought to an end by the construction of a "culture sexuelle". The 1986 *Circulaire* (4.3.) is an attempt by the government to address one of the areas where it is felt that linguistic sexual discrimination exists, namely among professional names. The recommendations of the Roudy report on the feminization of these names were to be implemented in all official documents.

This Section concludes with two texts of a lexical nature. The first (4.4.) deals with ways in which women were referred to and represented in women's magazines in 1984 and compares that situation with the one ten years earlier. The second (4.5.) looks at the relationship between grammatical gender and sex in French. After a general introduction outlining the problems inherent in that relationship — why do certain masculine nouns refer exclusively to females and vice versa? why do certain masculine nouns not have a feminine form? why do certain nouns hesitate in gender, and so on? — a number of specific examples have been chosen to highlight particular problems. Marina Yaguello skilfully discusses the issues involved, showing how grammatical inequality as well as some degree of inconsistency characterize the French gender system.

Section 1

The French language in France today

1.1.

The development of standard French

The internal history of the French state is one in which there has been a gradual extension of the power of the Île-de-France outwards to the peripheries of the state and in imperial times to the far reaches of the French Empire. This centralizing thrust has been particularly apparent in the nineteenth and twentieth centuries. Although it appears to have picked up much of its momentum during the French Revolution, it was apparent even before that time.

France was Celtic before the Roman invasions and words of Celtic origin have found their way into Modern French, e.g. the names of the rivers Seine, Rhône, and Marne. The French language itself derives from the Vulgar Latin brought by the Roman armies of the first and second centuries BC. This language prospered and later survived the Frankish German-speaking invasions that began in the fifth century AD. The invading Franks were actually romanized, giving up their language and taking over some of the legal, administrative, and religious institutions that they found, and the *Serments de Strasbourg* (Oaths of Strasbourg) of 842 is the first document in which French is distinguished as a separate language. The French kings gradually extended their power within the bounds of what is now modern France: through the crusades into Languedoc in 1270; through marriage into Brittany in 1532; through inheritance into Lorraine in 1766; and through outright conquest. The French language accompanied French power, at least among those who exercised that power if not among those who felt its weight.

So far as language is concerned one of the earliest indicators of the determination of those who ruled France, in this case Francis I, to extend their influence everywhere was the Ordinance of Villers-Cotterêts of 15 August 1539. Its purpose was to replace Latin with French as the language of the law in France so that those who lived in the kingdom might avail themselves of a living language rather than a dead one when they had legal dealings. However, it appears that at the time this change was made only a minority of the population to which the new law applied actually knew any French. It was a time when the regional languages of France still

3

flourished and French was known only to a very few in the peripheral areas of France. What the Ordinance of Villers-Cotterêts did in effect for such people was to change the language of the law from one inaccessible language to another that was almost as inaccessible. Moreover, it implicitly downgraded all the other living languages of France and conferred on them a status that has changed hardly at all in the subsequent four and a half centuries. The new law applied to affairs of state only. The Roman Catholic Church persisted in its use of Latin and a French translation of the Bible was published over opposition from the Church. What religious works did appear in French were either rare translations of psalms, sermons, etc., popular lives of saints, or works by Protestants published during the Reformation, e.g. Calvin's writings.

In the late fifteenth and early sixteenth centuries the language of the French court extended itself more and more into the south of France, penetrated the cities, spread along communication routes such as the Rhône, and came into use for all matters of law and administration. A French literature developed and the language began to become attractive to the expanding bourgeoisie.

As French came into greater use people began to pay more and more attention to the characteristics they saw in the language. Du Bellay found it necessary in 1549 to publish his *Défense et illustration de la langue française* and others began to publish on such matters as spelling, grammar, and vocabulary. The first attempts to standardize and glorify the language were under way. In the seventeenth century the work of Malherbe (1555–1628) and de Vaugelas (1585–1650), the founding of the *Académie Française* in 1635, and the publication of the dictionaries of Pomey (1676), Richelet (1680), and Furetière (1684) were important milestones in the development of the language. The great French writers of the seventeenth and eighteenth centuries also brought enormous prestige to the language: Corneille, Racine, Pascal, Molière, La Fontaine, Descartes, Voltaire, Diderot, and Rousseau.

By the end of the eighteenth century many of those who spoke French were extremely proud of their language. It was no longer felt necessary to 'defend and illustrate' it. In 1784 Rivarol won a prize offered by the Berlin Academy (which called itself L'Académie Berlin) for his *Discours sur l'universalité du français*, in which he glorified the language and its virtues, a language too, which, after the Treaty of Rastadt of 1714, had become the language of international diplomacy. Some of Rivarol's words are worth quoting because they illustrate an attitude towards the French language that one still finds, an attitude which makes it difficult for many who use French to set any high value on other languages:

Il n'y a jamais eu de langue où l'on ait écrit plus purement et plus nettement qu'en la nôtre, qui soit plus ennemie des équivoques et de toute sorte d'obscurité, plus grave et plus douce tout ensemble, plus propre pour toutes sortes de styles, plus chaste en ses locutions, plus judicieuse en ses figures, qui aime plus l'élégance et l'ornement, mais qui craigne plus l'affectation. Elle sait tempérer ses hardiesses, avec la pudeur et la retenue qu'il faut avoir pour ne pas donner dans ces figures monstrueuses où dorment aujourd'hui nos voisins. Il n'y en a point qui observe plus le nombre et la cadence dans ses périodes en quoi consiste la marque véritable de la perfection des langues.

Under the *Ancien Régime* there was considerable tolerance of local cultures and languages within France. The outlying parts of the country tended to be left much to themselves so long as they caused no trouble and the people paid their taxes. Little attempt was made to force French onto the common people. The élites were won over, though, and French acquired sufficient prestige that it was possible to downgrade every other language or variety of French than that of Paris to patois status. And as the influence of Paris grew that of the provinces fell. On the eve of the French Revolution French had succeeded in becoming the most prestigious language in Europe: however, as we will see, to many millions within the country itself the language was still quite unknown.

When the French Revolution occurred it was necessary at first for the revolutionaries to ignore the fiction that French was spoken everywhere in France. They wanted to be sure of support everywhere. To this end a decree of 14 January 1790 allowed for the translation of official declarations into local languages. However, a few months later on 2 October 1790, another decree required that such official declarations be read in French at the end of Sunday mass. There was therefore some ambivalence during the early years of the revolution about how the different languages of the country were to be treated, but that ambivalence was short-lived.

A survey by the Abbé Grégoire of the linguistic situation in France in 1790 produced some startling results in his report of 1794, *Rapport sur la nécessité et les moyens d'anéantir les patois et d'universaliser l'usage de la langue française*, for those who wanted to see a unified state in which the people shared a common language. Grégoire estimated the population of France to be about 26 million. He identified thirty patois (*trente patois différents*) in what he called the Tower of Babel that France was, including in this number Breton, Basque, Flemish, German, and Italian. For Grégoire anything that was not the French of Paris was a patois! Within France Grégoire found that only 11 million people spoke French as their mother tongue. Well over half the population spoke a language other than French as the mother tongue, and these different languages were spread around the borders of the state. There were certainly speakers of French distributed among such non-French speakers but where such speakers existed there were also clear social divisions. The élites spoke French, the masses did not.

Grégoire estimated that three million of those to whom French was not a mother tongue could still speak French and another six million had some small knowledge of the language. However, six million inhabitants of the French state knew no French at all! Grégoire may have actually overestimated French-speaking ability. What is clear is that at the end of the eighteenth century about half the population of France still had little or no knowledge of French. To the extent that they did not yet know the language they were not yet 'Frenchmen'. The revolutionaries were not prepared to accept this consequence: the population of France were to be turned into Frenchmen and the French language was to be the principal means to effect the necessary change.

The immediate result was the passing of a succession of laws either to promote French or to restrict the use of other languages. In October 1793 it was decreed that only French could be used as the language of instruction in schools. In December of the same year the use of German was forbidden in Alsace. In January of the following year Barrère, a prominent member of the Committee of Public Safety, declared that though the overthrown monarchy might have had its reasons for being like a Tower of Babel, the new democracy of free people required the use of one language for all. To this end each commune was ordered to employ a teacher who would be able to teach French. However, it was one thing to so decree and another to be able to find the people who were needed to carry out the decree. Barrère's best-known words, however, are those that directly attack other languages than French:

Le fédéralisme et la superstition parle bas-breton ; l'émigration et la haine de la République parlent allemand ; la contre-révolution parle l'italien, et le fanatisme parle le basque. Cassons ces instruments de dommage et d'erreur ... Pour nous, nous devons à nos concitoyens, nous devons à l'affermissement de la République, de faire parler sur tout son territoire la langue dans laquelle est écrite la Déclaration des droits de l'homme.

This Jacobinian view, which was enacted into law as the *loi du 2 thermidor an II* (the law of 20 July 1794) and which proscribed all other languages than French within the territory of France ('*nul acte public ne pourra, dans quelque partie que ce soit du territoire de la République, être écrit qu'en langue française*'), has been very influential in French language policy ever since the revolution, particularly when allied to the view that had developed earlier concerning the unparalleled virtues of the French language itself.

In spite of the measures taken by the Jacobins little actually changed in the countryside to further the advance of French there. France was soon to have other concerns that would attract attention away from the complete francization of the countryside. In 1861 [...] official figures showed that no French was spoken in 8,381 of France's 37,510 communes containing about a quarter of the country's population. The Ministry of Public Instruction found that 448,328 of the 4,018,427 schoolchildren between the ages of seven and thirteen spoke no French at all and that another 1,490,269 spoke or understood French but could not write it, suggesting an indifferent grasp of the language. In 24 of the country's 89 departments more than half the people did not speak French. French remained then virtually a foreign language to a substantial proportion of the country's population for much of the nineteenth century.

This situation changed in the last decades of the nineteenth century. Military conscription began in 1875. Under the Third Republic the school laws of Jules Ferry made primary education in French obligatory from 1886 and encouraged the promotion of French language and culture. A rapid development of communication networks occurred, as roads were improved and railways constructed. The result was that the influence of Paris with its strong centralizing tendencies could be felt promptly and consistently everywhere within the hexagon (i.e. metropolitan France). [...] these were very important years in the formation of French identity and the promotion of the French language. The efforts were to culminate early in the twentieth century with World War I and the patriotism which that war brought forth among the French people.

During the course of the nineteenth century and well into the twentieth it was absolutely forbidden to use any other language than French for purposes of instruction in the schools of France. It did not matter what language the children spoke: Flemish, German, Catalan, Breton, etc. They were living in France and the language of France was French. Every other language in France was inferior to French. It was therefore the responsibility of the schools to teach French and to teach in French, and it was the duty of those who knew no French to repair that deficiency.

It was not until 1951 and the passing of the *loi Deixonne* that this situation changed. This law allowed for the teaching of some of the languages and local dialects of France [note d'éditeur: *dialectes locaux* is the expression used in the *loi Deixonne*, but in fact it only allowed for the teaching of regional languages], specifically Breton, Basque, Catalan, and Occitan. They could be taught for one hour a week on a voluntary basis. They could also be

1.2.

La « *dégradation* » du français courant

À entendre les docteurs assemblés au chevet du malade, le verdict est unanime : le français est en crise. C'est un concert de lamentations, une dénonciation générale et permanente. Les uns s'attristent, les autres s'indignent et condamnent. Les nuances vont du constat sévère : « Qui sait encore parler le français ? » à l'interrogation funèbre : « Parlera-t-on encore le français demain ? » Aucun domaine, aucune catégorie n'échappe à cette réprobation. Les jeunes se délectent dans leurs expressions codées, le parler populaire et familier se relâche, les spécialistes s'enferment dans leur jargon, les savants préfèrent créer leur propre langage, les technocrates se réfugient dans l'obscurité. La contagion gagne les instances les plus élevées ou, si l'on préfère, l'exemple vient d'en haut. Les principales autorités de l'État, dans l'espoir de mieux communiquer avec leurs concitoyens, appauvrissent leur langage ou versent dans le commun. [...]

Dans ce procès général, qui donc sont les procureurs ? Curieusement, un peu tout le monde. Depuis toujours on vit avec le français comme avec une personne aimée. On la trouve belle, on la célèbre, mais on doute. Elle inquiète, elle tourmente, mais elle attache. L'intimité avec le français est une longue passion. Les jugements sur son état sont peu sereins. Ils sont portés avec ferveur ou par dépit, avec fierté ou colère. J'écoute ces discours plus souvent vengeurs qu'enthousiastes. Ils me remplissent de tristesse mais ne me convainquent pas. Le français devenu langue morte, ou pis, disparu de la mémoire des hommes ? Autant imaginer que les cathédrales seraient détruites, Versailles dévastée, arrachées mes racines et englouti mon paysage. À cette seule perspective, je ressens une terreur de guerre nucléaire, un désarroi de fin du monde. C'est alors que je me souviens de la phrase de De Gaulle à Jean Dutourd en 1956 : « La France, Dutourd, vous verrez, dans trois cents ans. » Toujours la passion. Comme elle est belle et séduisante « cette attitude théologique qui veut que le français, fils aîné du verbe, comme la France est la fille aînée de l'église, ne soit pas une langue comme les autres » (Georges Cellard). Belle, mais trompeuse et inefficace. La théologie pas plus que le narcissisme ou la nostalgie ne sont des armes modernes. S'il est vrai que nous traversons une crise, est-ce celle du français ou de la représentation que nous nous en faisons ? La force des souvenirs des temps meilleurs, l'idée que nous en gardons, différente de l'image que nous recevons aujourd'hui de notre langue, peuvent provoquer des inadaptations plus psychologiques que linguistiques. Le trouble pourrait bien n'être que psychosomatique. Et si nous nous complaisons tant dans notre mémoire, il faut aller jusqu'à la question sacrilège : aimons-nous encore le français ?

Dans de tels doutes, il n'est qu'une attitude sincère et sérieuse : objectiver les impressions, diagnostiquer les symptômes, mettre en pleine lumière les manifestations du mal.

S'agissant d'abord du français courant, parlé tous les jours par nous tous, la crise première, aiguë et profonde, est celle de l'enseignement. On a prétendu qu'apprendre à lire à un enfant tenait du miracle, comme apprendre à rouler à bicyclette. Ce miracle, qui se reproduisait infailliblement il y a quelques décennies, tend depuis vingt ans à devenir aléatoire. C'est que la génération des magiciens d'aujourd'hui, je veux dire les enseignants, ont eux-mêmes été privés du miracle et qu'ils ont peu ou mal appris le français et n'ont plus appris à l'enseigner.

Pour donner une idée de la situation, j'ai lu les rapports et les livres, j'ai interrogé les professeurs. Le constat est là, alarmant, indiscutable. L'enseignement primaire, dont la généralisation au siècle dernier avait eu pour objectif et pour effet de permettre à chacun de savoir lire, écrire et compter, et de connaître à grands traits l'histoire et la géographie de son pays, ne remplit plus son rôle et ne délivre plus ce bagage de la citoyenneté. On a, au contraire, vu se construire et se répandre, à partir de 1960, une doctrine selon laquelle le dressage qui permet à un enfant de monter sur une bicyclette risquait de le traumatiser à déchiffrer les lettres et les syllabes. Cette anxiété d'apprendre à lire devenait, sous l'éclairage de la linguistique et de la psychosociologie, une affaire délicate qui nécessitait une méthode globale et un apprentissage de la langue prolongé jusqu'à l'âge adulte. [...] Les universitaires ont théorisé. Les écoles normales ont endoctriné. D'innombrables colloques, enquêtes, expériences et publications ont répandu la bonne parole, les instituteurs ont appliqué le système comme ils le pouvaient, parfois à leur corps défendant, mais d'autant plus naturellement qu'ils étaient plus nombreux à en être issus. [...]

Nous assistons depuis deux ans à un retournement complet et heureux de l'opinion. La réaction en faveur de l'école libre a sans doute servi de révélateur. Les intellectuels et les universitaires ont osé dévisager le spectre et proclamer que le roi était nu. Pédagogie criminelle, enseignement en détresse, massacre des innocents, « linguicide », génocide culturel, holocauste sont les expressions couramment employées maintenant pour désigner ce qui fut le dogme. [...]

Les générations sacrifiées ne font que sortir des écoles, les méthodes antérieures ne sont pas remplacées. À l'heure actuelle, dans certaines classes, la moitié des élèves des cours complémentaires savent à peine ânonner mais certainement pas lire. L'Éducation nationale reconnaît que 10% des élèves sortant de l'enseignement primaire sont des illettrés. Le ministère de la Culture considère que 26% des adolescents de quinze ans ne lisent pas. L'Armée, plus rigoureuse dans sa toise, dénombre 1% de conscrits analphabètes complets. Dans l'enseignement secondaire, on ne relève plus les fautes d'orthographe. La vieille règle des cinq fautes qui suffisaient à éliminer une copie est abandonnée depuis longtemps. Lorsque, pour une enquête, en 1985, on a compté les fautes, leur nombre dépassait en moyenne dix-huit par page. La graphie de certains élèves, ne parlons pas d'orthographe dans ce cas, est si éloignée du français écrit que le professeur est obligé de lire le devoir à voix haute pour découvrir ce que l'élève a voulu dire. Le niveau moyen est si médiocre que les notes attribuées n'ont plus pour objet d'apprécier la qualité d'un exercice, encore moins de donner un ordre de classement, mais seulement de ne pas décourager ceux qui ont rendu une copie et rempli le nombre de pages demandé. Dans le cas où s'opère encore une sélection, celle-ci s'applique rarement au français employé, dont la qualité n'est pas appréciable. Dans l'enseignement supérieur, le français n'est pas la discipline mère, encore moins l'objet d'un culte, mais l'instrument rudimentaire dont le maniement maladroit reste nécessaire pour emmagasiner des connaissances. Parmi les candidats à une maîtrise ou à un D.E.A., l'élégance de l'expression, la nuance de la dissertation, le simple souci de structurer un discours se rencontrent de moins en moins souvent. Même chez les étudiants en lettres, la fiche, le tableau, le style télégraphique, l'exercice oral, le témoignage vécu trahissent des retards accumulés, une inaptitude lointaine, foncière à s'exprimer et surtout à écrire en français.

Les victimes de ce sinistre sont innombrables : des millions de blessés, des centaines de milliers de morts culturels. Pour endiguer ce phénomène, on a créé un nouveau mot : l'illettrisme. D'un rapport particulièrement abscons, établi en 1984, il résultait que l'analphabétisme traduisait la situation de ceux qui n'avaient pas été à l'école, ou qui ne pouvaient s'exprimer pour des raisons pathologiques, et que l'illettrisme était le cas de ceux qui ont suivi une scolarité normale et qui cependant ne savent pas lire ni écrire couramment. [...]

La défaillance du système éducatif étant connue, ouvertement reconnue et officiellement dénoncée, mon regard se tourne vers les adultes et le quotidien. Quel français parle-t-on ? Les phénomènes observés sont multiples. Ils font partie de la vie de la langue et mon propos n'est pas de les décrire tous. J'essaie d'observer les manifestations de la dégradation de la langue en usage. Je réserve pour plus tard ce qui fait discussion comme l'oubli des subtilités de l'orthographe et des nuances de la prononciation, la négligence dans la ponctuation, l'abus des majuscules, l'abandon de certaines formes verbales comme le passé simple ou l'imparfait du subjonctif. Je retiens l'essentiel et le certain. Le vocabulaire s'appauvrit. Encore faut-il distinguer. Les adverbes et les adjectifs prolifèrent, les noms et les verbes, qui concentrent le sens, se réduisent. L'idée d'un français simplifié, ou *basique*, limité à mille cinq cents mots, n'est pas pure invention. Elle recouvre le français effectivement parlé. On notera seulement que cette idée ne s'est heureusement pas formalisée, contrairement à l'anglais. C'est une différence qui méritera réflexion. Conséquence de l'appauvrissement du vocabulaire, les noms ou locutions s'allongent, se compliquent. Alfred Sauvy a relevé de nombreux exemples de cette tendance : au lieu de ville, on dit milieu urbain, au lieu de hausse, mouvement haussier, au lieu d'effet, impact, au lieu de nombre, effectif, au lieu de transfert, délocalisation, au lieu d'avortement, interruption volontaire de grossesse (en l'occurrence, il n'y a pas interruption mais cessation), etc. Il en est de même des adverbes : en ce qui concerne, au niveau de, à l'écoute de, etc. L'ignorance et l'hypocrisie se cachent sous le masque de la complication et de l'hermétisme. Ces détours et ces redondances avilissent le français.

Il est une autre conséquence de la faiblesse du vocabulaire : le sens des mots se dévalue. Il entre dans ce phénomène une grande part de mode. Chaque année apporte sa cuvée nouvelle, plus ou moins bonne, que les jeunes gens expliquent aux parents. Pierre Daninos décrit plaisamment « le grand voyage des mots » : interpeller, appréhender, privilégier, globaliser, cibler, s'éclater, etc. Dans ce « déménagement », le sens le plus souvent s'affadit. L'expression la plus forte chasse la plus juste. Entre deux mots, le moindre n'est jamais choisi. Le superlatif apparaît faible. Le sens absolu de mots comme authentique, supérieur, parfait, se relativise. Une emphase maladroite toujours à la recherche de procédés prétentieux traduit le délaissement du vocabulaire dont on méconnaît à grand tort la vigueur et la précision.

Que dire alors de la syntaxe ! Il est bien normal que la langue écrite conserve une certaine correction. Celle-ci ne souffre à vrai dire de nos jours que de lourdeur, de tours indirects et d'imprécisions dans les articulations qui sont autant de pertes de sens. Mais la langue parlée est frappée d'un mal autrement grave. C'est la phrase elle-même, c'est-à-dire son épine dorsale, qui est atteinte à la fois d'ankylose et d'amollissement. Écoutez parler. Conversations privées, dialogues anonymes de la rue, interventions ou exposés professionnels, animation des émissions de radio et de télévision, vous serez consternés du relâchement de la syntaxe. L'ordre direct propre à notre langue est peu respecté. D'inutiles inversions alourdissent la phrase. La forme interrogative simple, si élégante en français, est abandonnée au profit de : est-ce que, qu'est-ce que, quand est-ce que, pourquoi est-ce que, est-ce parce que … que, etc. Il est rare que la construction de la phrase soit respectée jusqu'à son terme. La rupture qui n'était qu'une figure de rhétorique au beau nom d'anacoluthe devient une facilité courante, un abandon, un simple oubli du commencement de la phrase. Encore faudrait-il que celle-ci fût achevée, ce qui, dans la conversation, n'arrive pas toujours. Que d'interrogations, que de répétitions, en particulier de pronoms ! On abuse des exclamations. Les interjections sont employées à la place d'une proposition toute entière. L'onomatopée se crée librement avec un sens connu de son seul auteur. Bon, ben, moi, je … bof ! Ainsi le français se transforme-t-il sous nos yeux en une langue approximative, c'est-à-dire lourde, sommaire et confuse, à l'exact opposé de ses caractères propres.

Dans cette pathologie du français, les médecins les plus spécialisés sont les plus pessimistes. Je voudrais me garder de tout jugement excessif, non par froideur, au contraire par enthousiasme pour la cause. Un fait me frappe tout d'abord. La langue est attaquée par une minorité. « C'est par la tête que pourrit le poisson », dit le proverbe chinois. La dégradation du français courant, ou mieux « le néo-français, cet idiome prétentieux, laid et simpliste » (Jean Dutourd), provient des catégories élevées ou instruites de la population et non du peuple. Le vrai parler français se trouve à la campagne, en province. Il est mieux respecté parmi les techniciens et les agents de maîtrise. Les cadres et les spécialistes torturent la langue. Les intellectuels eux-mêmes refusent l'effort d'expression et se réfugient dans le jargon qui est notre mal du siècle. […]

Le français s'éloigne progressivement et inexorablement du latin. L'enseignement l'a rejeté, notre système de référence s'est modifié ; ce que le français possède par son origine latine de construit et de scriptuaire s'érode sous l'effet d'un mouvement de civilisation où l'écrit régresse et où l'oral et l'audiovisuel progressent. Dans ce contexte, la dégradation du français courant doit être relativisée. Si la pointe de notre langue s'émousse, le socle résiste. On ne connaît plus ses subtilités mais on l'utilise dans le quotidien de façon tolérable. […] Il est peu de peuples aussi conservateurs et rouspéteurs que les Français, en matière linguistique comme en d'autres. Soyons-en conscients et tirons-en profit. Que la dégradation entretienne une indignation qui soit le contraire du renoncement. […]

L'avenir du français

Qui se préoccupe de l'avenir du français ? Beaucoup plus de gens qu'on ne croit et beaucoup moins qu'il ne faudrait ! Les professeurs et les gouvernants, les diplomates et les hommes d'affaires sont tous informés, la plupart conscients, pas tous convaincus et moins encore déterminés à agir. Mais le plaisir d'entendre du français et le désir de le défendre réunissent l'habitant de Montevideo et celui du Caire, l'universitaire américain et l'abonné à un cabinet de lecture, le passager des vols intercontinentaux et l'agriculteur d'Auvergne, l'auditeur de France-Culture et le trappeur des Laurentides. Si tous les hommes, je crois, aiment leur langue maternelle, il en est peu qui distinguent les lignes de son évolution. Les Chinois ont aimé leur langue au point de faire de son écriture un art et de trouver immoral de jeter un papier où était inscrits des caractères. Mais quel sera le destin du chinois ? Je voudrais que le français, tout malmené qu'il soit, inspire confiance. Pour cela, je me tourne délibérément vers l'avenir et, tout simplement, peut-être parce que le temps est compté, je dis ce que je crois, ce que je souhaite.

*

Je crois qu'en matière de langue, il n'y a pas de fatalité. Le matérialisme, scientifique ou non, si tant est qu'il fournit une parcelle d'explication des deux derniers siècles, ne s'applique pas à la langue ; les révolutionnaires et les marxistes en sont convenus. De nos jours, les phénomènes de puissance jouent à condition de compter la langue comme un pouvoir. Les multinationales ne sont pas responsables du déclin du français, et celui-ci n'est pas la langue de la révolution. Au contraire, le pouvoir conservé au français dans le monde irrite plus d'un allophone et constitue un atout économique encore largement inexploité. La démographie elle-même ne commande pas le sort des langues, moins, à tout prendre, que les accidents historiques qui entraînent de brusques changements linguistiques.

Je ne crois pas non plus qu'il y ait le moindre anthropomorphisme dans la vie des langues. Les auteurs ont souvent personnifié la langue française. Gabriel Matzneff la voit comme une femme amoureuse plutôt que comme une grande malade. Jean Duché en fait aussi une femme, mais une clocharde, dont il écrit les savoureux Mémoires. En réalité, les langues ne parcourent pas une jeunesse, une maturité, une vieillesse et ne meurent pas comme un être vivant. Elles n'obéissent pas non plus aux lois de la biologie par une tendance à se développer et à se perpétuer aux dépens des espèces voisines. Si elles vivent, c'est comme une culture ou comme un média, c'est-à-dire par un principe vital qui est une énergie et qui leur est insufflé de l'extérieur. [...] À l'aube de notre siècle, on pensa un instant que le français n'était borné ni dans l'espace ni dans le temps, qu'il évoluait comme la fuite des galaxies dans un univers en expansion, bref qu'il était éternel. Nous nous rendons compte aujourd'hui que le français est emporté par la grande loi de l'irréversibilité de l'Histoire. Mais dans cette courbe, il peut jouer avec de multiples données dont l'une, la durée, n'est ni linéaire ni homogène, et qui sont toutes réversibles.

La prospective reprend alors tous ses droits et devrait éclairer l'avenir. Il faut reconnaître que sa principale recette, qui consiste à projeter les courbes actuelles, conduit plus souvent à l'erreur qu'à la prophétie et s'applique mal à l'évolution des langues. Il reste à imaginer des scénarios. Le premier : à la faveur d'une crise comparable à la Seconde Guerre mondiale, le monde occidental bascule. L'anglo-américain devient langue universelle et tend à s'imposer partout comme unique langue d'usage. Le deuxième : les courbes actuelles se prolongent, la place du français continue à se réduire progressivement tout en conservant d'important îlots de résistance, mais globalement, le français se marginalise. Troisième scénario : la phase de régression du français est dépassée depuis dix ans, les lois de l'assimilation et de l'uniformatisation ne jouent plus, les positions respectives des grandes langues de culture sont stabilisées pour une longue période. Quatrième scénario : le français est entré depuis cinq ans dans une phase de redressement qu'il s'agit de consolider et de prolonger ; il trouve par sa vitalité et son unité un rayonnement nouveau dans l'espace laissé libre par le laxisme et la division de l'anglo-américain, sa vocation de langue de transfert des cultures s'affirme.

Ces hypothèses globales se combinent avec des variantes spécifiques. Première variante : nous traversons une crise générale des langues qui traduit une crise de la civilisation ; une partie importante du patrimoine linguistique et culturel de l'humanité est en train de sombrer, personne ne peut prévoir quand et d'où partira la renaissance. Deuxième variante : les langues traditionnelles ne sont plus assez perfectionnées pour rendre compte du progrès de la civilisation ; de nouveaux codes apparaissent, artificiels, infiniment plus précis, plus spécialisés ; ils prennent par pans entiers de l'activité humaine la relève des langues défaillantes. Troisième variante : les langues perdent progressivement leur caractère collectif et deviennent une question personnelle ; la crise de civilisation entraîne une Réforme, un protestantisme linguistique ; la langue devient la sphère dans laquelle l'individu s'enracine, entretient des relations de proximité ; elle entraîne moins de choix collectifs, ne joue plus le rôle de matrice d'une culture, n'engage pas de destin national ; l'émiettement des langues fournit à l'individu un refuge contre la collectivité. Quatrième variante : on se sert de moins en moins des langues ; l'image, le signe, la bureautique et l'informatique personnelle ont remplacé l'effort linguistique ; la langue, ainsi dégagée des contraintes, retrouve son rôle de conceptualisation et de création dans les domaines du divertissement, de la culture et de la spiritualité.

Je voudrais faire remarquer que, dans chacune de ces hypothèses, le français paraît la langue le mieux placée par ses caractères propres, non pas pour conserver la plénitude du rôle universel des langues actuelles, mais pour se perpétuer telle qu'elle est et conserver au moins son rôle civilisateur. Ma seconde remarque est que l'on ne sait à peu près rien du rythme d'évolution des langues. Depuis deux siècles, le français se détériore mais sa structure reste étonnamment fixe. Les usages s'affadissent mais la langue écrite garde sa vigueur. Les modes se démodent. La création rejaillit. La zone d'influence du français se réduit et s'étend à la fois. Il me paraît difficile de décider si nous sommes dans une période de détérioration rapide ou de remarquable solidité. Ma conviction est qu'il ne peut pas y avoir fatalité dès lors qu'il y a adaptation. Aucun des scénarios de l'avenir ne minimise le rôle des hommes, en particulier des créateurs. Je crois et je voudrais convaincre les francophones qu'ils ont entre leurs mains le sort du français.

Gabriel de Broglie (1986) *Le Français pour qu'il vive* (pp. 13-20 and pp. 265-268). Paris : Gallimard.

1.3.

Les visages du français

La situation présente du français dans le monde peut, selon le tempéra-ment et le degré d'information de chacun, paraître lourde de menaces ou grosse d'espérances. Doit-il ou non croître en l'absence de toute norme, et peut-il se maintenir sans contrôle ? Des français régionaux assez différents du français de la bourgeoisie parisienne et assez éloignés les uns des autres existent en France comme dans les autres lieux de francophonie. Les plus pessimistes se demanderont ce que serait une langue française qui, un jour, ne permettrait plus, à ceux qui sont censés la parler également tous, de se comprendre. Y a-t-il une conciliation possible entre la normalisation que les plus puristes considèrent comme une nécessité faute de laquelle le français se dissoudrait dans la multiplicité, et l'ouverture à la vie telle que la représentent les francophonies multiples du monde d'aujourd'hui ? Il se trouve que l'Académie [française], précisément parce qu'elle a pour tâche et vocation de veiller à l'intégrité du français tout en assurant son avenir par les encouragements prodigués à sa vitalité, est dans la position la plus favorable pour montrer les voies d'une modulation. Il est déjà révélateur qu'elle ait accueilli en son sein L.S. Senghor, écrivain de style et de tradition classiques, certes, mais apportant aux lettres françaises, à travers une forme élégante et pleine d'éclat, la sève des cultures africaines. Il s'agit, au surplus, d'un illustre promoteur sénégalais de la francophonie, ce qui donne à son élection valeur éminente de symbole. Mais, en outre, la manière dont l'Académie conçoit et construit son dictionnaire montre qu'elle a pris pleine conscience de la force nourricière des courants que drainent en français les francophonies des antipodes. Les dénonciations de la censure vétilleuse du Quai Conti paraissent bien, aujourd'hui, appartenir à un autre âge.

Cela dit, il ne s'agit évidemment pas de contraindre la norme française de France à absorber des formes de français qui s'éloignent d'elle au point qu'elles risquent de faire obstacle à la compréhension. Du moins n'est-il pas question de les introduire par une action concertée. Mais nul ne sait si, dans le brassage des mondes de demain et d'après-demain, une évolution spontanée échappant à tout contrôle ne produirait pas des français dispersés incompréhensibles les uns aux autres. Pour le moment du moins, le français ne paraît pas menacé de se dissoudre dans les formes particulières qui en sont issues, du Canada à l'Afrique et des Antilles à la Réunion. Il n'y mêle pas son cours et n'a guère accueilli les traits de ces neveux picaresques, impatients de vivre leur vie propre, produits féconds du passé : on trouve aujourd'hui plusieurs langues françaises.

Il a toujours existé dans l'histoire du français, comme dans celle de la plupart des langues de civilisation écrite, un état de diglossie ou partage entre deux usages, l'un littéraire et plus proche du style livresque, l'autre parlé et plus familier. Ces deux usages apparaissent comme deux droites qui, bien que parallèles et ne fusionnant pas, sont, tout au long de leur parcours, rejointes l'une à l'autre par de nombreux segments. Autrement dit, le français écrit et l'usage parlé se sont toujours fait beaucoup d'emprunts. Rien ne dit qu'ils ne doivent pas s'en faire davantage encore, à la faveur de l'élargissement du second, nourri par le pullulement des francophonies. Ce dernier est un fait qui ne peut s'esquiver. Il est dans la nature des langues de se ramifier à partir d'un tronc unique, car elles sont soumises à une aventure universelle : elles vivent de la variation. [...] La variation, cependant, peut produire des situations de hiérarchie qui bloquent l'emprunt. Ainsi, on ne voit pas, pour l'heure, quels emprunts le français pourrait faire à cette variété née dans les quartiers commerçants des villes subsahariennes, et que l'on appelle « français populaire africain » ; il est issu du français par régularisation simplifiante de sa morpho-syntaxe, mais non compréhensible aux francophones de France, qui le rejettent comme dévalué alors qu'il est pour ses usagers, locuteurs de langues africaines dans les relations familiales, un signe valorisant d'accession à la francité. Une telle situation est d'autant plus regrettable que cette variante, même marginale par rapport à la francophonie de France ou de Belgique, étendrait à de larges populations une certaine forme de français.

En outre, le français pourrait beaucoup recevoir des usages régionaux qui, quant à eux, appartiennent bien au vaste ensemble de la francophonie proprement dite. Rien ne devrait l'empêcher d'accueillir, en même temps que les réalités humaines et culturelles qu'ils portent, beaucoup des vocables nés sur d'autres rivages que ceux de la Seine : des Québécois il pourrait recevoir le *vivoir* [...] (« salon », traduisant l'anglais *living-room*) ou la *claque* (revêtement protégeant les chaussures contre la neige boueuse), des Wallons l'*aubette* (kiosque à journaux) et bien d'autres. C'est un sang nourricier qui peut affluer ainsi dans le lexique, la zone la plus ouverte aux influences, qu'elles viennent de Kinshasa, d'Abidjan, de Liège, de Lausanne, de Tunis, de Beyrouth, de Tananarive ou de Québec. Loin d'épurer, il faut assimiler ce qui est assimilable, dans la mesure où le critère de la compréhension permet de définir tous ces usages comme appartenant au français. La souplesse d'absorption de l'anglo-américain, qui lui donne une grande force par opposition à l'effroi virginal des défenseurs d'un français pur rebelle à se laisser féconder, devrait ici servir d'exemple, sinon de modèle.

Il ne s'agit pas, évidemment, d'admettre sans discernement des usages qui, très caractéristiques de telle ou telle zone de la francophonie, feront sourire certains des lettrés qui les identifieront comme venant soit de Kinshasa (Zaïre), par exemple *deuxième, troisième ou quatrième bureau* (deuxième, troisième ou quatrième des petites amies d'un *citoyen* [individu donné], rangées par ordre de préférence), soit d'autres parties de l'Afrique, où l'on rencontre couramment des dérivations sauvages de verbes à partir de noms, telles qu'il s'en trouve aussi dans la langue parlée en France : *cadeauter*, de *cadeau*, *torcher quelqu'un*, c'est-à-dire « l'éclairer avec une lampe-torche », et même *lauber*, soit « sortir, danser, s'amuser jusqu'à l'aube » ; à l'île Maurice (il s'agit du français mauricien, non du créole), on rencontre des emplois comme *pointeur* (« prétendant, amoureux »), *ma pièce* (« ma fiancée ») ou *mon dix-sept* (« ma femme préférée »).

En France même, bien entendu, innombrables sont les particularités lexicales des usages régionaux, qu'il faut considérer comme des variétés locales du français, et qui ne se confondent ni avec les dialectes d'autres langues, ni avec les patois (issus historiquement [...] de langues romanes qui ont suivi une voie plus ou moins indépendante par rapport au francien d'Île-de-France, ancêtre du français) : en français ardennais, *cliffer* (« éclabousser »), *loyette* (« cordon de capuche ») ; en français lorrain, *grossine* (« petite pluie fine »), *camp-volante* (« diseuse de bonne aventure »), *charpagnate* (même sens, de *charpagne*, « grand panier de bohémienne »), *tognard* (« homme bourru »), *nachon* (« enfant toujours mécontent »), *faire le quoireuil* (« bavarder avec les voisins ») ; en français poitevin, *courrail* (« verrou »), *landier* (« chenet »), *marienne* (« sieste », du latin *[somnus] meridianus*, « somme de midi », avec dérivation au féminin), *métiver* (« moisonner », d'où le patronyme Métivier, fréquent dans le haut Poitou), *nigeant* (« ennuyeux, pesant »), *pouiller* (« se mettre sur le corps » ; l'usage régional a emprunté ce verbe aux patois pictons [de l'ancien Poitou], qui l'avaient eux-mêmes tiré du latin *despoliare*, source de son antonyme *dépouiller*, seul héritier du latin par le français, qui ne possède pas *pouiller* en ce sens). Les usages locaux présentent même des particularités morphosyntaxiques qui demandent à être « traduites » en français, comme le *d'après que chez tonton Paul sont venus* de la région Poitou-Charentes et d'autres régions (« il paraît que l'oncle Paul et les siens sont venus [vous voir] »).

Tous ces mots et tournures, dont on ne donne ici qu'un très petit nombre d'exemples, et qui remplissent des dictionnaires entiers, n'appartiennent certes pas à la norme française proprement dite. Mais il convient de connaître et de respecter ces usages si divers ; il faut éviter de les regarder avec la condescendance de certains qui négligent de se demander s'ils ne pourraient pas, un jour proche ou lointain, contribuer à façonner un nouveau visage du français : « Les normes nous unissent, nous tous les francophones dispersés sur la planète, » écrit A. Guillermou [*Vie et langage* (1973)]. « Ni le créole, ni le joual ne servent à la transparence. Ils segmentent, ils isolent. Le charabia, le franglais, l'hexagonal ne favorisent pas la communication non plus. » Il est vrai, certes, que le maintien des normes a, pour quelque temps, le pouvoir d'unir. Mais ce n'est pas assez pour que l'on tourne le dos aux héritiers bigarrés, comme l'explique le ton de ce passage. Le problème du franglais [...] est tout autre que ceux du « charabia » (qui peut, certes, s'alimenter aux anglicismes mais se définit d'abord par une méconnaissance du français) et de l'hexagonal (nom donné [...] à l'usage ridicule de mots provisioirement prisés, comme *hexagone* pour *France* ou *rural* pour *paysan*) ; le joual (d'après le nom que l'on y donne au cheval) est le dialecte populaire franco-québécois, assez différent de la norme canadienne par son lexique riche en anglicismes et surtout par sa phonétique ; il est tout aussi respectable que les patois nés sur le sol de France.

Les créoles (et non *le* créole, au singulier de subsomption conde-scendante) sont un problème distinct. Il est temps que le public prenne conscience de ce que les linguistes savent en général : les créoles martini-quais, guadeloupéen, guyanais, dominicain, réunionnais, mauricien, sey-chellois, etc. ne sont pas des exemples de « petit nègre », de parler bébé ou de patois indigent. Ces langues, nées dans les sociétés de plantocratie qui vivaient du travail d'une main-d'oeuvre servile, ont une grammaire originale, assez différente de celle du français et dans laquelle se reconnaît, à travers les particularités de structure, un substrat africain. Le lexique d'origine française compose avec cette grammaire un visage tout à fait nouveau. Le français est trop différent des créoles pour pouvoir, du moins à l'étape actuelle, confluer avec eux en une langue mixte. Ce sont eux, plutôt, qui lui font des emprunts, comme il arrive souvent dans les situations de diglossie. Diglossie plutôt que continuum, ce dernier terme impliquant, chez les créolistes qui s'en servent, une situation dans laquelle les usagers n'auraient de cesse qu'ils n'aient enfin atteint cet état de proximité puis de fusion avec le français qui mettrait un terme définitif à la dérive d'où sont nés les créoles ! À cette illusion s'oppose la réalité de l'attachement des Antillais et des autres à leur langue maternelle. La situation de diglossie répartit strictement les sphères d'emploi : c'est en français que l'on disserte, que l'on s'adresse à l'administration, que l'on aborde des inconnus ; c'est en créole que l'on plaisante, que l'on parle à ses proches ou à ceux que l'on aime, que l'on s'émeut ou s'énerve, que l'on écoute ou dit des récits traditionnels, les contes, les devinettes.

Ainsi, les francophones de France doivent être accueillants à la diversité des usages, qu'il s'agisse de parlers régionaux ou de langues nouvelles qui, bien qu'issues historiquement du français, s'en sont fortement distinguées, comme les créoles. Avec tous, la langue française est solidairement engagée dans un même destin.

Claude Hagège (1987) *Le Français et les siècles* (pp. 215-221). Paris : Odile Jacob.

1.4.

Les Français devant la norme

La présente recherche a pour principal objectif d'apporter des éléments de réponse à la question suivante : qu'est-ce que la norme, non pour des linguistes, mais pour les gens ordinaires, en l'occurrence des francophones majoritairement « hexagonaux » ? Comment ceux-ci vivent-ils et verbalisent-ils leur rapport à la langue, compte tenu des principales variables situationnelles et interpersonnelles (sociologiques, régionales, etc.) susceptibles de déterminer cette relation ? Étant donné l'importance de la langue dans les relations sociales et le caractère le plus souvent inconscient de son usage, nous pensons qu'il peut être utile à diverses fins, notamment cognitives et éducatives, de connaître les attitudes des locuteurs d'une langue à l'égard d'une des structures les plus déterminantes de leur vie sociale.
[...]

La norme orale

[...] il s'agit seulement ici de la norme orale, de la norme du français parlé. Deux [...] motifs nous ont confirmés dans notre intention de nous limiter à cet aspect de la norme : d'abord, en France, c'est surtout à la norme écrite qu'on se réfère le plus généralement de façon explicite, notamment dans la tradition de notre enseignement. [...] Mais [...] la prononciation fait l'objet d'une « répression » plus sévère de la part du groupe de pairs que de la part de l'enseignant, qui se concentre surtout sur la graphie. C'est en outre une répression manifeste mais, au contraire de ce qui se passe dans l'institution scolaire, non explicite : le groupe « singe » le parleur marginal mais sans lui détailler les points critiques et sans lui enseigner positivement comment faire. De ce fait, l'oral reste un domaine relativement implicite dans l'ensemble des représentations de la norme, d'où l'intérêt d'une étude sur le contenu de cet implicite.

Le dernier motif qui nous a poussés à nous concentrer sur la norme orale est l'existence dans notre région d'une tradition selon laquelle le français de Touraine est le meilleur, le plus conforme à la norme. Cette tradition [...]

est concurrencée par le modèle du « parisien cultivé » mais n'en demeure pas moins exploitée dans l'enseignement du français aux étrangers et nous voulons savoir si elle est connue des Tourangeaux d'abord, des autres francophones ensuite, et s'ils la reprennent à leur compte.

La population

La première population avec laquelle nous avons travaillé est constituée de 75 Tourangeaux adultes (moyenne d'âge : 27 ans), appartenant à différentes catégories sociales [...]. Les résultats de cette première recherche ayant permis d'établir que la population tourangelle constitue un milieu de « sécurité linguistique », nous avons voulu les confronter à ceux obtenus dans trois autres milieux urbains caractérisés au contraire par leur insécurité linguistique soit Lille, Limoges et Saint-Denis de la Réunion. Dans les trois cas, les facteurs constitutifs de cette insécurité linguistique sont, d'une part en France méridionale, les situations de diglossie franco-dialectale observables dans la région Nord-Picardie ainsi que dans la zone du Nord-occitan, et d'autre part à la Réunion, une situation de diglossie franco-créole. [...]

Méthodologie

Le questionnaire sociolinguistique

Dans un premier temps, nous nous sommes inspirés des méthodes d'enquête de Labov, en choisissant une variable phonologique assez instable, la paire /e/ — /ɛ/ et en étudiant les points suivants :

(1) Quelles sont les performances réelles de la population considérée quant à la production et à la perception de cette variable ?

Ces performances ont été évaluées par rapport à la définition classique de « la » norme du français standard en la matière, telles qu'on les trouve dans les manuels de prononciation, les dictionnaires et les grammaires.

Le questionnaire élaboré fait donc intervenir des paramètres *grammaticaux* (désinences verbales d'imparfait, de passé simple, de participe passé, d'infinitif), *graphiques* (prononciation des finales en *-aie, -ée, -et* etc.), *phonologiques* (prononciation des /e/ en syllabes ouvertes/couvertes, accentuées/non accentuées). Il s'agit de faire finalement apparaître la différence entre ce qu'on peut appeler « la norme réelle », ou « objective », déductible de l'usage majoritaire effectif des Tourangeaux, et « la norme fictive » des manuels classiques.

(2) Quelles sont les attitudes des Tourangeaux par rapport à la norme fictive et à leur norme réelle ?

Ont-ils conscience de l'éventuelle différence entre les deux ? Rappelons que cette conscience, qui se trouve à l'origine de [...] l'insécurité linguistique, peut se manifester soit sous la forme de l'hypercorrection (on prononce mal pour faire « mieux que la norme »), soit sous la forme de l'erreur d'évaluation (on prononce « bien », mais on croit prononcer « mal », ou « mal » en croyant prononcer « bien »).

Pour déterminer ces attitudes le questionnaire élaboré réunit donc des tests de performance, des tests d'évaluation et d'auto-évaluation. Les tests de performance consistent à reconnaître ou à prononcer des mots, des phrases ou des textes comportant la paire /e/ — /ɛ/, tandis que les tests d'évaluation consistent à choisir entre deux prononciations celle qui est conforme à la norme.

Ex :

On fait entendre à l'enquêté un enregistrement comportant plusieurs phrases du type : « *Je ramasse vos tickets* ». Cette dernière occurrence est prononcée une fois [tikɛ], une autre fois [tike] et on lui demande de donner la prononciation correcte.

Les tests d'auto-évaluation mettent l'enquêté en présence de deux prononciations et lui demandent de déterminer laquelle est la sienne.

Ex :

On fait entendre à l'enquêté le même enregistrement que précédemment et on lui demande s'il prononce comme la première ou comme la deuxième personne. C'est la comparaison entre les tests de performance, d'évaluation et d'auto-évaluation qui permet de dégager le sentiment de sécurité ou d'insécurité linguistique du locuteur. On peut en effet considérer qu'il y a insécurité linguistique dans les cas de discordance entre performance, évaluation et auto-évaluation [...].

[...] nous avons fait l'hypothèse que ces attitudes de sécurité ou d'insécurité linguistique co-variaient d'une part avec les situations de communication et d'autre part avec l'appartenance sociale de l'autre.

Les situations de communication

La méthodologie d'enquête a été conçue de façon à faire intervenir une différence entre situations de communications *très formelles* (lectures ou audition de paires minimales et de mots), *moyennement formelles* (lecture ou audition de phrases, lecture d'un petit article de journal), et *le moins formelles possible* (entretien ou conversation « libre », c'est-à-dire semi-directif). L'entretien portait sur un sujet fixe, soit les attitudes par rapport à la norme, et l'enquêteur, tout en posant toujours les mêmes questions, laissait le plus possible l'initiative de la parole à ses interlocuteurs.

C'est évidemment cette dernière situation qui doit, selon notre hypothèse, déterminer le plus de performances « vernaculaires » et non « standard », c'est-à-dire normatives.

La détermination de l'appartenance sociale

[...] nous avons fondé notre division en trois classes sur deux critères : le critère socioprofessionnel [...] et le critère socio-éducatif, obtenu à partir du niveau d'études.

Le critère socioprofessionnel nous a donné les trois catégories suivantes :

C1 : ouvriers et personnels de service
C2 : employés d'administration et de commerce
C3 : patrons de l'industrie et du commerce, professions libérales et cadres supérieurs. [...]

Le critère socio-éducatif a donné lieu au classement suivant :

C1 : niveau d'études inférieur ou égal au C.E.P. ou au C.A.P. (Certificat d'études primaires, Certificat d'aptitude professionnelle)
C2 : niveau compris entre le B.E.P.C., le B.E.P. (Brevets d'études du premier cycle) et le Baccalauréat inclusivement.
C3 : sujets ayant fait des études supérieures.

Dans la très grande majorité des cas, les critères socioprofessionnel et socio-éducatif ont été convergents.

Résultats de l'enquête sociolinguistique

La norme objective des Tourangeaux

Le test de perception effectué sur la variable /e/ — /ɛ/ montre que toute notre population perçoit la différence entre [e] et [ɛ]. Mais l'analyse de la performance met en évidence l'écart entre la norme objective des Tourangeaux et celle du français standard. C'est au niveau de la réalisation du phonème /ɛ/ que cet écart se manifeste le plus nettement. Ainsi, dans les conditions les plus favorables aux performances normatives (situations formelles et contexte phonologique comportant une syllabe accentuée), la moyenne des réalisations normatives pour l'ensemble de notre population atteint 53%. Dans les conditions les moins favorables à la norme (conversation libre et syllabes non accentuées), elle ne dépasse jamais 5% et la différence entre les trois catégories n'est pas significative. [...] En situation informelle, les trois catégories considérées ont un comportement sensiblement identique puisqu'on relève entre 85% et 99% de réalisations non normatives de /ɛ/. En revanche, en situation formelle, /ɛ/ joue davantage le rôle d'un indicateur social, mais à ce niveau c'est surtout entre les catégories extrêmes (1 et 3) qu'on relève des différences, le comportement de la catégorie moyenne étant fluctuant et généralement proche de celui de la catégorie 1. [...]

L'ensemble de l'étude nous permet donc d'établir que la norme objective des Tourangeaux ne comporte pratiquement plus l'opposition phonologique /e/ — /ɛ/, mais qu'on en voit apparaître des restes dans les situations où les sujets se surveillent le plus. [...]

Les Tourangeaux entre la norme objective et la norme prescriptive

(1) Jugement de normativité

Au test de reconnaissance de la norme officielle, notre population présente un comportement incertain : seulement 3% des informateurs n'ont aucune idée de la norme et seulement 9% en ont une idée absolument sûre. Les 84% restants la reconnaissent moyennement, donnant une proportion de réponses justes comprise entre 26 et 75%. La catégorie 2 est celle qui présente les jugements de normativité les moins sûrs.

(2) L'auto-évaluation

3% seulement de nos informateurs s'auto-évaluent mal, alors que 18% s'auto-évaluent bien et les 75% restants s'auto-évaluent moyennement ; les erreurs vont toujours dans le sens d'une surestimation par les informateurs de leurs propres performances. Là encore c'est la catégorie 2 qui s'auto-évalue le moins bien.

(3) La sécurité linguistique

Le pourcentage de divergence entre les tests de jugement de normativité et d'auto-évaluation est globalement de 14%. Signalons qu'il est de 24% à Limoges et de 31% à Saint-Denis-de-la-Réunion. On peut donc inférer que la population tourangelle présente un état de sécurité linguistique correspondant à la tradition selon laquelle on parle bien le français à Tours.

(4) Sécurité linguistique et appartenance sociale

L'exploitation des mêmes résultats par catégorie sociale ne fait pas apparaître de différence sensible entre les trois catégories. Tout au plus peut-on retenir que la plus grande incertitude de la catégorie 2 aux tests de jugement de normativité et d'auto-évaluation, considérés séparément, est un indice d'insécurité relative. [...]

Les argumentations favorables au respect de la norme orale s'appuient souvent sur des motifs esthétiques. Pourquoi est-il important de bien parler ? Parce qu'on est « choqué » de tout ce qui peut « déformer », « abîmer », « dénaturer » le français, qu'il s'agisse d'agressions venant de l'extérieur (le « guttural » anglo-saxon) ou de l'intérieur (le « rocailleux » des paysans), ou encore de l'usure du temps.

L'emploi de ce motif esthétique apparaît comme un marqueur très régulier de l'appartenance sociale puisqu'il intervient chez 21,7% des enquêtés de catégorie 1, 40,6% de ceux de catégorie 2 et 60% de ceux de catégorie 3. [...]

Trois milieux urbains d'insécurité linguistique

Nous avons déjà attribué l'insécurité linguistique vécue à Lille, à Limoges et à Saint-Denis-de-la-Réunion à des situations de diglossie [...].

En dépit des disparités entre la situation métropolitaine et celle d'un département d'outre-mer créolophone, on peut d'abord opposer Lille et Saint-Denis à Limoges. À Lille, les entretiens que nous avons recueillis expriment une infériorité qui conduit souvent les gens à renoncer à s'exprimer. [...]

Nos témoins détaillent leur malaise, se plaignent de manquer de vocabulaire, d'être incertains de la morphologie et de la syntaxe. Une formule significative de l'un d'eux résume ce sentiment :

« Je sens des barrières de langage, en moi. »

Les Lillois se sentent à la fois victimes : « C'est une tare », « On ne pourra jamais s'en débarrasser », et coupables de leur accent : « Nous les gars du Nord, quand on veut parler à un chef ou n'importe lequel, eh bien comme on dit en termes vulgaires, on fout des coups de pied à la France ».

Cette culpabilité par rapport au français standard est en outre liée à l'emploi de diverses variétés régiolectales, allant du patois picard au français régional. L'ensemble de ces variétés est appréhendé globalement par nos témoins qui le désignent sous le nom de « patois ». L'usage de celui-ci est considéré comme socialement dévalorisant :

« C'est dégradant de parler patois ! »

Enfin, parler patois, plus encore qu'avoir l'accent, c'est pour les Lillois « donner des coups de pied à la France », ce qui provoque un sentiment de culpabilité nationale lié à la mémoire collective des occupations étrangères qui ont marqué l'histoire lilloise :

« On est tous des bâtardés avec des Belges ou bien tout ce qu'on veut. »

À Saint-Denis-de-la-Réunion, le malaise linguistique lié à une créolophonie beaucoup plus vivante que le patois lillois, est encore plus profond. Dans les trois catégories de témoins, on rencontre le sentiment d'infériorité sociale souvent manifesté par la crainte du handicap scolaire que représente la créolophonie dans le système d'enseignement tel qu'il est pratiqué à la Réunion. Cette infériorité sociale profondément intériorisée se manifeste nettement dans les attitudes vis-à-vis des variétés en présence : comme dans beaucoup de situations de diglossie, mais avec une agressivité particulière, les trois catégories d'informateurs s'accordent à dénier au créole le statut de langue, avec des arguments pseudo-linguistiques : le créole n'est pas une langue parce qu'il n'a pas de graphie, parce qu'il est « mélangé », parce qu'il est « pauvre », « non abstrait », « illogique » etc. Lieux communs pratiquement universels dans les situations linguistiques engendrées par des dominations de type colonial.

Nous reviendrons plus loin sur l'ambiguïté de ces attitudes, mais il faut d'abord souligner que leur relative virulence à Lille et plus encore à Saint-Denis-de-la-Réunion s'oppose à la détente observable à Limoges. Là, nos informateurs dévaluent aussi leur propre accent — qu'ils trouvent plus « lourd », moins « chantant » que celui du Midi —, mais il leur arrive aussi de l'accepter de façon sereine. Quant à la relation à la forme locale de l'occitan, elle n'est nullement passionnelle, du fait qu'en Limousin, la diglossie n'a pratiquement plus de manifestation urbaine. C'est donc là où la langue régionale est le moins parlée qu'elle suscite le rejet le moins violent. On se contente de dire que le patois « se perd », « n'est plus parlé que par les vieux » ou « à la campagne ».

L'insécurité linguistique des trois milieux urbains considérés, qui s'oppose à la sécurité linguistique des habitants de Tours, ne se réduit pas à des attitudes unilatéralement négatives et auto-dévalorisantes. Ce sont certes celles-ci qui s'expriment le plus nettement et le plus massivement au début des entretiens, quand l'enquêté tente de renvoyer à l'enquêteur non pas sa vision personnelle de la réalité, mais l'image qu'il croit être celle de l'enquêteur. Mais au fur et à mesure que progressent les entretiens, que s'instaure une relation plus détendue entre les deux partenaires, les réponses deviennent plus nuancées et il se manifeste dans les trois villes des attitudes positives vis-à-vis de l'accent et des langues régionales, qui relativisent la dévalorisation précédemment constatée.

Pour l'interprétation de ces attitudes positives, c'est cette fois les villes métropolitaines de Lille et de Limoges qu'il faut opposer à Saint-Denis-de-la-Réunion. À Lille, les appréciations positives du patois sont toujours liées à sa fonction de cohésion culturelle, notamment dans les manifestations festives communautaires : fêtes populaires ou familiales, avec chansons, histoires drôles et conversations en patois. Mais à la différence de Limoges, ce sentiment de cohésion culturelle ne s'accompagne pas, sauf chez quelques témoins instruits, de la conscience d'une histoire dotée d'une tradition écrite.

À Limoges en revanche, les représentations courantes du patois sont associées non seulement à une fonction de cohésion culturelle actuelle, mais aussi à un passé historique qu'atteste une tradition écrite. On cite, même vaguement, les troubadours, on connaît l'existence de revues et de stages folkloriques, ethnographiques ou linguistiques occitans.

C'est à la Réunion, là où la situation linguistique est la plus tendue, que l'on trouve les attitudes les plus nettement positives. Précisons que nous ne considérons pas comme telles celles qui insistent sur certains aspects pseudo-« esthétiques » du créole, dans une perspective exotisante : patois pittoresque, imagé, chantant. Opinions visiblement empruntées à l'idéologie linguistique coloniale relayée par celle du tourisme. Les attitudes effectivement positives s'appuient sur une triple argumentation fonctionnelle, linguistique et politique. Le principal argument fonctionnel utilisé est celui de la valeur du créole comme marqueur d'une situation de familiarité communautaire et familiale, rendu particulièrement nécessaire par la constante agression de la variété dominante. Cette fonction s'est ainsi exprimée de façon particulièrement nette dans le refus d'intellectuels créolophones relatif à la proposition de traduire en français des poèmes ou des articles rédigés en créole. Refus au premier abord particulièrement incompréhensible pour un enquêteur non créole : pourquoi rejeter l'attestation d'égalité linguistique que représenterait une traduction, la consécration du passage de la diglossie au bilinguisme ? C'est que la diglossie n'est pas vécue, comme nous l'imaginons parfois de l'extérieur, de manière uniquement négative. Certains de nos informateurs attachent une valeur positive non seulement à leur identité culturelle et linguistique mais aussi au caractère minoritaire et fonctionnellement spécialisé de celle-ci.

Quant aux argumentations linguistiques et politiques, elles rejoignent parfois les argumentations fonctionnelles. La plus fréquente est la revendication du statut de langue à part entière, d'une instrumentalisation graphique, lexicale et grammaticale du créole, mais elle s'accompagne très souvent d'une ambiguïté, d'un clivage des attitudes à l'intérieur même des représentations d'une même personne : tantôt on affirme être créole à part entière, tantôt on déclare qu'une éventuelle disparition du créole importerait peu, tantôt on se passionne, tantôt on se détache — signes d'une situation encore vécue de manière particulièrement frustrante par la partie diglotte de la communauté linguistique alors que les monolingues la ressentent beaucoup plus sereinement.

C'est chez les militants syndicaux et politiques que les attitudes positives vis-à-vis du créole s'expriment le plus fermement avec la revendication d'un statut de langue nationale, éventuellement lié à l'indépendance politique. Attitudes numériquement minoritaires mais très nettes, qui se détachent sur un fond d'ambiguïté et de malaise.

Qu'est-ce que la norme orale pour les gens ordinaires, nous demandions-nous au début de cette enquête ? Les limites de celle-ci ne permettent pas une vaste extrapolation des résultats obtenus : nous n'avons travaillé qu'en milieu urbain, les populations considérées étant réduites, une enquête sociolinguistique uniquement phonologique gagnerait à être complétée par un travail sur des variables grammaticales.

On notera tout de même en conclusion, et avec l'espoir de voir vérifier ces résultats sur d'autres terrains, que les Français, peuple qu'on dit grammairien, sont beaucoup plus préoccupés de norme prescriptive et subjective que de la norme objective des linguistes et de ses diverses possibilités de réalisation. Leur intérêt et leur conscience métalinguistique restent faibles et déterminés par une tradition d'enseignement qui a également valorisé ces aspects de la norme aux dépens de l'observation des fonctionnements réels et de la prise en compte de la diversité linguistique. La tradition culturelle dans laquelle se situe cet enseignement a tant surestimé l'écrit que leur perception de l'oral et de la norme orale en est profondément affectée et même altérée. Ses représentations ne sont jamais liées à une compétence du corps et les modèles qui en sont donnés sont livresques, professoraux ou télévisuels, c'est-à-dire situés dans une conception très restreinte de la compétence communicative.

Sensibles au plus haut point aux déterminations sociales de la norme orale, nos témoins, surtout ceux de la classe moyenne, ont tendance à les occulter et à les « habiller » en termes esthétiques ou moraux. Mais ce qui domine dans leur relation à la norme est la profonde divergence entre ceux qui vivent en sécurité linguistique et ceux dont l'insécurité linguistique est le lot. Il nous est apparu qu'il fallait nuancer ce concept hérité de Labov selon le dosage de critères régionaux et sociologiques qui peuvent converger ou se contredire, puisqu'une personne ou un groupe peut se trouver à la fois dans un état de sécurité linguistique régionale et d'insécurité linguistique socio-économique et professionnelle.

Enfin, nous avons expérimenté avec nos informateurs combien le développement de l'insécurité linguistique peut être favorisé par la rencontre entre une idéologie de monolinguisme et des situations de diglossie vivantes ou même résiduelles.

Nicole Gueunier, Émile Genouvrier et Abdelhamid Khomsi (1993) « Les Français devant la norme ». In Édith Bédard et Jacques Marais (éds) *La Norme linguistique* (pp. 763-787). Québec : Gouvernement du Québec.

1.5.

La législation linguistique I

Projet de loi de 1994 relatif à l'emploi de la langue française

Article premier

Dans la désignation, l'offre, la présentation, le mode d'emploi ou d'utilisation, la description de l'étendue et des conditions de garantie d'un bien, d'un produit ou d'un service, ainsi que dans les factures et quittances, l'emploi de la langue française est obligatoire.

Le recours à tout terme étranger ou à toute expression étrangère est prohibé lorsqu'il existe une expression ou un terme français de même sens, en particulier une expression ou un terme approuvés dans les conditions prévues par les dispositions réglementaires relatives à l'enrichissement de la langue française.

Les mêmes dispositions s'appliquent à toute publicité écrite, parlée ou audiovisuelle.

Les dispositions du présent article ne sont pas applicables à la dénomination des produits typiques et spécialités d'appellation étrangère connus du plus large public.

Art. 2.

Toute inscription ou annonce apposée ou faite dans un lieu ouvert au public ou dans un moyen de transport en commun et destinée à l'information du public doit être formulée en langue française. Elle ne peut contenir ni expression, ni terme étrangers lorsqu'il existe une expression ou un terme français de même sens, en particulier un terme ou une expression approuvés dans les conditions prévues par les dispositions réglementaires relatives à l'enrichissement de la langue française.

Si l'inscription rédigée en violation des dispositions qui précèdent est apposée par un tiers utilisateur sur un bien appartenant à une personne publique, celle-ci doit mettre l'utilisateur en demeure de faire cesser, à ses frais et dans le délai fixé par elle, l'irrégularité constatée. Si la mise en demeure n'est pas suivie d'effet, l'usage du bien peut en tenant compte de la gravité du manquement, être retiré au contrevenant, quelles que soient les stipulations du contrat ou les termes de l'autorisation qui lui avait été accordée.

Art. 3.

Dans tous les cas où les mentions, annonces et inscriptions prévues aux articles premier et 2 de la présente loi sont accompagnées de traductions en une ou plusieurs langues étrangères, la présentation en français doit être aussi lisible, audible ou intelligible que la présentation en langues étrangères.

Un décret en Conseil d'Etat précise les cas et les conditions dans lesquelles il peut être dérogé aux dispositions du présent article dans le domaine des transports.

Art. 4.

Quels qu'en soient l'objet et les formes, les contrats auxquels une personne publique française est partie doivent être rédigés en langue française. Ils ne peuvent contenir ni expression ni terme étrangers lorsqu'il existe une expression ou un terme français de même sens, en particulier un terme ou une expression approuvée dans les conditions prévues par les dispositions réglementaires relatives à l'enrichissement de la langue française.

Les contrats visés à l'alinéa précédent conclus avec un ou plusieurs cocontractants étrangers peuvent comporter, outre la rédaction en français obligatoire, une ou plusieurs versions en langue étrangère pouvant également faire foi.

Une partie à un contrat conclu en violation de l'alinéa premier ne pourra se prévaloir d'une disposition en langue étrangère qui porterait préjudice à celui à qui elle est opposée.

Art. 5.

Aucune manifestation, aucun colloque ou congrès ne doit être organisé en France, par des personnes physiques ou morales de nationalité française, sans que le français puisse être utilisé lors des communications et débats. Les documents distribués aux participants avant et pendant la réunion pour en présenter le programme doivent être rédigés en français et peuvent comporter des traductions en une ou plusieurs langues étrangères. Le texte des communications en langue étrangère doit obligatoirement être accompagné au moins d'un résumé en français.

Ces dispositions ne sont pas applicables aux manifestations, colloques ou congrès qui ne concernent que des étrangers, ni aux manifestations de promotion du commerce extérieur de la France.

[...]

Art. 9.

La langue de l'enseignement, des examens et concours, ainsi que des thèses et mémoires dans les établissements publics et privés d'enseignement est le français, sauf exceptions justifiées par les nécessités de l'enseignement des langues et cultures étrangères ou lorsque les enseignants sont des professeurs associés ou invités étrangers.

Les écoles étrangères ou spécialement ouvertes pour accueillir des élèves de nationalité étrangère, ainsi que les établissements dispensant un enseignement à caractère international, ne sont pas soumis à cette obligation.

Art. 10.

Il est inséré au titre II de la loi n° 86-1067 du 30 septembre 1986, avant le chapitre premier, un article le 20-1 ainsi rédigé :

"**Art. 20-1.** L'emploi du français est obligatoire dans l'ensemble des émissions et des messages publicitaires des organismes et services de radiodiffusion sonore ou télévisuelle quel que soit leur mode de diffusion ou de distribution, à l'exception des oeuvres cinématographiques et audiovisuelles en version originale.

L'obligation prévue à l'alinéa précédent n'est pas applicable aux programmes, parties de programme ou publicités incluses dans ces derniers qui sont conçus pour être intégralement diffusés en langue étrangère ou ont vocation pédagogique, ni aux retransmissions de cérémonies culturelles.

Les émissions et messages publicitaires mentionnés au premier alinéa du présent article, les doublages des émissions de radiodiffusion ainsi que les sous-titrages et les doublages des émissions de télévision ne peuvent contenir ni expression ni terme étrangers lorsqu'il existe une expression ou un terme français de même sens, en particulier une expression ou un terme approuvés dans les conditions prévues par les dispositions réglementaires relatives à l'enrichissement de la langue française."

[...]

Art. 12.

I — L'emploi d'une marque de fabrique, de commerce ou de service constituée d'un terme étranger ou d'une expression étrangère est interdit aux personnes morales de droit public dès lors qu'il existe un terme français ou une expression française de même sens.

Cette interdiction s'applique aux personnes morales de droit privé chargées d'une mission de service public, dans l'exécution de celle-ci.

II — Les dispositions du présent article ne sont pas applicables aux marques utilisées pour la première fois avant l'entrée en vigueur de la présente loi.

Art. 13.

L'octroi, par les collectivités et les établissements publics, de subventions de toute nature est subordonnée au respect par les bénéficiaires des dispositions de la présente loi.

Tout manquement à ce respect peut, après que l'intéressé a été mis à même de présenter ses observations, entraîner la restitution totale ou partielle de la subvention.

Art. 14.

Outre les officiers et agents de police judiciaire agissant conformément aux dispositions du code de procédure pénale, les agents énumérés aux 1°), 3°) et 4°) de l'article L. 215-1 du code de la consommation sont habilités à rechercher et constater les infractions aux dispositions des textes pris pour l'application de l'article premier de la présente loi.

A cet effet, les agents peuvent pénétrer de jour dans les lieux et véhicules énumérés au premier alinéa de l'article L. 213-4 du même code et dans ceux où s'exercent les activités mentionnées à l'article L. 216-1, à l'exception des lieux qui sont également à usage d'habitation. Ils peuvent demander à consulter les documents nécessaires à l'accomplissement de leur mission, en prendre copie et recueillir sur convocation ou sur place les renseignements et justifications propres à l'accomplissement de leur mission.

Ils peuvent également prélever des échantillons dans les conditions prévues par décret en Conseil d'État.

Art. 15.

Quiconque entrave de façon directe ou indirecte l'accomplissement des missions des agents mentionnés au premier alinéa de l'article 14 ou ne met pas à leur disposition tous les moyens nécessaires à cette fin est passible d'un emprisonnement de six mois et d'une amende de 50 000F.

Art. 16.

Les infractions aux dispositions des textes pris pour l'application de la présente loi sont constatées par des procès-verbaux qui font foi jusqu'à preuve du contraire.

Les procès-verbaux doivent, sous peine de nullité, être adressés dans les cinq jours qui suivent leur clôture au procureur de la République.

Une copie en est également remise, dans le même délai, à l'intéressé.

Art. 17.

Après l'article 2-13 du code de procédure pénale, il est inséré un article 2-14 ainsi rédigé :

"**Art. 2-14.** Toute association régulièrement déclarée se proposant par ses statuts la défense de la langue française et agréée dans les conditions fixées par décret en Conseil d'État peut exercer les droits reconnus à la partie civile en ce qui concerne les infractions aux dispositions des textes pris pour l'application des articles 1, 2, 3, 5, et 8 de la loi n° ... du ... relative à l'emploi de la langue française."

Art. 18.

Les dispositions de la présente loi sont d'ordre public. Elles s'appliquent aux contrats conclus postérieurement à son entrée en vigueur.

Art. 19.

Les dispositions de la présente loi s'appliquent sans préjudice de la législation et de la réglementation relatives aux langues régionales.

Art. 20.

Les dispositions de l'article premier entreront en vigueur à la date de publication du décret en Conseil d'Etat définissant les infractions aux dispositions de ces articles, et au plus tard douze mois après sa publication au journal officiel.

Les dispositions des articles 2 et 3 de la présente loi entreront en vigueur six mois après l'entrée en vigueur de l'article premier.

Art. 21.

La loi n° 75-1349 du 31 décembre 1975 relative à l'emploi de la langue française est abrogée, à l'exception de ses articles 1er à 3 qui seront abrogés à compter de l'entrée en vigueur de l'article premier de la présente loi et de son article 6 qui sera abrogé à la date d'entrée en vigueur de l'article 2 de la présente loi.

1.6.

La législation linguistique II

Arrêté du 11 janvier 1990

Relatif à la terminologie économique et financière

Le ministre d'État, ministre de l'éducation nationale, de la jeunesse et des sports, et le ministre d'État, ministre de l'économie, des finances et du budget,

Vu la loi n° 75-1349 du 31 décembre 1975 relative à l'emploi de la langue française :

Vu le décret n° 89-403 du 2 juin 1989 instituant un conseil supérieur de la langue française et une délégation générale à la langue française ;

Vu le décret n° 86-439 du 11 mars 1986 relatif à l'enrichissement de la langue française ;

Vu l'arrêté du 29 novembre 1985 portant création de la commission de terminologie du ministère de l'économie, de finances et du budget ;

Vu l'avis de la délégation générale à la langue française ;

Vu l'avis du conseil international de la langue française,

Arrêtent :

Article 1ᵉʳ

Les termes et expressions inscrits en annexe I du présent arrêté sont approuvés.

Ils doivent être obligatoirement utilisés :

a) Dès la publication du présent arrêté :
— dans les décrets ;
— dans les arrêtés, circulaires, instructions et directives des ministres ;
— dans les correspondances et documents, de quelque nature que ce soit, qui émanent des administrations, services ou établissements publics de l'État ;
— dans les informations ou présentations de programmes de radio-diffusion ou de télévision ;

— dans les ouvrages d'enseignement, de formation ou de recherche utilisés dans les établissements, instructions ou organismes dépendant de l'État, placés sous son autorité ou soumis à son contrôle ou bénéficiant de son concours financier à quelque titre que ce soit ;

b) Dans un délai de six mois après la publication de cet arrêté, dans les textes, documents et inscriptions mentionnés dans la loi n° 75-1349 du décembre 1975 relative à l'emploi de la langue française.

Annexe I

1325   **accord de taux futur,** n.m.
    Abréviation : A.T.F., n.m.
    Domaine : Finances/Banque.
    Définition : Instrument financier de couverture matérialisé par un contrat à terme de gré à gré par lequel les parties se garantissent mutuellement un taux d'intérêt fixe pour un montant donné (emprunt ou dépôt), une période déterminée à venir et à une date future précisée.
    Note : À cette date future, l'une des parties règle à l'autre la différence de rémunération de l'emprunt ou du dépôt correspondant à la différence entre le taux fixé et le taux du marché du moment.
    Anglais : future rate agreement (F.R.A.)

1326   **arrangeur,** n.m.
    Domaine : Finances/Banque
    Définition : Chef de file d'une facilité d'émission garantie ou d'un échange financier mettant eu jeu un syndicat de banques ou organismes financiers.
    Note : Issu de la pratique, le terme arrangeur ne s'applique pas dans le cas d'une euro-émission obligatoire ou d'un euro-crédit.
    Anglais : arranger.

1328   **cession-bail,** n.f.
    Domaine : Finances/Banque.
    Définition : Technique de financement par laquelle un établissement de crédit spécialisé achète à un utilisateur un bien et le lui remet aussitôt à disposition en vertu d'un contrat de crédit-bail à l'issue duquel l'utilisateur locataire peut, en levant l'option d'achat stipulée à son profit, redevenir propriétaire du bien.
    Note : 1. Cette définition se substitue à celle de l'arrêté du 29 novembre 1973.

2. Dans certains domaines particuliers — notamment celui des transports — les contrats de cession-bail peuvent ne pas comporter d'option d'achat.
Anglais : lease back.

1329 **coentreprise**, n.f.
Domaine : Économie/Finances.
Définition : Projet économique élaboré par une association d'entreprises consituée selon des modalités diverses et permettant en général de bénéficier des synergies des entreprises associées.
Anglais : joint venture.

1330 **conversion de dettes en actifs**, n.f.
Voir : échange de créances contre actifs.

1331 **crédit additionnel**, n.m.
Domaine : Finances/Banque.
Définition : Échange temporaire entre banques centrales d'un certain montant de leurs monnaies respectives afin de soutenir le cours de change de l'une d'elles.
Note : Le crédit croisé correspond à une catégorie d'échange financier.
Anglais : cross currency swap

1333 **crédit permanent**, n.m.
Domaine : Finances/Banque.
Définition : Technique selon laquelle un établissement prêteur ouvre à un client un crédit dans la limite d'un montant maximum qui, pendant la durée du contrat, peut être utilisé en totalité ou en partie aux dates et au choix de client ; les remboursements librement effectués dans le cadre du contrat reconstituent le crédit à concurrence du capital remboursé, permettant ainsi au client de nouvelles utilisations.
Anglais : revolving credit.

1334 **crédit de securité**, n.m.
Domaine : Finances/Banque.
Définition : Dans le cadre des facilités de crédit internationales, ligne de crédit relais adossée à une émission de billets à court terme, permettant à l'émetteur des tirages de très courte durée (rarement plus de dix jours) entre le remboursement d'une émission arrivée à échéance et son renouvellement, dans le cas de conditions du marché moins favorables à une nouvelle émission.
Anglais : swing line.

1335 **date butoir**, n.f.
Domaine : Finances/Banque
Définition : Date avant laquelle un crédit doit avoir été accordé pour
que les échéances de remboursement correspondantes puissent être
consolidées dans les accords de restructuration.
Anglais : cut off date.

1.7.

En faveur d'une réforme de l'orthographe

Rapport du Conseil supérieur de la langue française sur les rectifications de l'orthographe (texte publié au *Journal officiel de la République française, le 6 décembre 1990*)

Ces rectifications sont modérées dans leur teneur et dans leur étendue. En résumé :

- le trait d'union : un certain nombre de mots remplaceront le trait d'union par la soudure (exemple : **portemonnaie** comme **portefeuille**).
- le pluriel des mots composés : les mots composés du type **pèse-lettre** suivront au pluriel la règle des mots simples (des **pèse-lettres**) ;
- l'accent circonflexe : il ne sera plus obligatoire sur les lettres *i* et *u* sauf dans les terminaisons verbales et dans quelques mots (exemples : *qu'il fût, mûr*) ;
- le participe passé : il sera invariable dans le cas de *laisser* suivi d'un infinitif (exemple : *elle s'est laissé mourir*) ;
- les anomalies :
  - mots empruntés : pour l'accentuation et le pluriel, les mots empruntés suivront les règles des mots français (exemple : un *imprésario*, des *imprésarios*) ;
  - séries désaccordées : des graphies seront rendues conformes aux règles de l'écriture du français (exemple : *douçâtre)*, ou à la cohérence d'une série précise (exemples : *boursoufler* comme *souffler*, *charriot* comme *charrette*).

Triomphe du désordre ?

[...] Le texte paru au *Journal officiel* devrait être reproduit dans le *Bulletin officiel de l'Éducation nationale*, destiné à tous les enseignants de France. Ils ne pourront considérer comme fautives ni la nouvelle ni l'ancienne graphie, mais ils devraient enseigner la nouvelle aux débutants, à partir de l'année 1991-1992. La Belgique suivra le mouvement, comme je l'ai dit, et aussi le Québec, paraît-il.

En France, les instituteurs sont très bien disposés, ainsi que l'Association des enseignants de français. Ils seraient même plutôt déçus de la faible portée des rectifications. En revanche, la Société des agrégés est résolument hostile, comme le montre le dialogue que j'ai eu avec eux dans le *Figaro* les 6, 7 et 10 décembre 1990.

Il faut d'ailleurs reconnaître que les professeurs de français, dans le fondamental et dans le secondaire, sont en première ligne : ils doivent se familiariser plus vite et mieux que personne d'autre avec les rectifications. Mais les nouvelles règles, si on les leur présente comme il convient, ne manqueront pas de les séduire par leur simplicité.

Les documents officiels de France devraient appliquer la nouvelle orthographe, selon l'engagement du Premier ministre Michel Rocard devant le Conseil supérieur : « Donnant l'exemple, le Gouvernement suivra vos recommandations dans les textes dont il est l'auteur. »

Les responsables des principaux dictionnaires ont été associés à la préparation du rapport et se sont engagés à introduire les nouvelles formes (sans exclure nécessairement les anciennes) dans les prochaines éditions. Il en sera fait de même pour les nouvelles règles dans le *Bon usage*, dont la treizième édition est en cours de rédaction.

Et les usagers ordinaires ? Ils feront ce qu'ils voudront, cela va de soi : on ne peut contraindre en cette matière comme sur l'heure de fermeture des cafés ou sur l'âge de la majorité légale. En tout cas, deux manuels belges appliquent les rectifications depuis janvier 1991 : la vénérable *Revue générale* (créée en 1865) et un périodique destiné aux fonctionnaires.

Sur plus d'un point, les usagers ne s'apercevront de rien, car ils suivaient deja, sans le savoir, la « nouvelle » orthographe : *référendum* et *trémolo*, par exemple, avec accents, sont déjà dans l'usage et dans la plupart des dictionnaires. Pour des mots relativement rares comme *imbécillité* et *innomé* devenus *imbécilité* et *innommé)*, beaucoup de gens n'avaient sans doute jamais remarqué que les dictionnaires les écrivaient autrement qu'*imbécile* et *nommé.*

Le fait que des écrits dirigés contre les rectifications contiennent eux-mêmes des formes rectifiées montre combien ces changements sont à la fois anodins et justifiés. Cinq exemples dans un seul document : deux fois le circonflexe manque sur le verbe *paraître* ; deux conditionnels ont l'accent grave et non l'accent aigu : *reflèterait* et *révèleraient* ; même phénomène pour *allègement.* Même phénomène aussi pour *allègrement* dans une lettre ouverte au secrétaire perpétuel de l'Académie française (11 décembre 1990).

Pour certains mots, plus répandus comme *oignon* (devenu *ognon*) ou serinés par l'école comme *chariot* (devenu *charriot*), il sera plus difficile de changer ses habitudes. Je l'ai dit déjà, il y a dans tout usager du français un conservateur qui sommeille. Je l'ai observé au Conseil supérieur même : tel linguiste prêt à toutes les hardiesses dans sa réflexion théorique renâcle devant la perspective de devoir lui-même écrire *être* pour *être* ou *ame* pour *âme*.

Quand l'Académie, en 1835, a remplacé *oi* par *ai* dans *il étoit*, etc. (voir ci-dessous) et a réintroduit le *t* dans les pluriels *enfans*, *contens*, etc., Chateaubriand aurait dit qu'il votait ces mesures, mais qu'il continuerait à écrire comme avant. Rien que de très naturel.

Pendant un certain temps, avant la généralisation de la nouvelle, plusieurs graphies vont donc coexister. C'est encore un sujet de controverse. Nous voilà livrés au désordre, disent le syndicat des correcteurs et bien d'autres. Jean-Pol Caput va même jusqu'à parler de bilinguisme ! Il frémit aussi à la pensée qu'il faudrait toucher à l'orthographe d'auteurs récents comme Camus et Sartre. Il ignore que cela s'est toujours fait. Par exemple, nous lisons Flaubert avec l'orthographe d'aujourd'hui, non seulement dans les anthologies ou les éditions à usage pédagogique, mais aussi dans la collection des *Classiques Garnier*, où cela est signalé explicitement. En revanche, c'est sans avertissement que *grand'chose* (graphie ancienne, voir ci-dessous) de l'édition ordinaire de *La peste* (Gallimard, p. 317) est corrigé en *grand-chose* à la fois dans la *Collection pourpre* (1953, p. 238), dans *Le livre de poche* (1970, p. 232) et dans la *Bibliothèque de la Pléiade* (1962, p. 1456). J'ai fait des observations analogues pour Mauriac, Bernanos, Malraux, etc.

Ce désordre que l'on craint est déjà là en réalité [...] Une commission du Conseil *international* (à distinguer du Conseil *supérieur*) de la langue française, sous la direction de Joseph Hanse a dénombré plus de trois-mille mots pour lesquels les dictionnaires actuels mentionnent deux formes (parfois plus) : *clef* et *clé*, *lys* et *lis*, *aulne* et *aune*, *lumbago* et *lombago*, *soûl* et *saoul*, *aurochs* et *auroch*, *dorade* et *daurade*, etc. Parmi ces mots, *faine* et *faîne*, *gaiement* et *gaîment*, pour lesquels l'Académie avait pourtant tranché [...]. Pourquoi le Conseil supérieur n'a-t-il pas repris la totalité de ces trois-mille mots ? Parce qu'il a préféré établir des règles de portée plus générale. D'autre part, qu'aurait dit le public si on lui avait mis sous les yeux une liste de plus de quatre-mille mots ?

Le désordre existe aussi dans l'usage effectif. En 1932, l'Académie a remplacé l'apostrophe par un trait d'union dans les mots du type de *grand-mère*. Dans la ville où j'enseigne, je vois ici *grand-place* et là *grand'place*. Qui en est gêné, à part moi ? Je continue à trouver, dans les livres signés par les académiciens, censés obéir à la norme qu'ils ont établie, ou par des philologues, censés connaître l'histoire du français, des exemples de *grand'messe* et de *grand'chose*, etc., voire de *grand peine* ou de *grand chose* …

Dans des éditions antérieures, l'Académie avait fait des changements plus ambitieux qu'en 1932-35. Les deux réformes de 1835 dont je viens de parler concernent plus de mots et surtout des mots de plus forte fréquence que ceux que touche le rapport de 1990 : le pluriel de tous les noms et adjectifs en *-ant* et en *-ent* ; tous les indicatifs imparfaits et tous les conditionnels, le suffixe *-oie* de *chenoie*, etc., le suffixe *-ois* d'*Anglois*, etc., ainsi que *roide, monnoie, foible, paroître, connoître*, etc. Cela est passé dans l'usage peu à peu sans trop de difficulté (*raide* et *roide* coexistant, chers correcteurs), quoique la *Revue des deux mondes* ait continué à imprimer *enfans* et *parens* jusqu'en 1918. Bel exemple d'obstination inutile !

Les combats d'aujourd'hui, avec un enjeu bien moindre, sont voués au même résultat. […]

[Exemple — Les accents]

Règle nouvelle. L'accent circonflexe ne se met plus sur les lettres *i* et *u*

voute, cout, abime, connaitre, il connait, etc.

Exceptions

(1) Les 1re et 2e personnes du pluriel du passé simple : *nous vîmes, vous vîtes, nous sûmes*, etc.

(2) La 3e personne du singulier du subjonctif imparfait (et de l'auxiliaire du subjonctif plus-que parfait) : « il fallait qu'il *sût*, qu'il *partît* » ; « il regrettait qu'on ne l'*eût* pas prévenu » ; « *plût* au ciel que … » ; « il *eût* souhaité que … ».

(3) Les mots suivants, pour les distinguer de leurs homographes écrits sans accent : le participe passé *dû*, les adjectifs *mûr* et *sûr* (voir la remarque 1), le nom *jeûne* et les formes du verbe *croître* (ou *croitre* ? voir la remarque 2) qui, sans cela, seraient identiques à des formes du verbe *croire*.

Justification

Cette règle est un des deux points qui ont éveillé les passions les plus vives. Bernard Pivot lui-même, parce qu'il est

« farouchement opposé à la suppression de l'accent circonflexe sur le *i* et sur le *u* », se désolidarise du Conseil supérieur, quoiqu'il ait un autre sujet de réserve.

L'enjeu est d'importance, et il est nécessaire de fournir des arguments précis et de discuter ceux de la partie adverse. Que le lecteur se résigne à voir ici, non des déclarations flamboyantes ou pathétiques, mais des précisions historiques et des indications chiffrées.

Mes exemples ne concerneront que *i* et *u*. Les défauts du circonflexe sur *a*, *o* et *e* ne sont pas moindres, mais sa suppression y serait plus difficile. D'une part, *â* et *ô* peuvent se prévaloir d'une certaine information phonétique, quoique de façon incohérente. D'autre part, *ê* se trouve dans des mots de très grande fréquence (*être, même, peut-être, bête*, etc). Il ne suffirait pas de le supprimer, mais il faudrait le remplacer par un accent aigu ou par un accent grave, selon les cas. Bernard Pivot se rappelle sûrement que j'ai attiré moi-même son attention sur des alternances comme *bête, bêtise*, que sans doute ne sont pas inconnues dans le système actuel (*être, étant ; céder, il cède*), mais donneraient l'impression que nos rectifications ne simplifient rien du tout.

Les lettres *i* et *u* ont donc été, pour les linguistes, l'occasion de concrétiser ce que Bernard Pivot appelle leur « volonté de rabattre son caquet à l'accent circonflexe ».

1⁰ L'accent circonflexe est la principale cause des fautes d'orthographe

Les enquêtes menées par la commission Beslais ont permis de constater que les fautes les plus fréquentes concernent, en France, pour le certificat d'études primaires, 1) les consonnes doubles (56,31%) ; 2) l'accent circonflexe (21,48%) ; 3) les finales *ant/ent* et *ance/ence* (4,89%) ; 4) les lettres grecques (3,27%). Dans les copies du baccalauréat, 1) l'accent circonflexe (45,9%) ; 2) les consonnes doubles (34,72%) ; 3) les finales *ant/ent* et *ance/ence* (5,59%) ; 4) les lettres grecques (2,21%). Dans les copies de propédeutique, 1) l'accent circonflexe (48,7%) ; 2) les consonnes doubles (28,33%) ; 3) les lettres grecques (5,2%) ; 4) les finales *ant/ent* et *ance/ence* (4,65%).

L'accent circonflexe est donc le principal responsable des fautes. Réduire son emploi, grâce à la règle donnée ci-dessus, ne semble pas être une idée saugrenue. D'après des observations personnelles, les omissions sont particulièrement fréquentes sur *i* : j'en ai trouvé deux dans un mémoire dirigé contre les rectifications.

2⁰ L'accent circonflexe sur i et sur u n'a pas de portée phonétique

Comparez : *coup* et *coût, coupe* et *coûte, route* et *croûte, goutte* et *goûte, tait* et *plaît*, *cime* et *dîme* ou *abîme*, *ruche* et *bûche*, ou et *août*, *sou* et *soûl*, *boule* et *soûle*, *prit* et *prît*, *bu* et *mû*, *bile* et *île*, *chapitre* ou *titre* et *épître* ou *huître*, *draine* et *traîne*, etc., ceci sans parler des voyelles inaccentuées, qui « sont toujours brèves ».

Cependant, quelques mots, dans certaines régions, notamment en Belgique, connaissent un allongement ignoré ou critiqué par les manuels de prononciation : je l'ai observé pour la finale *-aître*, pour *plaît*, *abîme*, *dîme*, *île*, *gîte* et *voûte*. L'orthographe, inopérante pour la plupart des autres mots, a-t-elle ici une influence ? Ce ne serait pas impossible, non plus que des survivances d'un usage jadis plus répandu. Mais, dans les provinces françaises comme en Suisse ou en Belgique, il y a tant d'autres allongements qui n'ont pas le circonflexe comme origine : par exemple, en Belgique, dans *cime*, *bile* et *laid* tout autant que dans *île*, *abîme* ou *plaît*.

3⁰ L'accent circonflexe a des origines diverses

Le principal argument en faveur du circonflexe, outre les mérites du statuquo, est que ce signe apporte des informations précieuses sur l'étymologie et sur l'histoire. Tels sont les principes suivis par l'Académie en 1694, à une époque où le choix était possible entre l'orthographe des « savants » et l'orthographe de l'honnête homme ou de l'honnête femme.

L'Académie s'est attachée à l'ancienne Orthographe receuë parmi tous les gens de lettres, parce qu'elle ayde à faire connoistre l'Origine des mots. C'est pourquoi elle a creu ne devoir pas authoriser le retranchement que des Particuliers, et principalement les Imprimeurs ont fait de quelques lettres, à la place desquelles ils ont introduit certaines figures qu'ils ont inventées, parce que ce retranchement oste tous les vestiges de l'Analogie et des rapports qui sont entre les mots qui viennent du Latin ou de quelque autre Langue. Ainsi elle a escrit les mots *Corps*, *Temps*, avec un *P*, et les mots *Teste*, *Honneste* avec une *S*, pour faire voir qu'ils viennent du Latin *Tempus*, *Corpus*, *Testa*, *Honestus*. [Preface du Dictionnaire de l'Academie, 1694]

Heureusement, l'Académie a fait en partie marche arrière en 1740 et en 1762 et a décidé d'écrire *authoriser, nopces, poultre, roy, sçavoir* et bien d'autres comme nous les écrivons aujourd'hui. En particulier, elle a remplacé en 1740 le *s* devenu muet depuis longtemps par la « figure » inventée par les imprimeurs, c'est-à-dire l'accent circonflexe.

Le potache érudit et la dactylo latiniste savent que *août* était *aost* en ancien français, *augustus* en latin, — quoique l'évolution phonétique ait bien éloigné *août*, réduit à la voyelle *ou*, de son étymon prononcé *aougoustous*. Ils connaissent aussi le latin *cognoscere*, *crescere*, *epistola*, *ostrea*, *insula, magister, nasci, pascere, gustus,* peut-être même *crusta, fustis* et *mustum.* Supposons encore qu'ils identifient *abyssus* derriere *abîme* (malgré l'absence de l'*y* et la présence de *m*), voire *constare* derrière *coûter*. Bref, pour celui qui n'a pas oublié son latin, c'est-à-dire, bien évidemment, la majorité des francophones, le circonflexe et l'*s* qui l'a précédé sont explicables pour quinze des cinquante-six mots avec *î* ou *û*, soit à peu pres un mot sur quatre.

L'accent représente un ancien *s* dans dix-sept autres mots. Pour en rendre raison, il ne suffit pas d'avoir traduit Virgile ou Cicéron : il faut être ferré en phonétique historique (*placet* → *plaît*), ne pas ignorer le latin vulgaire (*disjejunare* pour *dîner*) et l'ancien germanique (pour *faîte*, etc), penser à un croisement subtil (pour *brûler*) et à des compositions qui ne crèvent pas les yeux (*aîné* contient l'ancien français *ains*, du latin vulgaire **antius* reconstitué par les étymologistes). Le rapport des dérivés avec le mot simple n'est pas toujours lumineux : retrouve-t-on spontanément *fût* derriere *affûter, marais* derrière *maraîcher, bûche* derrière *embûche, goût* derriere *ragoût, ouest* derrière *suroît*, etc. ? Tout le monde ne peut pas être agrégé.

Sur les cinquante-six mots, il en reste encore vingt-quatre, soit près de la moitié, qui n'ont pas de *s* dans leur passé. L'accent marque huit fois l'amuïssement d'une voyelle en hiatus : un *e* (*sûr, mû* ...), un *a* (qui survit dans le doublet *saoul*). Dans huit adverbes en -*ûment*, c'est derrière le *u* que *e* a disparu : *congruement* → *congrûment*. Dans quatre mots, il y a eu une sorte de contraction : *chaîne, traîner, traître* (comparez *trahir*), *jeûne*. Dans cinq mots enfin, il n'y a rien eu, sinon des analogies obscures : *bélître* (moyen haut allemand *betelaere*), *reître* (allemand *Reiter*), *voûte* (latin *volvita*), *envoûter* (latin *vultus*), *mûre* (latin *morum*), auxquels on peut joindre *nous prîmes, nous lûmes*, etc., qui doivent leur accent aux deuxièmes personnes.

Que le lecteur me pardonne de lui infliger toute cette érudition ! mais c'est cela qu'on attend des usagers, puisque telle est la justification que l'on donne au maintien de l'accent. Voici un passage de mon dialogue avec les agrégés dans le *Figaro* du 10 decembre 1990 :

— *Une agrégée :* Si vous supprimez le circonflexe sur le *i* de *huître*, comment voulez-vous que je puisse expliquer à mes élèves le fait que *huître* vient du latin *ostrea*, d'où le nom d'*ostréiculture* ? Et puis j'ai aussi des amis : des Anglais qui aiment bien les *oysters*, des Allemands qui dégustent des *Austern*, des Espagnols qui ne dédaignent pas des *ostras* et des Italiens qui goûtent des *òstriche*.

Allons donc ! Ce circonflexe est bien utile puisqu'il me permet de communiquer aussi avec la majeure partie des habitants de l'Europe de l'Ouest. Supprimer le circonflexe, c'est aussi appauvrir la connaissance du vocabulaire et de la civilisation.

—*A. Goosse* : L'accent circonflexe et l'Europe de 1993 ? Un trait d'union ferait mieux l'affaire.

À vos élèves, Madame, il faut expliquer aussi pourquoi *o* s'est métamorphosé en *u* dans *huître*, ce qu'est devenu le *e* de *ostrea* dans toutes ces langues et surtout pourquoi le français seul a jugé bon d'orner le mot d'un *h*. Ne croyez-vous pas qu'il est aussi facile de rapprocher *huître* sans accent de tous ses congénères ?

Pour *boîte*, tous les agrégés connaissent évidemment l'ancien français *boiste* et le latin populaire **buxita* (non attesté), altération du latin populaire *buxida*, attesté chez un grammairien du Ve siecle après Jésus-Christ. Ils savent aussi que *buxida* est lui-même une altération de *pyxis*, lui-même emprunté du grec. Ils savent que l'accent circonflexe remplace l's de *boiste* et que cet *s* avait son origine dans l's inclus dans le *x* du latin.

Ils savent aussi que le verbe *boiter* ... Mais d'où vient le verbe *boiter* ? Si on l'écrit sans accent, c'est qu'on l'a rattaché a *bot*. Cependant, l'énorme majorité des étymologistes, de Littré à Jacquline Picoche et au *Trésor de la langue française*, en font un dérivé de *boîte*, ce qu'appuient les premières attestations : l'adjectif *boisteus* et le verbe *boistoier*, et ce que confirment les dialectes qui ont gardé l's comme ils l'ont gardé dans *chasteau*.

Voilà le malheureux élève, au moment d'écrire *boiter*, sans secours du côté de la prononciation, mis en demeure de choisir entre l'étymologie de Schuchardt (pas d'accent !) et celle de Wartburg (un accent !).

N'est-ce pas le simple bon sens que de supprimer le plus possible un signe de si faible information phonétique, fondé sur une histoire complexe, dont les étymologistes eux-mêmes tirent des conclusions divergentes ?

André Goosse (1991) *La « nouvelle » orthographe* (pp. 30-35, 45-52, 109-110). Paris : Duculot.

1.8.

Contre une réforme de l'orthographe

Si les réformateurs de l'orthographe daignaient répondre …

Malgré le cinglant échec qu'ils essuyèrent le 17 janvier 1991 à l'Académie française, il semble que les inlassables réformateurs de l'orthographe n'aient pas renoncé à modifier cette dernière pour le plus grand bien des « usagers » que nous sommes. […] je suggère […] de poser à ces bienfaiteurs de l'humanité souffrante les questions suivantes :

1. Pourquoi, au lieu de s'enfermer dans un étroit carcan « hexagonal », n'essaient-ils donc pas d'élever un peu le débat en relativisant les difficultés et autres « anomalies » de la graphie du français ? Un minimum d'honnêteté intellectuelle jointe à une culture linguistique moins étriquée devrait pourtant permettre à ces puissants cerveaux de mettre en évidence, avant tout autre débat, quatre langues très répandues dans le monde, à savoir : les deux langues orientales que sont le chinois et japonais, et les deux langues occidentales, plus familières, que sont l'anglais et le français.

Or, pour qui se livre à d'utiles comparaisons, il saute aux yeux que la graphie du chinois et, partant, celle du japonais (*kanji*), aussi complexes que non-figuratives et dépourvues de tout message phonétique, représentent pour ces Asiatiques obligés de les apprendre, de les mémoriser et de les reproduire fidèlement un surprenant casse-tête permanent, auprès duquel nos nénuphars innomés, notre imbécillité et notre bonhomie ne sont qu'innocentes amusettes indignes de provoquer l'ire de nos bons réformateurs …

Quant à la graphie des mots anglais pris isolément, elle est encore plus souvent contredite par la prononciation que ne l'est celle des termes français, comme je l'écrivis un jour à la fervente « réformatrice » qu'est l'inusable Nina Catach, lui rappelant (ou lui révélant) que si l'on voulait conformer celle de l'anglais à sa prononciation, quinze mots aussi usuels que : *eye, one, honour, blood, steak, do, tough, tomb, eight, son, shoe, comb, though, fight* et *courage* s'écriraient respectivement : « I, one [*sic*], onner, blud, stake, doo, tuff, toom, ate, sun, shoo, come, tho, fite, curridge » … autant de « rectifications » conformes à la logique et qui multipliées à l'infini, rendraient tout texte anglais absolument illisible !

Mais, Dieu merci, l'orthographe anglaise est exempte de ces innombrables pièges que constitute le vaste éventail des désinences verbales du français, principales causes du massacre de notre damnée orthographe ...

2. Pourquoi diable l'abondante prose de nos réformateurs ne met-elle jamais en évidence cette caractéristique essentielle de l'orthographe du français, qui lui confère un aspect unique au monde ? Pour ne prendre qu'un exemple, c'est, en effet, la seule où se prononcent de la même façon des formes verbales aussi variées que : aimer, (vous) aimez, (j')aimai, aimé, aimée, aimés, aimées, dont la graphie correcte, si souvent estropiée de nos jours, n'exige pourtant qu'une modeste fraction de seconde de réflexion ...

3. Pourquoi, avant de nous proposer généreusement leurs chères « rectifications », n'affectant qu'exceptionnellement ces infortunés accords grammaticaux, les réformateurs, dont certains sont pourtant enseignants, ne soufflent-ils mot du massacre permanent et généralisé des accords ? Manqueraient-ils à ce point de vigilance et de réalisme pour ignorer que c'est précisément là que le bât blesse et que, en nous proposant des *ognons* et de *girofles*, des *exémas* et des *nénufars*, ainsi que du *ponch* à la *saccarine* (pourquoi, au fait, ce double *c* ?), ils sont tout à fait, si l'on peut dire, à côté de la plaque ?

Comprendront-ils un jour que, tout en laissant totalement indifférents les massacreurs de l'orthographe, diplômés ou non, leurs indispensables « rectifications » portant sur des mots isolés ne feraient que déconcerter les gens habitués à la respecter malgré ses scandaleuses « anomalies » ? Si cette réforme entrait demain en vigueur, des millions de francophones d'une trentaine de pays devraient, avant d'écrire bon nombre de mots, gaspiller plusieurs minutes à vérifier si leur graphie n'a pas été modifiée à leur insu. Pour ce faire, il leur faudrait acheter un dictionnaire remanié selon les desiderata des réformateurs, qui contribueraient ainsi bénévolement à la prospérité des éditeurs de ce genre d'ouvrages.

Cela dit, sachant qu'elle ne détrônerait pas du jour au lendemain l'orthographe actuelle, celle de demain cohabiterait avec elle. Et il est d'autant plus aisé d'imaginer la pagaille qui en résulterait que le panachage dans un même texte serait toujours possible, nos bons vieux nénuphars pouvant fort bien y côtoyer des *ognons* allégés d'une voyelle jugée indésirable. Et tout ce beau chambardement au moment même où l'orthographe purement grammaticale subit quotidiennement les derniers outrages !

Dans ces conditions, on ne peut que regretter que les inlassables apôtres de la réforme de l'orthographe n'aient pas pris la peine, avant toute chose, de dresser l'état des lieux dans ce domaine particulier, qui est pourtant l'objet de toute leur sollicitude. S'ils avaient seulement daigné lire d'un oeil attentif et critique la prose si souvent émaillée de fautes grossières de cohortes de lycéens, d'étudiants et d'autres citoyens de notre beau pays, ils auraient vite compris que leurs providentielles « rectifications » n'étaient nullement de nature à améliorer la lamentable situation, dont seuls des aveugles ne sauraient remarquer qu'elle ne va qu'en s'aggravant. Mais on ne pourrait penser à tout ...

4. C'est en vertu d'un scrupuleux respect de l'étymologie que nos nénuphars se métamorphoseraient demain en *nénufars*. Fort bien. Mais alors, pourquoi persister à écrire vaincre avec un *a* non conforme à ladite étymologie de ce verbe usuel qui, tout comme l'italien *vincere*, remonte au latin *vincere* ? Pourquoi donc ne pas écrire *vincre* à la façon de l'adjectif *invincible* ? Pour la même raison, nos vigilants réformateurs devraient transformer le cristal en *crystal*, graphie anglaise remontant au latin *crystallus*. Et au nom de cette logique, il faudrait bien vite remplacer enjôler par *engeôler*, forcené par *forsené*, et j'en passe.

Mais vous aurez bien de la chance si ces braves gens vous expliquent les raisons de leur choix arbitraire répondant au principe bien connu : deux poids, deux mesures. Ignorance, négligence, ou parti pris ?

5. Pourquoi, dans leur inlassable recherche des « anomalies » flagrantes, nos réformateurs aux yeux de lynx ne font-ils jamais allusion à la graphie des noms propres, encore plus fantaisiste, illogique et arbitraire que celle de tant de noms communs ayant retenu leur vigilante attention ? Qu'on le veuille ou non, le problème est ici strictement le même quand il s'agit de « photographier » le vocabulaire rencontré au hasard d'une lecture. N'y a-t-il dont pas Leconte et Lecomte, Leduc et Leducq, Mauroy et Maurois, Lefèvre et Lefebvre, Larousse et Larrousse, Gautier et Gauthier, sans parler des Lafitte, Laffite et Laffitte, qui ne sont pas sans évoquer les Schmidt et Schmitt allemands, sans oublier les Spencer et Spenser anglais ou les Gimenez et Jiménez espagnols ?

Or, même si les intarissables réformateurs n'en soufflent mot, on ne répétera jamais assez que le faux problème que posent la mémorisation et la reproduction fidèle de la graphie des noms communs est exactement le même que celui que présente celle des noms propres, si arbitraire soit-elle. Est-ce assez clair ?

Un simple exemple : comme l'a démontré un récent sondage, seulement un Français sur dix est capable d'écrire correctement le nom de Mitterrand, qui s'étale pourtant tous les jours dans nos journaux avec ses deux consonnes doubles et sa consonne finale muette. Dans ces conditions, il serait chimérique d'espérer que, conforme ou non à la logique, la graphie des noms communs fût unanimement respectée, même si elle est, ne l'oublions jamais, infiniment moins arbitraire et tarabiscotée que celle du japonais *(kanji)*, que les Nippons dominent pourtant remarquablement bien et qui mériterait d'être approfondie par nos réformateurs, afin qu'ils en tirent sagement les conclusions qui s'imposent.

Car il est exaspérant de voir tous ces fins linguistes très sûrs de leur fait s'obstiner à traiter en quelque sorte en vase clos le problème de la capricieuse orthographe du français, sans aucune référence à certaines langues étrangères, faisant comme si elles n'existaient pas !

6. Voici enfin le plus monumental des paradoxes : pourquoi les réformateurs, qui brûlent du désir de nous simplifier l'existence, ne consentent-ils jamais à nous révéler par quel miracle ils arrivent, quant à eux, à rédiger des articles et des livres entiers sans faire la moindre faute d'orthographe, ce despote dont ils connaissent à fond tous les pièges, toutes les aberrations, toutes les anomalies ? Si ces braves gens ont vraiment un secret, leur irrésistible envie de nous rendre service devrait logiquement les inciter à nous le communiquer sans attendre. Ainsi, le grand public, directement intéressé par leur vaste projet philanthropique, est en droit de s'interroger et de les interroger sur leur attitude qui, paradoxalement, semble associer altruisme et égoïsme. Personnellement, je n'ai jamais réussi à obtenir ne serait-ce qu'un début de réponse à cette question pourtant fondamentale. Bizarre ...

Pas davantage ne font-ils la moindre allusion à la quarantaine de pays francophones — et assimilés — autres que le nôtre auxquels, par une sorte de néocolonialisme, serait imposé du jour au lendemain un tel chambardement. Quant aux frais considérables qu'entraînerait ce dernier dans le vaste domaine de la presse et de l'édition, nul n'a songé à les évaluer, même approximativement. Foin de ces considérations bassement matérialistes, indignes de savants linguistes !

Toutes ces réalités incontournables nous amènent à poser cette question toute simple : « Pourquoi et, surtout, pour qui réformer l'orthographe ? » Les légions de cerveaux en chômage volontaire n'ayant cure de cette vaste entreprise, le simple bon sens montre que ce chamboulement serait plus nuisible qu'utile à l'autre fraction de la population, soudain déroutée par toutes ces graphies nouvelles, comme le seraient, d'ailleurs, nos chers réformateurs si, à leur grand dam, leur étaient imposées des modifications différentes des leurs.

En conclusion, tant que les nombreuses questions que pose leur entreprise n'auront pas obtenu de réponse précise, le grand public livré à sa perplexité sera en droit de se demander si ces infatigables réformateurs, si peu enclins à éclairer sa lanterne, ne cherchent pas avant tout à se rendre intéressants en imposant arbitrairement et sans même daigner le consulter le fruit de leur imagination débordante, saupoudré d'un soupçon de mégalomanie conquérante.

Jacques Capelovici (1992) *Lettre(s)* (*Bulletin de l'Association pour la sauvegarde et l'expansion de la langue française*) 4, 9-10.

Section 2

Linguistic diversity in France

2.1.

Les langues régionales de France

Les parlers non romans

Le basque a survécu à l'invasion indo-européenne

Parmi les langues de France, la langue *basque* est la plus ancienne, puisqu'elle était parlée avant l'arrivée des Gaulois, c'est-à-dire avant l'arrivée des Indo-Européens. Elle a pour ancêtre la langue de ces Aquitains qui cédaient, semble-t-il, devant les Gaulois au moment de l'arrivée des Romains. Le *basque* est, aujourd'hui encore, parlé dans une partie des Pyrénées-Atlantiques et surtout en Espagne. En 1972, on estimait à un demi-million le nombre total des bascophones, dont environ 80 000 en France.

Les autres langues non romanes

Parmi les langues indo-européennes — et en dehors des langues romanes, qui seront présentées plus loin — on trouve :

- à l'extrême ouest, le *breton* [...] qui appartient à la famille celtique ;
- à l'extrême nord, le *flamand*, qui appartient à la famille germanique, et qui est une variété de néerlandais ;
- à l'est, l'*alsacien* et le *lorrain*, qui appartiennent également à la famille germanique, mais qui sont plus proches de l'allemand.

Cohabitant depuis plus ou moins longtemps avec le français, toutes ces langues ont aussi, selon les cas, plus ou moins bien résisté à sa domination.

Qui parle breton aujourd'hui ?

Le *breton* est parlé dans la partie extrême de la Bretagne, nommée encore Basse-Bretagne, Bretagne celtique ou Bretagne bretonnante, dans les départements du Finistère Nord et du Finistère Sud, ainsi que dans la partie ouest des Côtes-du-Nord et du Morbihan.

Cette région présente environ un million et demi d'habitants, mais

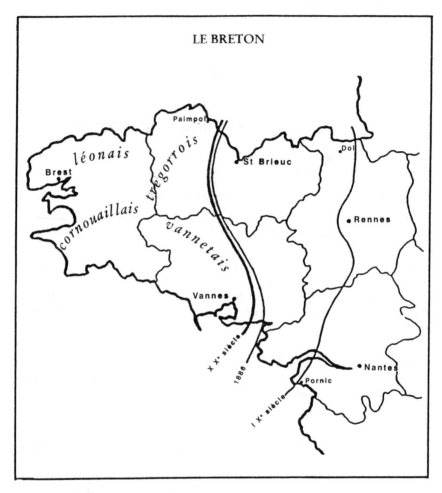

LE BRETON

aucun recensement ne permet de connaître le nombre de vrais bretonnants. Vers 1950, les estimations tournaient autour de 700 000, mais aujourd'hui il semble que l'on ne puisse guère dépasser la moitié de ce chiffre. Et encore faut-il distinguer entre ceux qui parlent le breton naturellement dans leurs communications quotidiennes et ceux qui l'ont appris tardivement, presque comme une langue étrangère.

En effet, longtemps resté l'idiome des paysans et des artisans, le breton joue depuis plusieurs années d'un intérêt accru de la part d'intellectuels et de jeunes à la recherche de leur identité culturelle. Il existe actuellement pour le breton un enseignement de licence et un Certificat d'aptitude pédagogique à l'enseignement secondaire (CAPES). En outre, près d'un siècle après la création, en 1876, de la première direction d'études pour le celtique à l'École pratique des Hautes Études, des centres de recherche ont vu le jour à Rennes et à Brest. Cependant, malgré la vitalité et la compétence de ces centres, un vrai problème subsiste pour la survie de cette langue, car il y a un décalage sensible entre le breton des universitaires et celui des bretonnants de naissance.

On parle encore *breton* dans la Bretagne dite celtique, ou bretonnante, à l'ouest d'une ligne allant approximativement de Paimpol à Vannes, mais, qui, au ixe siècle, était située beaucoup plus à l'est (des environs de Dol-de-Bretagne jusqu'à Pornic). On peut remarquer que, même au ixe siècle, Rennes ne faisait pas partie du domaine bretonnant. Il faut aussi noter que le recul du breton depuis 1886 ne se fait plus sur le plan géographique, mais par une lente réduction progressive du nombre de bretonnants dans le même domaine.

Le *breton* se subdivise en quatre dialectes principaux : d'une part, le *cornouillais*, le *léonais* et le *trégorrois*, et d'autre part, le *vannetais*. Sur l'écusson qu'on trouve quelquefois à l'arrière des voitures originaires de la Bretagne, *Breizh*, nom de la province, combine le *Breiz* des trois premiers dialectes et le *Breih* du quatrième.

Le flamand

Le *flamand* se parle encore dans une petite enclave à l'extrême nord du département du Nord, mais, au début du xiiie siècle, il couvrait une bonne partie de l'Artois, et se prolongeait au-delà de Boulogne. Plus de cinquante toponymes en *-ghem, -ghen* (ou *-hem, -hen*), signifiant « maison, village » en flamand, et correspondant à *heim* en allemand, en apportent la confirmation.

Au xive siècle, le domaine des parlers flamands avait déjà une moindre extension géographique et ne dépassait pas Calais. En 1678, La France annexe la Flandre et, six ans plus tard, un édit royal rend le français obligatoire dans les cours de justice. Depuis cette date, le *flamand* a constamment perdu du terrain devant le français, mais cette infiltration ne s'est faite que lentement, car la langue française n'était alors pratiquée que dans les milieux cultivés.

Au cours du xviiie siècle, le français devient la langue de l'enseignement et, au xixe siècle, les paysans eux-mêmes commencent à le comprendre et à le parler.

A cette date, le domaine géographique du flamand s'était encore réduit et ne dépassait pas Gravelines.

Aujourd'hui, on peut encore trouver des personnes parlant le *flamand* dans l'arrondissement de Dunkerque, mais ni en ville, ni guère sur la côte. Il est toutefois difficile de hasarder un chiffre, même approximatif, aucune enquête ne permettant de l'établir. L'un des phénomènes le plus souvent constatés chez les bilingues français-flamand, c'est le passage inconscient, dans une conversation ou dans une même phrase, d'une langue à l'autre. Mais cela n'est pas spécifique de cette région, ni de cette langue.

La vitalité de l'alsacien et du lorrain

Ces deux dialectes germaniques sont des variétés différentes dont l'une, l'*alsacien*, est d'origine alémanique (les Alamans) et l'autre, le *lorrain germanique*, d'origine francique (les Francs).

On remarquera que la Lorraine se divise sur le plan linguistique en une partie germanique (nord et est du département de la Moselle et nord-ouest du Bas-Rhin), et une partie romane comprenant le reste de l'ancienne province de Lorraine (une partie de la Moselle, du Bas-Rhin et du Haut-Rhin ainsi que la Meuse, la Meurthe-et-Moselle et les Vosges).

C'est peut-être en Alsace et en Lorraine germanique que la langue traditionnelle de la région, la langue *vernaculaire*, comme on le dit plus savamment, a gardé le plus de vigueur.

Le dialecte germanique alsacien est encore aujourd'hui parlé quotidiennement dans l'ensemble de l'Alsace. Il n'est pas rare, à Strasbourg, d'entendre des conversations en alsacien, qui est encore dans cette région la langue à laquelle la population reste attachée, même dans les grandes villes. A moins de 20 kilomètres de Strasbourg, il y a quelques années, nous avons eu du mal à nous faire comprendre d'un paysan à qui nous demandions notre chemin en français.

Cette situation se comprend si on se rappelle qu'après l'annexion de l'Alsace-Lorraine par l'Allemagne, le français n'a plus du tout été enseigné pendant près de cinquante ans, de 1870 à 1918, et, plus récemment, de nouveau pendant cinq ans, de 1940 à 1945. Depuis, le français a progressé mais l'alsacien ne recule que très lentement, la plupart des Alsaciens devenant des bilingues.

La même situation se vérifie en Lorraine germanophone (dans les parties nord et est du département de la Moselle) où une enquête effectuée en 1968 montrait non seulement un bilinguisme généralisé mais aussi, en dehors des jeunes générations, une connaissance souvent superficielle du français. D'une manière générale, si le français se répandait de plus en plus, le dialecte se maintenait bien et il n'était alors nettement en recul que dans les villes. Cette enquête mettait aussi en évidence l'existence d'un petit nombre d'unilingues pratiquant seulement le dialecte [...]

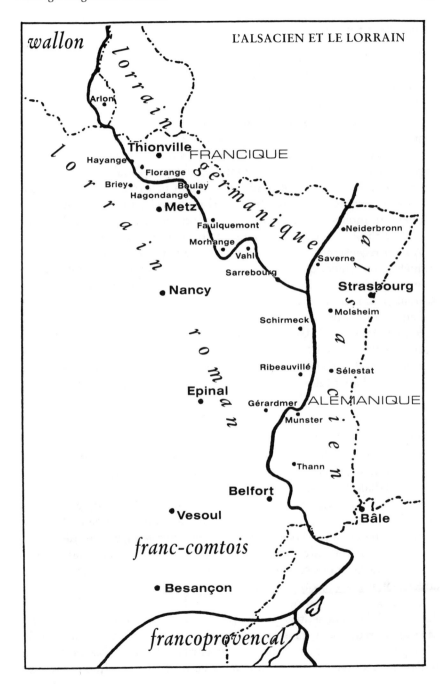

Les parlers romans

Les dialectes d'oc
Qui parle occitan aujourd'hui ?

On désigne du terme générique de *langue d'oc* ou *occitan* les idiomes parlés dans le midi de la France, sur un vaste territoire qui va du département de la Gironde, à l'ouest, à celui des Hautes-Alpes, à l'est. Ils sont encore parlés, en concurrence avec le français, par une partie plus ou moins grande de la population selon les endroits, mais il est presque impossible d'évaluer le nombre total de personnes capables de parler ou simplement de comprendre un dialecte occitan, et les chiffres varient selon le critère retenu. En 1963, on estimait à 12 millions le nombre de personnes pouvant au moins le comprendre. Plus récemment, l'estimation tournait autour de 8 millions, dont 2 millions seraient des usagers « à temps plein ».

Aucun recensement systématique n'a été entrepris, mais il existe des enquêtes ponctuelles qui permettent de se rendre compte de la vitalité des langues régionales, plus largement pratiquées par exemple dans le Roussillon qu'en Gascogne, le plus souvent mieux conservées dans les milieux ruraux que dans les grandes villes et surtout chez les personnes âgées. Les enquêtes de Gilliéron sur l'ensemble de la France, à la fin du xixe siècle, portaient encore sur un grand nombre de personnes de moins de quarante ans, tandis que les dernières enquêtes effectuées par les équipes du C.N.R.S. ont plutôt recueilli les témoignages de personnes dont la moyenne d'âge dépassait soixante-dix ans.

Le souvenir de Mistral

Pour beaucoup d'entre nous, les parler du Midi font tout de suite penser à la Provence et à Mistral, ce qui a pour conséquence d'éclipser injustement les autres dialectes d'oc.

La langue des troubadours méridionaux, dont le prestige littéraire remonte au Moyen Age, jouissait à ses débuts d'une certaine unité, mais *langue d'oc* ne se confond pas aujourd'hui avec *provençal*. En effet, dès le xiiie siècle, des différences ont commencé à se faire sentir, pour aboutir aux subdivisions que nous connaissons aujourd'hui : provençal, languedocien, auvergnat, limousin, gascon [...]

La fragmentation est réalisée depuis longtemps lorsque, vers le milieu du xixe siècle, sept jeunes poètes provençaux, parmi lesquels Frédéric Mistral, se réunissent dans le château de l'un d'entre eux pour créer le *Félibrige*. Cette sorte de « Pléiade » provençale avait pour but essentiel la renaissance d'une véritable langue commune, avec, comme premier objectif, la constitution d'une orthographe unifiée représentant aussi fidèlement que possible la prononciation de la langue.

Les problèmes de l'orthographe

Rappelons-nous qu'à cette époque, il n'y avait plus une langue d'oc *unique*, comme au Moyen Age, mais plusieurs variétés dialectales. Pour que chaque mot ait une *seule* forme, il fallait donc choisir un dialecte de référence : tous les premiers félibres étant de la même région, entre Arles et Avignon, ils ont tout naturellement choisi le dialecte de Maillane, patrie de Mistral, comme modèle.

Par la suite, si le Félibrige a eu un retentissement hors de la Provence, c'est surtout grâce à la renommée de Mistral. Ce dernier obtient le prix Nobel de littérature en 1904 et, en octobre 1913, le président Raymond Poincaré fait arrêter le train présidentiel à Maillane et l'invite à monter dans son wagon.

Il fallait toujours se rendre à l'évidence. Malgré ces honneurs rendus à son représentant le plus illustre, le Félibrige n'avait pas réussi à opérer l'unité dialectale souhaitée : d'une part, la graphie choisie, trop proche du parler de Maillane, ne s'adaptait pas aisément aux autres parlers occitans ; d'autre part, ce mouvement ne bénéficiait pas de l'appui d'une force politique assez puissante pour imposer le dialecte de Maillane comme base commune pour tout l'occitan. Devant cet échec du félibrige, d'autres types d'orthographe ont été proposés, car la nécessité d'une langue écrite commune restait le souci majeur de tous ceux qui parlaient l'une ou l'autre des variétés dialectales de la langue d'oc.

L'Institut d'Études Occitanes

Vers la fin du xixe siècle, une autre graphie, qui se rapprochait le plus possible de l'ancienne graphie des troubadours, c'est-à-dire de l'époque ayant précédé la fragmentation dialectale, voit le jour hors de Provence. En 1935, Louis Alibert publie une énorme grammaire occitane de 500 pages, avec pour langue de base le languedocien, et non plus le provençal. Mettant à profit l'expérience malheureuse du Félibrige, Alibert prend pour point de départ, non pas le parler d'un village donné, mais des graphies tradition-nelles remontant aux troubadours, c'est-à-dire à l'époque où les différenciations ne s'étaient pas encore produites, et permettant diverses lectures selon les variantes de chacun des dialectes.

Ce sont ces mêmes principes qui ont été repris et améliorés dès 1945 par l'Institut d'études occitanes (I.E.O.), dont le siège est à Toulouse, mais qui compte de nombreux centres régionaux. En 1951 apparaît un ouvrage de l'occitaniste Robert Lafont, qui applique cette graphie également aux parlers de Provence, concurrençant ainsi la graphie mistralienne sur son propre terrain. Dans les années 70, des efforts ont aussi été faits pour mettre au point, à partir du languedocien, forme la plus proche de la langue classique, une sorte de langue de référence pouvant servir de base à un occitan commun.

Bien que le système graphique de l'I.E.O., dont une des caractéristiques est son indépendance vis-à-vis de l'orthographe française, semble bénéficier aujourd'hui de la faveur de la majorité des jeunes écrivains méridionaux, il reste encore en Provence des mistraliens irréductibles, fidèles à l'orthographe du Félibrige.

Mais la graphie n'est qu'un des aspects du phénomène. Ces « mistraliens » sont en outre farouchement opposés au terme même d'*occitan* qui, par son caractère généralisateur, aurait pour effet, s'il était adopté, de déplacer, de la Provence vers le Languedoc, le centre de gravité de l'occitanisme.

Les divisions à l'intérieur de l'occitan

Si les écrivains du xixe siècle, puis du xxe siècle, ont éprouvé le besoin d'unifier la graphie, c'est parce que l'occitan n'existe pas en tant que langue commune. En effet, la zone occitane connaît plusieurs variétés différentes :

— le **nord-occitan**, qui regroupe le **limousin**, l'**auvergnat** et le **provençal alpin** ;

— le **sud-occitan** (dit « occitan moyen »), qui comprend le **languedocien** et le **provençal (maritime)**, auxquels il convient d'ajouter le **niçart** ;

— le **gascon** et le **béarnais**, à l'ouest [...]

Le catalan

Le *catalan*, qui se parle dans le Roussillon, en France, sur toute la côte méditerranéenne jusqu'au-delà de Valence en Espagne et dans les îles Baléares, ne fait pas partie de la langue d'oc. Il se distingue des langues voisines, en particulier :

par le maintien du U latin (prononcé *ou*) : DURU(M) a abouti à *dur* (prononcé *dour*), MATURU(M) à *madur* (prononcé *madour*), et par la chute de N latin devenu final, dans des mots comme MANU(M) ou BENE, devenus *má* « main », et *bé* « bien ».

On comprend alors pourquoi le nom de famille *Martin* est *Martí* en catalan (qui se dit, vous l'aviez deviné, *catalá* en catalan).

Les parlers corses se rattachent à l'italien

La Corse est devenue française en 1769, l'année même de la naissance du plus célèbre de ses enfants, Napoleone Buonaparte. Auparavant, pendant cinq siècles, elle était restée sous la domination de Gênes, après avoir été sous celle de Pise, de la fin du xie siècle. C'est cette occupation pisane qui a laissé l'empreinte la plus durable dans l'île. Très toscanisée, surtout dans le nord-est, en raison des nombreux contacts avec les colons pisans. La langue corse ne se confond toutefois pas avec le toscan, devenu l'italien d'aujourd'hui.

Les différents dialectes corses sont très proches du toscan dans le nord de l'île, mais ils ont beaucoup de points comuns avec le sarde dans sa partie méridionale. Tout comme le sarde, le corse a conservé certaines formes du latin éliminées ailleurs. Il s'y est maintenu des distinctions que l'on ne retrouve pas en italien, comme par exemple les finales en -*u* provenant du latin U et devenues -*o* en italien : « le mur » se dit *muru* en corse mais *muro* en italien, le « livre », *libru* en corse et *libro* en italien, « l'année », respectivement *annu* et *anno*, etc.

Alors que le jeune Napoléon, en arrivant à Marseille à l'âge de neuf ans, ne comprenait pas un mot de français — qu'il a d'ailleurs toujours parlé avec un « accent » —, aujourd'hui tous les Corses le comprennent et le parlent parfaitement. Mais, contrairement à ce qui se produit ailleurs, à l'exception de l'Alsace et de la Lorraine, l'usage généralisé du français n'a pas fait reculer sensiblement le parler local, et la fidélité des Corses à leur langue reste exemplaire.

Henriette Walter (1988) *Le Français dans tous les sens* (pp. 127-145). Paris : Robert Laffont.

2.2.

Le basque

Une langue résistante

Le Pays Basque, désigné en langue euskarienne sous le nom de *Euskal Herria*, représente un ensemble géographique de 200 000 km² inégalement réparti des deux côtés de la frontière franco-espagnole dans sa partie occidentale.

Sur les sept provinces historiques qui composent le Pays Basque, quatre, le Guipuzcoa, l'Alava, la Biscaye et la Navarre sont situées au Sud des Pyrénées, chacune d'entre elles représentant l'équivalent d'un département français, les trois autres, le Labourd, la Basse-Navarre et la Soule, de dimensions nettement plus réduites, ne constituent que les 2/5 du département des Pyrénées-Atlantiques.

Le Pays Basque de France, tant du point de vue de la superficie que du nombre d'habitants, ne souffre pas la comparaison avec le Pays Basque d'Espagne. La proportion d'un sur dix pour la superficie est portée à un sur douze pour la population.

La caractéristique essentielle des Basques est leur langue l'*Euskara* qui apparaît comme un îlot isolé en Europe occidentale, langue non indo-europeenne, entourée par un ensemble de langues neo-latines telles que le castillan et l'aragonais devenus plus tard l'espagnol, l'occitan sous sa forme gasconne et ensuite le français. [...]

Il est vrai que depuis un siècle la langue basque a tendance à se perdre y compris dans les zones où elle était la plus résistante. Il est vrai que le processus de débasquisation s'est accentuée au cours des vingt dernières années sous les coups de boutoir de l'école, de la radio et de la télévision en langue française. Il n'empêche que l'*euskara* est encore et pour un bon nombre de bascophones, la langue de l'échange quotidien. Mais d'abord combien de bascophones y a-t-il en Pays Basque de France ? Nul ne le sait. Une enquête faite il y a plusieurs années auprès des maires et secrétaires de mairie des communes rurales au Pays Basque de France donnait un chiffre de 70 000. Mais les statistiques pour les populations urbaines n'étaient pas prises en compte parce qu'impossibles à faire. Or, depuis la fin de la dernière guerre mondiale une bonne partie des départs des communes rurales s'est faite, outre l'Amérique et les métropoles telles que Bordeaux et Paris, vers la côte basque et le district urbain Bayonne-Anglet-Biarritz, en particulier. Ainsi le chiffre approximatif de 80 000 bascophones peut-il être avancé.

L'euskara reste dans beaucoup de familles rurales la langue première de l'enfant parce qu'elle est la langue d'échange normale au sein de la famille qui, dans de nombreux cas, regroupe sous le même toit enfants, parents et grands-parents. Une enquête récente faite par un enseignant auprès des élèves des divers établissements scolaires du canton de Saint-Jean-Pied-de-Port montre que 30% des enfants sont bascophones. Ces chiffres, très nettement en baisse par rapport à il y a cinquante ans (pratiquement tous les enfants étaient bascophones dans le village voisin de Saint-Étienne-de-Baigorri en 1935 au moment où je quittais l'ecole primaire) sont *toujours* la preuve du maintien de la langue dans le milieu familial, en particulier dans les fermes.

Il suffit de se promener dans les divers marchés de la région pour se rendre compte — sauf si l'acheteur n'est pas bascophone — en quelle langue se font les achats et les ventes. Les commerçants des zones rurales, dans leur grande majorité utilisent *l'euskara* avec leur clientèle. Il en est de même de bon nombre d'artisans qui, très normalement, dialoguent en basque ou en français avec leurs clients et qui, dans le travail de groupe ou de chantier — patrons et ouvriers — utilisent de préférence *l'euskara*.

L'enseignement du catéchisme s'est fait en basque — et ne pouvait se faire en une autre langue — depuis que cet enseignement a été établi par l'église, c'est-à-dire depuis plusieurs siècles. Pendant la messe le prédicateur n'utilisait que *l'euskara* pour son sermon ainsi que pour toute la série d'avis diffusés en fin de messe. La liturgie de la messe et des vêpres se déroulait en latin. [...]

A la suite du concile Vatican II le latin a été éliminé au profit des langues « vulgaires ». [...] Ainsi le jour même où dans toutes les églises du monde la messe en langue vulgaire succédait à la messe en latin, au Pays Basque la messe en basque était dite ou chantée, des musiciens ayant déjà composé les airs correspondant aux textes liturgiques. [...]

Toute la vie administrative voit la prédominance du français. Il convient de signaler cependant quelques initiatives nouvelles. L'une, toute récente, de l'administration des PTT du canton de Saint-Jean-Pied-de-Port qui dans un tract bilingue propose une série de services nouveaux aux habitants. Il est vrai que la concurrence des banques par rapport aux chèques postaux est très vive, la majeure partie du personnel du Crédit Agricole ou de tout autre banque privée fort connue, était bascophone. En ces temps de chômage, il est à noter que certaines offres d'emploi sont rédigées en basque — pour paraître dans les journaux en basque — et que certaines d'entre elles — elles sont de plus en plus nombreuses — exigent la connaissance de la langue basque. [...]

La suppression de la Justice de la Paix a concentré la Justice dans les villes, Bayonne pour la zone bascophone. Si j'ai connu des Juges de Paix Basque, par contre il n'y a pas à Bayonne de personnel de justice sachant le basque. Il n'empêche que, par volonté politique certes, certains militants de l'organisation clandestine basque Iparretarrak refusent de répondre en français, ce qui nécessite l'emploi d'un traducteur-juré.

Enfin, sur le plan de la signalisation routière, certaines communes du Pays Basque ont pris à leur charge l'installation de panneaux à l'entrée de la commune pour signaler à l'intérieur de la commune les divers quartiers.

Tout ceci montre que la langue basque est encore de pratique courante en Pays Basque de France bien qu'elle n'ait pas, comme cela l'est dans la commuauté autonome d'Euskadi, le statut de langue officielle. [...]

Investissements sociaux et culturels

En septembre 1981 a l'initiative de l'association IKAS et de l'*Euskalzaindia* furent réunies les Assises pour un statut de la langue et de la culture basques. Pendant plus de trois mois des commissions specialisées organisèrent leurs travaux et établirent un dossier qui fut porté en mars 1982 à l'Élysée, à Matignon et dans les ministères concernés. Si la plupart des ministères firent la sourde oreille, le ministère de la Culture accepta la discussion et le minstre de la Culture en personne vint à Pau et à Bayonne pour signer une convention avec le département des Pyrénées-Atlantiques, la ville de Bayonne et la ville de Tardet. A la suite de cette convention fut créé le Centre Culturel du Pays Basque à Bayonne. Les parrains et marraines sur les fonts baptismaux furent d'une part le ministère de la Culture (1 million de francs) et d'autre part le Conseil Régional d'Aquitaine, le Conseil Général des Pyrénées-Atlantiques et la ville de Bayonne, chaque collectivité prenant à sa charge le tiers de l'équivalent du ministère (1 million de francs). Outre le directeur, trois animateurs ont la responsabilité de la danse et la musique pour l'un d'entre eux, du théâtre et du bertsularisme [joute poétique improvisée, voir plus loin] pour le second et de la littérature et de l'édition pour le troisième. En fait il s'agit de coordonner les initiatives de mouvement culturel basque qui se manifeste par sa vitalité. Les troupes de danse sont nombreuses et certaines sont connues en France et à l'étranger. La danse basque est à la fois très diverse et très raffinée, la danse souteline [de la ville de Soule] en particulier, et il

n'est pas impossible de promouvoir un jour un corps de ballet professionnel. Le peuple basque, selon le mot de Voltaire, chante et danse au pied des
Pyrénées. Les chorales du Pays Basque d'Espagne ont atteint un niveau
international et l'ambition du Centre Culturel de pays Basque serait de
créer une chorale qui se hisserait au niveau des chorales de Bilbao, Irun ou
Pampelune.

En dehors de la forme théâtrale classique jouée par des troupes
d'amateurs dans les divers bourgs et villes du Pays Basque, soit en
interprétant des pièces originales d'auteurs actuels, tels Larzabal, Onxon,
Landart, Irigoyon, il existe une autre forme théâtrale intitulée *pastorale* qui
est plus spécialement jouée en Soule :

Un village prend en charge une pastorale, théâtre de plein air interprété
sur une scène dépourvue de décors. La scène est délimitée au fond par une
toile blanche qui permet trois entrées : celle des bons à droite, celle des
méchants à gauche, celle du centre étant réservée aux personnages d'église
(prêtres, évêques, pape, anges …). Ce théâtre est chanté sur une ou
plusieurs mélopées traditionnelles et les danses des satans emplissent les
intermèdes. Issue des mystères du Moyen-Age la pastorale traditionnelle
entrée au Pays Basque depuis 4 siècles a utilisé des thèmes religieux (Ancien
Testament, Vies de Saints …) puis des thèmes pris à l'histoire de France.

Depuis le milieu du xxe siecle, tout en gardant la même mise en scène,
elle a puisé ses thèmes dans l'histoire du Pays Basque (Vies de rois, de
poètes, histoires d'un village, etc.). Dans les trente dernières années quinze
pastorales nouvelles ont vu le jour ce qui est le signe d'un effort de créativité
renouvelé. On accourt de tout le Pays Basque pour voir une pastorale,
véritable théâtre national joué par le peuple et pour le peuple qui,
désormais, y apprend sa propre histoire. Ce genre de théâtre, fort original,
mérite d'être encouragé par le Centre Culturel du Pays Basque.

De même l'attention du Centre Culturel s'est portée sur les *bertsulari*,
improvisateurs basques qui s'affrontent en des joutes poétiques et au cours
de championnats qui rassemblent parfois les improvisateurs d'une seule
province ou encore — ceci tous les trois ans — les concurrents des sept
provinces des Pays Basques de France et d'Espagne. Le *bertsulari* est
l'homme de la fête basque, celui qui, de plus en plus, joue le rôle de
l'interprète des sentiments populaires.

En hiver la *mascarade*, spécialité souteline, parcourt les villages de Soule.
C'est un spectacle haut en couleurs qui mêle étroitement la danse et une
forme de théâtre improvisé. Elle est la continuation des coutumes de
Carnaval par la critique qu'elle fait des divers corps de métiers et aussi celle
des événements divers de l'année, y compris les événements politiques.
Cette vieille coutume ancestrale retrouve actuellement une nouvelle

jeunesse. (Là encore c'est l'expression naturelle et spontanée de l'ensemble des jeunes gens d'un village qui se produit pour son propre plaisir et celui des spectateurs.)

La littérature écrite basque s'est manifestée à partir du xvi⁰ siècle. En 1545 paraissait le premier recueil de poèmes. Longtemps restée entre les mains du clergé, elle a pris un essor particulier au xix⁰ et au xx⁰ siècle. Les Basques affectionnent particulièrement la poésie (on l'a vu avec le phénomène du *bertsularisme*). La poésie chanteé recueille les faveurs du public. Cependant, à l'heure actuelle les Basques veulent tout exprimer en leur langue (romans, théâtre, essais littéraires ou philosophiques, contes, nouvelles). Le Centre Culturel du Pays Basque, par son animateur spécialisé, cherche à promouvoir toutes les formes et les genres littéraires. En Pays Basque d'Espagne, la production littéraire atteint 400 volumes par an, chiffre qui est en pleine progression depuis la fin de l'ère franquiste [1975].

La presse basque est représentée par un hebdomadaire intitulé *Herria* qui utilise essentiellement la langue basque. D'autres hebdomadaires *Herriz Herri, Enbata* sont bilingues. Le Pays Basque de France est cependant le parent pauvre par rapport à l'extraordinaire foisonnement que connaît le Pays Basque d'Espagne.

Depuis trois ans et grâce à la libération des ondes, de nombreuses radios privées ont vu le jour. A côté de Radio France-Pays Basque qui émet en basque une heure par jour en ondes moyennes, *Gure Irratia* (Notre radio) n'utilise que l'euskara (12h par jour et 15h le samedi et le dimanche) et établit des relais avec *Irulegiko Irratia* (la radio d'Irouleguy) en Basse-Navarre et *Xiberoko boza* (la voix de Soule) qui ont aussi une production propre. Une heure en basque par jour pour Radio Adour et 5 minutes journalières à Radio Bayonne complètent le tableau des émissions radiodiffusées.

Les émissions de FR3 Aquitaine se limitent à un magazine de 13 minutes par quinzaine et trente émissions de sensibilisation à la langue basque par an, chacune d'entre elles d'un quart d'heure. Ce qui fait un total de 12 heures par an (une misère en regard des 6 heures journalières de Euskal telebixta, la télévision basque de communication autonome d'Euskadi que seuls les habitants de la côte basque peuvent capter mais dont les habitants de l'intérieur du Pays Basque ne peuvent bénéficier par manque de relais). [...]

Le mouvement culturel basque a marque récemment sa vitalité et sa cohésion. Depuis 1981 il a affirmé avec force quelques objectifs qui ont été négociés avec les divers ministères. Dans l'enseignement l'augmentation du nombre de [professeurs] itinérants, la création de classes bilingues, l'intégration prévue des enseignants, des ikastola [des écoles qui donnent une éducation en langue basque avec apprentissage de la langue française], la création prochaine d'un Département Interuniversitaire d'Études Basques, l'obtention probable de diplômes nationaux (DEUG, Licence et Maîtrise de Basque) correspondent à des avancées non négligeables. La reconnaissance officielle d'un statut de la langue basque suppose une filière d'enseignement en euskara à tous les niveaux, un encouragement financier à l'oeuvre de rebasquisation des adultes entreprise par l'association AEK, la création d'une radio de service public émettant en basque, la naissance d'une chaîne de télévision basque, la libre utilisation de la langue basque dans les divers actes de la vie publique (justice, postes, etc.).

En bref il est souhaitable que l'*euskara* soit reconnu comme langue officielle à côté du français comme il est à côté de l'espagnol dans la communauté autonome d'Euskadi. Cette utopie possible dans une France plurielle est une réalité chez nos voisins les plus proches.

J. Haritschelhar (1988) « Le basque : une langue résistante ». In Geneviève Vermès (éd.) *Vingt-cinq communautés linguistiques de la France*, tome 1 *Langues régionales et langues non territorialisées* (pp. 91-94, 101-104). Paris : L'Harmattan.

2.3.

L'occitan

Remarques sur la situation sociolinguistique de l'occitan en 1989

1. Les changements de la compétence linguistique collective

1.1. Malheureusement le doute n'est pas permis en ce qui concerne une remarque que Pierre Bec maintient dans toutes les éditions de son livre [*La Langue occitane* (Paris : Presses universitaires de France (« Que sais-je ? ») 1963 ; 5ème éd. 1986)] : « on n'a pas pu renverser le mouvement d'abandon de la langue parlée ». Globalement, l'occitan devrait compter aujourd'hui moins de locuteurs qu'en 1963, qui en plus auraient une compétence linguistique globale inférieure. Ce résultat s'obtient à partir de plusieurs mouvements, en grande partie convergents : les locuteurs qui ont une bonne ou même très bonne connaissance — et une pratique suivie — de la langue disparaissent. Une bonne partie d'entre eux, surtout d'origine rurale, parlait l'occitan comme première langue ; ces gens-là ont appris le français plus tard, souvent sur les bancs de l'école. Pour beaucoup d'entre eux, le français est toujours resté une langue seconde, même s'ils finissaient par le maîtriser bien, en raison de son emploi régulier. Les locuteurs pour lesquels l'occitan est la première langue apprise sont très rares parmi ceux nés après 1945 ; ils devraient être quasi inexistants de nos jours. L'immense majorité des locuteurs actuels ont appris l'occitan en tant que seconde langue. Là encore, il convient de faire la différence entre ceux qui l'ont appris en l'entendant dans leur entourage, donc par la communication même, et ceux qui l'ont appris à l'école. Pour le premier groupe, l'occitan, tout en étant une langue seconde, peut avoir des fonctions communicatives importantes — on a d'ailleurs remarqué que c'est une voie par laquelle surtout les garçons apprennent la langue. Mais leur nombre semble également être en diminution. Les enquêtes récentes montrent que le nombre de ceux qui n'apprennent l'occitan qu'à l'école (le plus souvent au collège et au lycée) augmente continuellement. Par conséquent, il n'est pas étonnant que les enseignants d'occitan diagnostiquent une baisse continuelle dans le degré des connaissances des élèves débutants ; ces enseignants sont par là obligés de se pencher de plus en plus sur les questions de la didactique de l'apprentissage des langues. D'autre part, les connaissances des élèves qui ont suivi cet enseignement se rapprochent de celles qu'ils ont dans les autres langues enseignées : l'aisance de la parole diminue, le savoir augmente. Alors que les cours d'occitan, il y a encore vingt-cinq ans, étaient le plus souvent destinés à la perfection et à la mise en pratique d'un *savoir faire* que les élèves et les enseignants avaient plus ou moins en commun, il faut actuellement consacrer beaucoup plus d'énergie et de temps à l'acquisition de ce *savoir faire* — et souvent on en reste au *savoir*. Ceux des élèves qui commencent vraiment à apprendre l'occitan à l'école auront donc en général moins d'habileté à employer la langue et par conséquent leur envie de l'utiliser diminue. Ajoutons à cela le fait que le nombre diminuant de locuteurs risque de leur créer moins d'occasions de la pratiquer. Il faudra donc, pour ces élèves et locuteurs potentiels, beaucoup d'acharnement pour arriver à une facilité suffisante de la parole.

A côté de cela, il ne faut pas oublier que l'occitan a sans doute aujourd'hui une autre place dans l'ensemble des connaissances linguistiques des locuteurs qu'autrefois : la configuration de ces langues a changé. Naguère, l'occitan était en général première ou seconde langue, en rapport avec le français. Une grande partie des locuteurs avait au moins autant d'aisance en occitan qu'en français, le nombre de ceux pour lesquels le schéma se compliquait — souvent par la coprésence du latin — était restreint. Ces trois langues sont génétiquement très apparentées (ce qui peut amener des phénomènes d'interférence mais aussi assurer une meilleure compréhension mutuelle). De nos jours, la première langue et celle que l'on maîtrise le plus sûrement est le français (ou alors quelque variété du français que l'on pourra, le plus souvent, identifier comme du francitan [un mélange du français et de l'occitan]) ; l'occitan est non seulement clairement relégué au second plan, mais il aura, dans la plupart des cas, la coprésence de l'anglais voire d'autres langues étrangères à affronter (il faut mentionner à part tous ceux qui apprennent l'occitan, à côté du français, ayant une autre langue — romane, arabe, berbère … — comme première langue). Malgré les connaissances quelque peu rudimentaires qu'a la psycholinguistique de ce qui se passe chez un locuteur qui est confronté à plusieurs langues différentes à la fois, nous voyons facilement que la place dont dispose l'occitan de nos jours devient beaucoup plus marginale et qu'il est exposé à beaucoup plus d'influences « extérieures » qu'autrefois.

1.2. Il faut également penser aux changements démographiques : les régions occitanes, dans leur ensemble, ont subi des mouvements migratoires très divers. D'une part, il y a des migrations internes vers quelques-uns des centres urbains (des Occitans se déplacent dans les pays d'oc), ensuite des émigrations massives vers les centres du nord de la France (des Occitans quittent les pays d'oc) et des immigrations de Français du nord (des non-Occitans s'installent en pays d'oc). Ces mouvements se complètent par une immigration sensible d'Européens du nord (essentiellement) qui cherchent le repos dans les pays d'oc et une autre, numériquement beaucoup plus importante, d'Européens du sud, de Nord-Africains et d'Africains qui cherchent du travail en France. Tous ces mouvements contribuent à défaire le tissu social et par là à diminuer le potentiel des emplois de l'occitan (il convient toutefois d'admettre qu'il y a des différences : pendant longtemps, une première acculturation des immigrants italiens, catalans et castillans s'est faite en occitan ; de nos jours encore, les cours d'occitan sont fréquentés par un certain nombre d'enfants d'immigrés). En tant que langue dominée, l'occitan pâtit toujours de telles situations. Cela est vrai même pour les groupements d'émigrés occitans à Paris ou dans les villes du nord de la France ; bien qu'ils puissent avoir des fonctions sur place, ils sont presque toujours perdus pour la communauté occitane (au moins jusqu'à leur retour).

Revenons au cas des migrants à l'intérieur des pays d'oc : autrefois une telle migration n'avait pas nécessairement de conséquences pour la pratique linguistique. L'intercompréhension entre les diverses variétés de l'occitan était ou bien acquise d'avance ou bien pouvait se faire au prix d'un petit effort ; c'est-à-dire que les migrants continuaient en général à employer l'occitan. Dans la mesure où la compétence et la pratique de la langue diminuent et que l'emploi de la langue dominée risque toujours d'être négativement connoté, le passage au français semble être plus « payant » de nos jours.

Malheureusement, les mouvements occitans n'ont toujours pas suffisamment réfléchi sur ce phénomène de la migration : ils accueillent volontiers l'étranger qui s'intéresse à eux, mais ils ne cherchent pas à aller à sa rencontre. Et ils n'ont pas encore trouvé de solution au problème qui se pose par le fait que dans beaucoup de grandes villes occitanes il y a aujourd'hui au moins autant d'habitants de langue arabe ou berbère que de langue d'oc. Ne pourrait-on pas proposer à toutes ces communautés un nouveau modèle de société, multiculturel et multilingue, où chaque langue et chaque culture auraient leur place ? Il est vrai que de telles idées sont très loin des conceptions stato-nationales qui ont toujours le dessus en Europe occidentale ...

1.3. Même les locuteurs qui parlent bien occitan ont d'habitude une compétence plus sûre dans les domaines qui ont rapport à la vie d'autrefois : agriculture, artisanat, etc. Elle est moindre dans les domaines de la vie courante des citadins et normalement presque nulle en ce qui concerne le monde technique et scientifique moderne. La compétence de l'occitan atteint donc son degré maximal dans des pratiques sociales résiduelles, alors qu'elle diminue au fur et à mesure que l'avenir est concerné. Cela veut dire que les fonctions communicatives que l'occitan peut remplir diminuent également : le locuteur trouve de moins en moins de sujets dans lesquels il estime sa compétence suffisamment sûre pour employer l'occitan (la remarque est d'ordre psycholinguistique et non pas sociolinguistique) — et ces sujets seront de moins en moins importants pour sa vie de tous les jours. L'utilité globale des connaissances occitanes de l'individu semble donc diminuer. Par conséquent, la pratique baisse, ce qui entraîne de nouveau une baisse de la compétence (c'est là que l'observation psycholinguistique a des conséquences sociolinguistiques), etc.

1.4. Les changements dans les formes de l'acquisition de l'occitan entraînent une nouvelle distribution interne des quatre facultés essentielles : parler, entendre, lire et écrire. Alors que, par suite de la politique scolaire de la France, jusqu'à un passé récent la majorité des occitanoparlants savaient bien entendre et parler, leurs possibilités de lire étaient très restreintes (surtout quand la graphie employée s'éloignait des habitudes graphiques du français et la faculté d'écrire était sans doute encore plus rare). Cette distribution, en gros toujours valable pour les locuteurs primaires, est sans doute différente chez tous ceux qui ont appris l'occitan avant tout à l'école (ou dans d'autres instances d'enseignement), les locuteurs secondaires. Pour eux, l'apprentissage de la langue s'est fait beaucoup plus à travers l'écrit qu'à travers la communication orale. Ils possèdent par conséquent une assez bonne compétence dans le domaine de la lecture et souvent dans celui de l'écriture. L'on pourra même supposer que jamais avant un nombre si considérable de locuteurs n'a été alphabétisé en occitan. Il est vrai que cette alphabétisation dans beaucoup de cas reste passive. En plus, si l'on parcourt les différentes revues publiées en occitan, l'on s'aperçoit que des divergences subsistent dans l'écriture, même à l'intérieur d'une école de codification, et que peu d'auteurs ou de rédacteurs écrivent de façon vraiment cohérente. Mais ces imperfections de détail n'enlèvent rien à l'importance du phénomène en général. Cette augmentation de l'alphabétisation, même en chiffres absolus, gagne encore en importance dans la mesure où elle se fait à un moment où le nombre global de locuteurs diminue. Ce déplacement est pourtant en partie une conséquence d'un autre échec : celui de faire apparaître la langue massivement dans les mass media, surtout la radio et la télévision. La place de l'occitan y est toujours ridicule, et, dans l'ensemble, ce sont toujours des émissions « de langue d'oc » au lieu d'être des émissions quelconques où l'occitan sert normalement de support linguistique et qui seraient ainsi destinées à attirer l'ensemble des auditeurs ou des spectateurs.

Il y a un autre acquis global : c'est la généralisation d'un certain « savoir sur la langue », son passé et son présent. L'on peut supposer même que c'est dans ce domaine que le travail acharné d'information des occitanistes a connu son succès le plus clair. Mais c'est une victoire qui pour la pratique de la langue n'a que peu de conséquences : rares sont ceux qui se mettent à parler occitan de façon durable à cause des trobadors, des albigeois ou de Mistral ... Socialement, ils n'ont guère d'importance.

1.5. Il reste une question importante qui, jusqu'à présent, n'a guère trouvé de réponse : celle des finalités de l'apprentissage et de la maîtrise de l'occitan. L'occitan pour quoi faire ? Dès les débuts du mouvement renaissantiste, au siècle dernier, ses représentants ne pouvaient se mettre d'accord sur ce point, et les discussions sur le rôle possible de l'occitan n'ont pas cessé depuis lors. Entre un emploi purement poétique, lors de quelque cérémonie particulière, le dimanche, et la (ré-)occitanisation complète et obligatoire de toute la société, toutes les solutions ont été proposées. Seulement : elles ont toujours été proposées au nom du peuple d'oc, jamais par le peuple d'oc. Certes *la* réponse n'existe pas, n'a jamais existé, mais le sujet demande toujours beaucoup de réflexion ; des réponses qui don-neraient satisfaction aux Occitans amèneraient aux adeptes de la renaissance les « troupes » qui jusqu'à présent leur ont trop souvent fait défaut. [...]

2. Bilan et possibilités en 1989

2.1. Quant à l'emploi de l'occitan, il est malheureusement incontestable qu'il décline, même si certaines formes de production textuelle (l'écrit) augmentent ou se maintiennent à un niveau assez élevé. Si l'on examine cependant le progrès de l'écrit de près, on peut faire une observation désagréable : il y a des revues où une pratique constante de la langue cède la place à une pratique que nous pourrions appeler symbolique. Les titres et les sous-titres sont écrits en occitan, mais les textes qui suivent sont souvent en français (ou en italien, dans les Vallées alpines). Ces emplois symboliques montrent que même là où une certaine institutionalisation a été obtenue, elle ne suffit pas pour maintenir l'emploi de la langue dominée. [...] On sait cependant qu'un gouvernement qui voudrait vraiment agir en faveur des langues et cultures minoritaires aurait non seulement toujours une large marge de manoeuvre, mais pourrait même s'attendre à des succès assez rapides. Une telle politique ne devrait pourtant pas se limiter à l'enseignement de la langue ; celle-ci ne peut être que le point de départ de toute politique culturelle.

2.2. En ce qui concerne le « contexte », on peut constater un certain nombre d'acquis : l'existence de certains éléments d'infrastructure, tel le Centre International de Documentation Occitane à Béziers, telles les institutions universitaires qui assurent et la recherche et l'enseignement supérieur. Il convient de souligner que les vingt-cinq dernières années ont été très riches en recherches sur la matière occitane (dans le sens le plus large du terme). Il serait à souhaiter que ces éléments d'infrastructures existants soient solidifiés et que d'autres se construisent, puisque, même en comparaison avec d'autres cultures minoritaires, l'occitan est toujours très sous-équipé.

2.3. Ceci sera peut-être plus facile si l'on essaye de tirer avantage d'un échec : les occitanistes n'ont pas (encore) réussi à répandre une forte conscience pan-occitane dans toutes les couches des pays d'oc. La conscience de beaucoup de gens reste confinée à un niveau régional inférieur (étant donné les dimensions géographiques de l'Occitanie, ce n'est guère surprenant). Peut-être pourrait-on vivifier cette conscience régionale dans le but d'une intensification des infrastructures culturelles et de la vie culturelle régionale (le développement d'une conscience plus large suivra peut-être). Car il y a un autre mouvement qui commence à se dessiner : les régions, qui depuis les réformes des années 1980 disposent de compétences, surtout dans les domaines de la culture et de la recherche, mais aussi de moyens budgétaires, semblent développer des traits de conscience région-ale. Ces consciences sont encore floues, mal affirmées, mais dans les régions occitanes elles semblent portées vers certains éléments de l'occitanisme. Cela se vérifie non seulement par l'emploi symbolique des couleurs occitanes et même de la langue, mais parfois ce sentiment se traduit déjà dans des ébauches de politique culturelle. Ces politiques se limitent pour l'instant le plus souvent aux subventions financières, mais elles pourraient sous la direction d'un personnel compétent, prendre des initiatives et impulser et organiser des activités qui jusqu'à présent se déroulent de façon plus ou moins sauvage. Cela pourrait même créer un climat de concurrence entre les différentes régions. En plus, dans le cadre de l'Europe en construction, elles pourront entrer en contact avec des régions d'autres États. Si un tel dynamisme pouvait se développer, cela pourrait devenir une des chances des régions occitanes. Les idées occitanes trouveraient des relais dans le personnel politique régional. Ces relais pourraient être une chance supplémentaire, car ils feraient sortir les idées occitanistes des cercles fermés et leur assureraient à nouveau une audience plus grande. Certes, une telle instrumentalisation ne se produit pas sans pertes ni sans ambiguïtés. Dans la mesure cependant où l'on pense que les analyses régionalistes et autonomistes occitanes ont des fondements solides, les intérêts de tout le personnel engagé dans ce processus devraient trouver des bases communes. De là pourra naître une dynamique nouvelle que, pour l'instant, nous pouvons seulement soupçonner à l'horizon.

Quelques occitanistes commencent même à regarder vers la construction européenne, surtout vers une Europe intégrée, telle qu'elle se dessine à l'horizon de 1993. Il est vrai que pendant longtemps l'Europe technocratique des années 1960 et 1970 n'avait pas bonne presse parmi les occitanistes. Ils l'ont combattu de toutes leurs forces, car elle menaçait, dans un certain sens, leur mode d'existence. Maintenant, ils espèrent que l'élargissement de la Communauté Européenne vers le sud amène un respect plus grand de sa face méditerranéenne, que la démocratisation des procédures (et notamment la réévaluation lente du Parlement Européen) et les efforts coordonnées des peuples « petits » puissent leur assurer l'air dont ils ont besoin pour respirer. Ces réflexions sont certainement inspirées en partie par la *Generalitat de Catalunya* qui a commencé à jouer la carte européenne à fond. Mais même pour la *Generalitat*, un véritable pouvoir en Europe, le jeu s'annonce serré. Il est certain que les progrès de la construction européenne redistribueront les cartes sur le vieux continent, mais il est d'autre part tout aussi certain que les quelques millions d'occitanoparlants et les quelques milliers d'occitanistes se perdent plus facilement dans une entité de plus de 325 millions. Sans doute faudra-t-il tenter cette chance en la préparant bien ...

2.4. Une telle dynamique pourra peut-être créer une autre perspective pour le destin de la langue que celle qui semble parfois se dessiner à l'horizon pour l'avenir : celle d'une langue littéraire, voire poétique pour les *happy few*. Certes, tel était le rêve de certains poètes félibres qui faisaient de beaux poèmes en occitan mais qui vivaient leur vie en français. C'est peut-être sur cette erreur — de penser que l'on pouvait séparer la poésie de la vie — que s'est ouverte la renaissance d'oc ; il ne faudrait pas qu'elle finisse par l'enterrer. Il nous semble que cette question de la fonction future de la langue est actuellement primordiale, car de la ou les réponses dépendront beaucoup d'autres choix à effectuer dans un avenir assez proche.

Georg Kremnitz (1991) 'Remarques sur la situation sociolinguistique de l'occitan en 1989'. In *Mélanges de langue et de littérature occitanes en hommage à Pierre Bec* (pp. 259-265, 269-272). Université de Poitiers, CESCM.

2.4.

Les langues d'oïl

Les langues d'oïl, par leur origine commune et leur histoire, ont toutes des systèmes [phonologique, morpho-syntaxique et lexical] assez proches [...] : à force d'insister sur les points communs, on est amené à considérer que toutes les langues parlées sur le territoire d'oïl sont du français, ou pourquoi pas de l'« oïltan » comme cela a été proposé ; si l'on adopte une position plus nuancée, il sera extrêmement délicat d'établir une limite entre deux langues : quels seront les points de convergence qui permettront de réunir différents parlers en une seule langue ? Y a-t-il plus de points communs entre le picard de Lille et le picard d'Amiens qu'entre le picard de Lille et l'un des français parlés à Lille ? La même personne utilise-t-elle des registres différents d'une même langue ou deux langues différentes ? Quelle est la langue utilisée par la population lilloise ? Du picard ? Du français ? ...

L'intercompréhension

Compte tenu de ces variations, des critères ont été proposés pour cerner l'entité *langue* à partir de celle de *communauté linguistique*. Parmi ceux-ci, celui de l'intercompréhension : feraient partie de la même communauté linguistique, les locuteurs qui se comprennent mutuellement ; ou encore « on a affaire à une seule et même langue tant que la communication est effectivement assurée » (André Martinet (1970) *Éléments de linguistique générale* (p. 147). Paris : Armand Colin). Les personnes qui ne se comprennent pas ont, en général, le sentiment d'appartenir à des communautés différentes ; mais celles qui se comprennent appartiennent-elles obligatoirement à la même communauté ? Sans entrer dans une discussion sur les limites de la communicabilité entre deux individus, notons que la compréhension mutuelle est essentiellement fonction du désir de communiquer. Un Français qui ne connaît pas l'italien peut comprendre un Italien qui parle dans sa langue alors que deux Français qui cherchent à s'ignorer peuvent ne pas se comprendre. La compréhension est également facilitée par la redondance propre aux langues naturelles et par l'utilisation de procédés de communication non verbaux.

Une jeune agrégée de Montpellier, nouvellement nommée à Lille, éprouve quelques difficultés à comprendre l'ensemble des dires de ses élèves, qui, de l'avis de l'ensemble de la communauté lilloise, parlent français ; une Parisienne, retrouvant sa famille en pays gallésant [où on parle gallo], peut ne pas suivre une conversation familiale ; il y a 40 ans, une Savoyarde, mariée à un petit-fils de cultivateurs picards, pouvait savourer les récits en picard, dits par une tante de son mari, alors que sa fille avait beaucoup de difficultés à comprendre ces interminables histoires et préférait aller jouer avec ses cousines.

Il y a donc un continuum intercompréhension/non-compréhension. A l'une des extrémités de ce continuum, on rencontre des situations d'exolinguisme (japonais/français) et à l'autre, des situations où les interactants font partie du même groupe, quels que soient les critères de délimitation du groupe (deux frères jumeaux) ; entre ces extrêmes se trouve une infinité de situations d'exolinguisme avec des éléments culturels communs, soulignés ou non par les interactants, ou, au contraire, d'unilinguisme officiel.

Le critère de l'intercompréhension ne permet pas, non plus, de dresser des frontières rigides, à l'intérieur de la France d'oïl, entre les langues appelées patois et les français régionaux d'une part, entre les français régionaux de l'autre. Il semble, néanmoins, que ce soient les parlers des ruraux géographiquement les plus éloignés de Paris qui soient les plus difficilement compréhensibles pour un Parisien.

Perte ou renouveau de la vitalité des langues d'oïl

Les langues d'oïl parlées dans les environs de Paris se sont très généralement fondues et presque identifiées au français parisien. Dans certaines régions, comme la Touraine, le parler local est considéré comme « le bon francais » par des Tourangeaux mais aussi par de nombreux Français et même par des étrangers, aux dépens de celui de la capitale. Par contre, dans les régions les plus éloignées de Paris, le sentiment d'*insécurité linguistique* est dominant. Parlant une langue qu'ils considèrent comme du français, et n'ayant plus l'usage du « patois », les locuteurs cherchent, dans une certaine mesure, à dépouiller leur langage de ce qu'ils ressentent comme des indices d'appartenance à des groupes sociaux peu valorisés. A l'inverse, le « patois », tel qu'il a été entendu par certains dans leur jeunesse, ou tel qu'il est encore parfois diffusé par les médias, devient *objet de désir* sans qu'aucune fonction de communication lui soit impartie. Ces deux tendances ont pour effet de diminuer la vitalité de la langue locale, vitalité déjà atteinte par le développement des médias et pour les raisons analysées ci-dessus.

L'attitude des Lillois [par exemple] **face à leur langue et au français.** On retient généralement trois facteurs pour définir l'attitude d'un locuteur face à sa langue : le jugement qu'il porte, le sentiment qu'il éprouve, la motivation qui peut le pousser à agir. La plupart du temps, jugement et sentiment sont intimement liés : ainsi le français, considéré comme la langue politico-administrative, est utilisé par les membres de la classe dirigeante : tout désir de changement social s'accompagne, en général, d'un désir d'utilisation de cette langue politico-administrative, donc d'une adaptation linguistique ; on constate que les personnes qui aspirent à un changement social pour leurs enfants, qui vont donc rompre une solidarité de groupe, utilisent une langue beaucoup plus proche du français standard ; mais le caractère très standardisé du français rend cette adaptation difficile : le français, non accessible, reste auréolé de gloire ; il est beauté ; il permet de s'exprimer avec précision, clarté. De l'autre côté, le parler local, qui n'est plus du « patois » pour les autochtones, reste la langue du groupe et est déprécié par l'ensemble de la population. C'est la langue du travail, de l'atelier, de l'usine. La forme la plus proche du picard conserve pourtant une fonction identitaire : les enfants de tous les groupes sociaux, mais surtout les garçons, l'utilisent dans cetains de leurs jeux. C'est le « patois » qui, comme le dit Chaurand pour le laonnais, dialecte champenois [de Laon], permet « une heureuse évasion » (J. Chaurand (1968) *Les Parlers de la Thiérache et du Laonnais*, Paris). Dans la région lilloise, tout le monde a conscience de la perte de vitalité du *patois*, dont les définitions sont floues et varient selon les personnes.

Se battre pour la reconnaissance de la langue utilisée surtout par les classes sociales les moins favorisées, qui apparaît généralement à tous comme du français mais du « mauvais » français, « écrasé », « pas beau », « particulièrement laid » ... semble être la gageure relevée pourtant par l'association « Arcoder ». Il a semblé préférable à d'autres associations comme le « Chti qui pinse », de militer pour le renouveau d'une langue qui sans jamais avoir été réellement codifiée, a joui d'un certain prestige littéraire, a autrefois été utilisée comme langue de l'administration et qui, enfin et surtout, a fait preuve d'une grande vitalité au siècle dernier, en devenant la langue seconde de la population migrante, et ce afin de détruire le « sentiment d'insatisfaction, de frustration devant le vide culturel que constitue l'absence d'une langue authentiquement maternelle ».

Vers une standardisation des langues d'oïl ?

Une variété de langue est dite standardisée si un ensemble de normes définissant l'usage correct a été codifié et accepté par une communauté. La variété acceptée par l'ensemble de la communauté est généralement celle qui est utilisée par la classe dominante. Elle devient la langue du gouvernement, de l'école, des médias. Comme toute variété de langue, celle qui est standardisée offre également des possibilités de variations qui sont plus réduites à l'écrit qu'à l'oral.

Bien que la plupart des associations déplorent les moyens qui ont permis au français d'atteindre un très fort niveau de standardisation, elles oeuvrent, peu ou prou, pour une standardisation de la « langue locale ». Il n'est pourtant, semble-t-il, pas envisagé, dans le domaine d'oïl, que le français ne soit plus la langue de l'administration et du gouvernement. Parmi toutes les variétés existant, on l'a vu, dans chaque langue, quelle sera celle qui sera standardisée ? Comment établir la hiérarchie entre différents parlers qui permettrait de choisir le parler le plus prestigieux, apte à être accepté par l'ensemble de la communauté, alors qu'il ne saurait y avoir accord sur les critères de hiérarchisation ? Nombre de locuteurs ? Prestige littéraire de telle variété ? Puissance économique de tel groupe de lo-cuteurs ? Les problèmes qui se sont posés avec la standardisation de l'occitan montrent les difficultés inhérentes à tout essai de standardisation qui ne serait pas voulu par un gouvernement.

La codification de la graphie

La diversité au sein des langues d'oïl, langues qui sont devenues au cours des siècles des langues à tradition orale, pose de sérieux problèmes au moment où il s'agit de les écrire : comme on vient de le voir aucune variété ne s'impose comme étant *la* variété à standardiser. De plus, l'influence normative du français se fait sentir dans les essais pour établir une graphie unifiée ; presque toutes les associations ne semblent pouvoir se libérer du carcan imposé par la culture française : il ne peut y avoir à l'écrit la même diversité qu'à l'oral. A Lille ou à Amiens, le picard doit avoir la même graphie.

Dans cette recherche de graphie unifiée, certains vont utiliser l'orthog-raphe du français ; d'autres, au contraire, vont mettre l'accent sur les points de divergence ; certains vont se fonder sur les textes anciens ; enfin, la graphie devra-t-elle prendre en compte l'ensemble des variétés ?

L'exemple du gallo, langue de la Bretagne romane, illustre bien ces différentes possibilités.

Graphie soulignant les points communs avec le français

En 1977, l'association « Les amis du perler gallo » propose de conserver la graphie française pour les mots qui se prononcent comme en français et une graphie utilisant la correspondance majoritaire phonème/graphème du français pour les mots hybrides ou spécifiquement gallo, certains graphèmes spécifiques *ë, lh* étant réserveé aux phonèmes propres au gallo.

Graphie soulignant les points de divergence avec le français et les points de convergence avec le breton

L'association « Vantye » insiste au contraire sur les traits communs au gallo et au breton en choissisant les graphèmes du breton : *k* pour /k/, et en supprimant, pour se démarquer du français, les lettres qui ne se prononcent pas.

Graphie archaïsante

Alan Raude de l'association « Maezoe » opte pour une graphie traditionnelle, archaïsante, en 1978 : pas de *e muet* final mais les consonnes finales ne sont prononcées que lorqu'elles sont doublées : *haut/hautt* « haut »/« haute » ; les voyelles longues sont écrites avec un graphème vocalique suivi de *s* : *chasteu* « château » ; la voyelle provenant d'un *e* long latin ou d'un *i* bref se transcrit *ei* quelle que soit sa prononciation actuelle (diphtongue ou voyelle simple).

Graphie tenant compte des différentes variétés de gallo, langue romane

En 1980, la commission « graphie unifiée » des « Amis du perler gallo » propose une graphie tenant compte de la diversité des formes actuelles. Pour cela, quatre enquêtes ont été menées de 1980 à 1984 ; l'association « Aneit », composée des anciens membres de la commission linguistique des « Amis du perler gallo », publie *Nostre lenghe aneit* : les consonnes finales ou les diphtongues, si elles sont attestées dans une variété, sont retenues. Les graphèmes d'origine bretonne, utilisés par l'association « Vantye » y sont rejetés.

De ces différents essais, ne résulte pas, à ce jour, une homogénéisation de la graphie ; la même revue *Le Lian* propose des textes dans des graphies différentes, propres aux différents auteurs. [...]

En guise de conclusion

Il semble que le sentiment d'appartenance à une communauté plus vaste voile la reconnaissance des différences dans les usages qui existent réellement d'une région à l'autre, d'un groupe social à l'autre, d'un individu à l'autre. Et ce n'est pas un hasard si pendant les périodes où le sentiment d'appartenance à une unité nationale est particulièrement ressenti, les différences entre les usages se sont estompées ; par exemple en

1914-1918, 1940-1945 et peut-être dans la période de crise économique que nous traversons.

Par contre, dans les périodes d'affaiblissement de ce sentiment, les différences seront soulignées par une revendication identitaire, qui, cherchant les raisons de ces divergences, les attribuera à l'existence d'une langue qui, pour la plupart, n'est pas la langue maternelle mais une langue qui aurait existé à un moment où il aurait fait bon vivre. La langue maternelle, au sens commun de langue utilisée par la mère pour parler à ses enfants, est rarement la langue que veulent réhabiliter les associations mais celle des aïeuls que certains n'ont jamais entendue. Là encore, l'influence de la culture française est prépondérante : on assiste à une réification du « patois » face à celle de français, aux dépens de la langue réellement parlée par les couches sociales peu scolarisées.

A. Lefèbvre (1988) 'Les Langues du domaine d'oïl'. In Geneviève Vermès (éd.) *Vingt-cinq communautés linguistiques de la France* (pp. 266-269, 272-275, 278). Paris : L'Harmattan.

2.5.

Le picard

1. Aspects géographiques

Picardie : une même dénomination sert pour qualifier à la fois des domaines géographique, historique et linguistique. C'est la source de bien des confusions. La Grande Picardie Linguistique recouvre une très grande diversité de parlers locaux, encore assez bien conservés avant la guerre 1914-1918. Il en est de même par exemple pour la Lorraine romane qui dépasse largement les limites de la Lorraine historique. On a parlé de picard (comme dialecte) avant de parler de Picardie ; aux xivème siècle, l'historien Froissart est un picard de Valenciennes ; de nos jours le Borinage ou le Tournaisis en Belgique sont fiers de se dire picards — ce qui n'est qu'une dénomination commode pour désigner un ensemble de sous-régions délimité arbitrairement par un faisceau d'isoglosses : maintien du K/G dur (*capeau* (chapeau)), neutralisation de l'article féminin (*le femme* (la femme)), etc ... Les jeunes ont maintenant adopté le sobriquet de « chtimi » qui était dépréciatif en 1914-1915 quand les soldats l'ont créé pour désigner Artésiens et Nordistes.

L'hétérogénéité est manifeste ; on distingue des franges interdialectales à l'Est et très francisées au Sud, des zones de relative vitalité régionale (Somme, Pas-de-Calais, Nord). Le Vimeu, le Boulonnais ou le pays de l'Alleu comptent beaucoup de vieillards nettement patoisants. Encore faut-il préciser la nature fort complexe des parlers ruraux en question. La situation à Aubers-en-Weppes (Nord) est caractéristique. Aujourd'hui administrativement unifiée, cette commune n'a jamais eu un patois unique : l'écartèlement en plusieurs hameaux et en « clans » ayant chacun son « caractère » est encore attesté par des systèmes phonologiques différenciés. Mais on sait que des parlers limitrophes sont « scientifique-ment inopposables ».

2. Les variétés linguistiques

Nous avons dégagé des critères fondés en synchronie qui déterminent une typologie valable pour le domaine concerné. Naturellement, il n'y a

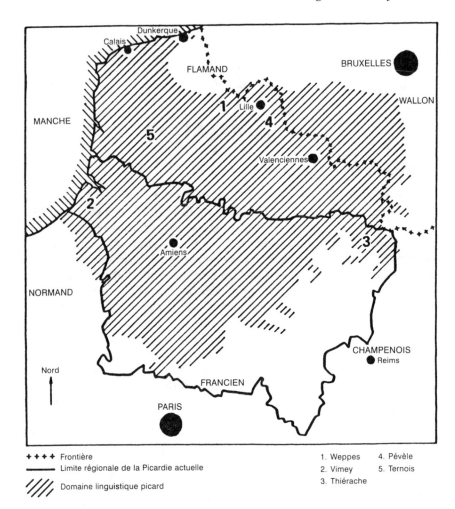

(D'après J. Désiré — Laboratoire de cartographie — U.E.R. des Sciences Historiques et Géographiques — Université de Picardie)

aucune solution de continuité entre ces variétés (il s'agit de dominances). Ce que nous appelons « dialectalité » est apprécié par des auditeurs d'une région différente. La qualité d'une marque est maximale quand elle est reconnue immédiatement par des étrangers à la région : alors elle peut fonctionner comme submarque utilisable par des imitateurs : ex. prononcer *gambe* pour jambe, *gins* pour gens, etc.

	Variétés	Dialectalité	Marques dialectales		Étendue de l'aire de diffusion
			Quantité	*Qualité*	
Langue	1. français général	—	absence	—	maximale
Mélange à dominante neutralisée	2. français régional	'français'	minimale	minimale	grande
Mélange à dominate dialectale	3. français local ou dialectal	'patois'	moyenne	moyenne	petite
Patois	4. patois local	patois	maximale	maximale	minimale

Typologie I : parlers de même souche

Dans la variété 1, « français général », il y a neutralisation des marques. La variété 2 couvre la totalité du domaine linguistique picard (zone hachurée de la carte). Le français régional n'est tel que pour les Français des autres régions (pour un Picard, c'est le français tout court) : un mot, une tour ou une clausule intonative apparaissent dans un énoncé tout à fait français par ailleurs. Sa morphologie est française. La variété 3 couvre une aire de dimension très variable, ex. l'Ouest-Amiénois, le Vimeu (no 2 de la carte), le Pévèle (no 4 de la carte), ayant ou non une individualité historique affirmée. Le substrat est plus précisément localisable que pour la variété 2, les éléments dialectaux étant plus nombreux et/ou plus frappants. C'est souvent même un « patois d'intention » dénommé aujourd'hui « chtimi » (au sens où le français régional est « français d'intention ») ; le processus de francisation a commencé plus tôt que dans le franco-provençal par exemple, et il a été plus lent. La variété 4 est un ancien parler de village relégué au second plan, figé à la suite de l'extension du français en général, donc condamné à mort. Quand le dialecte a été anciennement supplanté par une langue, la qualité dialectale et la quantité des marques semblent inversement proportionnelles à l'étendue de l'aire de diffusion du parler en question.

Mis à part le West Vlaams, et quoi qu'en disent certains à partir d'appréciations subjectives, il n'y a plus de dialecte proprement dit dans notre région ; strictement parlant, il n'y a que des survivances isolées de patois au sens de Bruneau : « langue d'un groupe social restreint, imposé par le groupe, avec une prononciation, un système de formes, une syntaxe et un vocabulaire déterminés ». En 1977, il n'y a pratiquement plus d'îlot où un parler local soit ressenti comme l'expression de l'ensemble d'un groupe social restreint, cohérent et stable, se maintenant comme le français général.

Alors que les patois différaient dans chaque village, les français dialectaux se prêtent mieux à l'intercompréhension, car ils sont constitués de marques communes à plusieurs localités. Le mélange est inconscient ; dès qu'on fait le départ entre éléments primitifs et emprunts, le mélange est détruit et on est moins naturel.

L'observation de Dauzat se vérifie : ce qui disparaît le plus vite, c'est, dans l'ordre décroissant : le lexique, la morphologie, la syntaxe ; le plus tenace, c'est le phonétisme et surtout la prosodie (rythme, intonation).

| | Variétés | Dialectalité | Marques dialectales | | Étendue de l'aire de diffusion |
			Quantité	Qualité	
Langue	1. néer-landais	—	absence	—	maximale
Mélange à dominante neutralisée	2. français régional	français	minimale	minimale	grande
Dialecte	3. West Vlaams	dialecte	moyenne	moyenne	moyenne
Mélange flamand-patois	4. patois	patois	maximale	maximale	minimale

Typologie II : parlers de souche différente

La variété 2 comporte principalement des éléments lexicaux flamands adaptés au phonétisme français et une prosodie caractéristique. La variété 3 s'écrit, alors que de nos jours, il est rare de trouver des formes écrites de parlers « picards » à la fois différents de l'expression orale et du français standard. Le West Vlaams n'est pas, comme le patois, coupé de ses sources de renouvellement. La variété 4, plus rare que dans la typologie I, ne caractérise guère que certains ouvriers agricoles de la frange (ex : *te n'dous pos faire cha* [tu ne dois pas faire ça], Halluin). Ceux-ci parlaient naguère flamand chez eux et patois picard au dehors, d'où de nombreux flandricismes. Le West Vlaams, non coupé de ses sources de renouvellement, est encore parlé sporadiquement par des bilingues dans la Flandre française, mais de façon plus discontinue que la frontière linguistique officielle ne le laisse supposer. Il est fréquent qu'on commence une conversation en français et qu'on continue en flamand ou inversement. Cette frontière s'est d'ailleurs modifiée depuis dix ans. Il y avait alors des enclaves romanes bilingues au-delà de la frontière belge (Comines, Varneton), dont le patois est très archaïsant et un bilinguisme flamand-français en deçà, sans « patois archaïsant ». Aujourd'hui, chez les moins de 40 ans, la frontière politique tend à coïncider avec la frontière politique, au moment même où une élite commence à regretter la standardisation dont elle prend conscience. Les militants du Cercle Michel de Swaen font beaucoup pour répandre l'état d'esprit « volkisch ».

Ce qui frappe, c'est le caractère composite de nos parlers ruraux. J'ai noté dans le Ternois : « J'ai fait gaffe (argot) à bin les remutter (patois), les pommes de terre (français) ». Dans le cours d'un même énoncé, le dialectologue ne peut que rarement délimiter avec rigueur les faits communs à diverses régions et les faits dialectaux. Une opposition à deux termes « patois/français neutralisé » est insuffisante pour rendre compte de la complexité des faits, car l'essentiel, pour le paysan dans les circonstances ordinaires de sa vie, c'est l'intercompréhension. Il s'ajuste presque toujours à son interlocuteur. Jadis le patois disposait de plusieurs niveaux de langue, comme le français, tout aussi instables. Ce qui subsiste de nos jours constitue lui-même un niveau de langue. Des archaïsmes (mots, tournures, phonétisme et clausules) émaillent un tissu linguistique plus ou moins marqué. Il est parfois difficile de qualifier de dialectes des déformations plaisantes ou enfantines particulières à telle famille.

Ce qu'on nomme aujourd'hui patois dans ce domaine n'est qu'un registre, une variante stylistique, un procédé expressif parmi d'autres. On s'extasie souvent sur la surabondante richesse lexicale des patois anciens en les comparant à la pauvreté du français que parlent les jeunes. Certes, pour dire « saoul », tel picard de plus de 40 ans dispose d'une dizaine de termes, mais ce n'est que s'il possède ou s'il a acquis une certaine sensibilité linguistique qu'il recherche le mot propre, pour distingué « émeché, gris, ivre mort … ». Seuls quelques rares vieillards possèdent encore spontanément le sens des nuances, mais ils n'en usent que si c'est absolument indispensable. Aujourd'hui l'emploi d'un mot patois n'est presque jamais nécessité par la situation : on n'a plus affaire qu'à des variantes de type affectif ou métaphorique. Les idiolectes observés ne sont pas homogènes. Leurs formes linguistiques, étonnamment nombreuses dans les champs sémantiques « concrets » sont en réalité concurrentes.

3. Aspects sociologiques

Pour qu'on puisse induire la pratique linguistique propre à chaque membre d'une communauté paysanne, il faut superposer de nombreuses variables, et d'abord des variables sociales, bien que jusqu'à présent on ne dispose pas d'une théorie qui permette de hiérarchiser les multiples déterminations de ce type. L'usager non-linguiste mis en présence de nos parlers picards les considère comme déviants en bloc, sans pouvoir discriminer très clairement les éléments selon la situation sociale des locuteurs, car les facteurs différenciatifs sont étrangement imbriqués. Des données sociologiques de toutes sortes se mêlent sans qu'on puisse délimiter leur importance relative ou leur action réciproque. Le mot *talibure*, désignant une poire ou une pomme entourée de pâte et cuite au four, entre naturellement dans une phrase française, donc toutes les catégories sociales peuvent l'employer en Artois. En revanche, lorsqu'un boucher boulonnais parle de l'*hansart* (couperet) avec lequel il travaille, il ne marque pas seulement son appartenance à une aire dialectale, mais à une catégorie socio-professionnelle. Tout message dialectal véhicule un complexe d'informations non-linguistiques qu'on ne peut actuellement que tenter d'énumérer, surtout s'il s'agit de l'appartenance à des milieux en pleine évolution ou du niveau socio-culturel de l'émetteur.

Telle forme linguistique convient à telle personne en telle situation : c'est tout ce qu'on peut dire. L'ouvrier agricole, comme le fermier ou le gros propriétaire terrien, use du mot *déroder* et non « défricher » s'il s'agit de travailler sur une terre laissée inculte : il n'y a pas de différenciation entre ces trois catégories sociales. En revanche, seul le petit fermier ou l'ouvrier agricole peut dire qu'il va *carier fien* (charrier du fumier). Dans les grandes exploitations, il y a davantage de différenciation et certaines catégories sociales sont plus influentes que d'autres du point de vue linguistique. Un fermier a plus de chances d'être « conservateur » qu'un dirigeant syndical agricole.

Le rural surveille son parler lorsqu'il s'adresse à des gens qui ont un autre statut social ; inversement, on nous signalait récemment qu'un jeune agriculteur de 25 ans se plaignant à son employeur, disait : « Maintenant on va parler en patois, on se comprendra mieux ». Un cultivateur aisé qui spontanément disait : « C'est pour moi le rincer » ajoutait : « Je sais bien qu'il faut dire : c'est afin que je le rince, mais cela me gênerait de parler comme ça ». Il se sentirait coupé de son milieu.

Mais personne ne croit à la possibilité d'une sorte de bilinguisme : pour la plupart des paysans, ne pas pouvoir parler français, c'est être « en retard ». Le parler local n'est utilisé qu'entre ruraux, pour des usages utilitaires ; seule une élite souhaite le sauvegarder, non sans hyper-dialectisme. C'est en français qu'on essaie de s'exprimer quand on parle avec quelqu'un de la ville, pour montrer qu'on n'est pas un ignorant.

4. Age et sexe

Les déterminants géographiques et sociaux donneraient une idée incomplète des faits si on passait sous silence leur intrication avec le facteur âge. Les ruraux de Nord-Picardie nés après 1950 ont évidemment moins de marques dialectales, mais surtout leur utilisation de ces marques diffère de celles de leurs aînés. Certains jeunes, sporadiquement, prennent conscience d'un nécessaire enracinement, parallèle à celui qu'on observe dans les campagnes du Midi. Ils ont certes été, plus que la génération précédente, en contact avec les médias audio-visuels, au moment de la constitution de leurs systèmes linguistiques, mais ils n'ont pas, comme leurs parents, honte de leur accent. Il convient donc de nuancer la notion d'âge par celle de variable psychologique et familiale. Dans un même village, il est des familles où toutes les générations se parlent en français fortement dialectalisé, d'autres où un clivage linguistique se fait entre les générations. Comme l'observe Chaurand dans l'Aisne, la distance des vieilles générations actuelles vis-à-vis des particularités régionales ou locales, si elle est réduite, ne l'est pas tout à fait autant qu'elle se l'imagine. Les enfants et les petits-enfants présents à l'enquête dialectologique ignorent bon nombre de mots que disent à cette occasion les parents ou les grands-parents et ceux-ci s'en étonnent. Le français, pour les plus âgés, c'est le « progrès » et il faut tant bien que mal s'y adapter, car il y va de leur respectabilité : avant 1914, ils étaient punis s'ils parlaient patois à l'école. Aujourd'hui, « on *se fait fiche ed'li* (moquer de soi) quand on emploie ces mots-là » (Aisne). L'amertume est parfois tempérée par l'impression que les jeunes ignorent bien des choses !

Il y a peu d'études encore sur le langage des femmes, mais il nous semble à première vue qu'il soit à la fois plus conservateur (quantité plus importante de marques) et moins « patois » (marques moins voyantes, point de vue qualitatif). Chaurand note par exemple : « Monsieur dit *su l'glacis*, là où Madame dit : *su l'glacier* » (sur l'évier). La femme a gommé le trait phonétique dans l'équivalence /i/ patois : /ier/ français, mais elle a gardé la lexie archaïque. L'homme dit *chfile* et *gleue* (qui sont les formes les plus patoises ayant cours chez les travailleurs des champs de sa génération), là où les femmes disent *cheville* et *glaue* (petite mare). Les jeunes filles, dans l'ensemble, francisent au maximum (tendance innovatrice).

5. Situations de communication

Les registres de discours dialectal sont en grande partie déterminés par le contexte référentiel. Le sujet de la conversation ou du récit, le cadre spatial et temporel, les rapports interpersonnels avec les locuteurs socialement déterminés et les diverses circonstances de la vie conditionnent l'ensemble des formes linguistiques que le rural reçoit ou émet. En particulier l'usage spontané d'un mot local est indissociable du contexte référentiel qui lui permet d'être encore vivant. « Une *pelle* », écrit Chaurand, « correspond à un concept plus vague et plus large qu'une *escope* qui représentait pour un sujet thiérachien la pelle dont il se servait, à tel point qu'un objet du même genre, mais d'un autre modèle, aurait pu être pour lui une *pelle*, mais une *escope* jamais ». Pour un paysan picard, telle phrase en français commun est potentiellement compréhensible pour des millions de personnes et pour plusieurs générations ; mais la même phrase en parler vernaculaire ne s'adresse qu'à quelques-uns dont les habitudes de langage et les préoccupations sont semblables aux siennes. Si le « style vernaculaire » est celui dans lequel l'attention minimum est donnée au contrôle de la parole, cette seule détermination ne saurait guère rendre compte de la complexité des usages, dans le Nord-Picardie d'aujourd'hui. Il est des situations (au café, à la noce …) où on s'efforce de faire revivre des expressions anciennes pour créer une connivence : souvenirs de jeunesse, caricatures pour rire, situations drôles, attachement passéiste aux ancêtres et au terroir que certains aiment manifester en présence d'étrangers. Dans les terroirs comme le Vimeu, on a conscience plus ou moins claire d'une cohérence et d'une originalité, et on nous rapporte que la quasi totalité des ruraux témoignent d'une certaine fierté. Les patois y connaissent une remarquable vitalité, une littérature orale et même écrite (chansons, contes) renforcent ces facteurs de conservation. Il n'empêche que bien des mots patois sont des mots du passé, et qu'on a pris ses distances à leur égard. Ce sont les gens les plus instruits qui se reportent à un passé tel qu'ils l'imaginent, non sans incohérences et hyperdialectismes. Dans d'autres terroirs, le français dialectal est ressenti comme un langage au rabais, incomplet, plus facile, mais qui « écrase le français », qui donne « des coups de pied à la France » parce qu'il n'est qu'un minimum nécessaire à la communication. Dans les milieux ruraux les plus reculés et les plus défavorisés, on observe une méconnaissance de ce qui est réellement parlé. On entend souvent dire : « Ici, il n'y a pas de patois, il n'y a que du français déformé ; si vous voulez du patois, allez à … (on nomme un terroir voisin) ». En réalité, ce sont cesgens-làquiconnaissentleplusdepatois authentique. Les « meilleurs » patoisants sont ceux qui s'étonnent que les atteintes « au bon usage » puissent avoir quelque intérêt ; quand ils se laissent aller à user d'un terme qu'ils sentent tout à coup comme « patois » devant une personne respectable, ils s'excusent ou le mettent sur le compte d'autrui : « on dit comme ça sorte » (Vervins). Le français, lui, demande un certain effort, il faut choisir ses mots. Parler « patois », c'est parler pour soi-même ou pour un interlocuteur qui linguistiquement est un autre soi-même. On se méfie du parler local, car « il ne s'écrit pas » ; le français, lui, présente une norme vérifiable par l'écriture, encore si prestigieuse.

De plus, le patois produit un effet vulgaire ; « J'ai lavé les *drapiaux* » exprime davantage la lassitude et le dégoût que si la femme avait dit : « J'ai lavé les couches du bébé ». La variante locale est plus souvent employée comme dépréciatif que comme mélioratif. Il y a une richesse extraordinaire de termes encore bien vivants pour désigner l'homme bourru, paresseux, nigaud ou faiseur d'embarras, et on les emploie d'autant plus facilement qu'on est en colère. Sous l'effet de l'émotion ou de la tension psychologique émerge un abondant vocabulaire grossier et des termes injurieux qui doivent plus au substrat qu'à l'argot. Le mot dialectal est inséparable d'une intonation dialectale.

Entre le langage et le milieu social, il y a des rapports de convenance. Si on veut parler au-dessus de son milieu, dit Chaurand, on risque de trahir d'autant plus son origine qu'on a voulu la faire oublier : c'est ce qu'on appelle « se déparler » dans l'Aisne, « se gasconner » près de Lille. Même si un rural du Nord possède la compétence de dire « afin que vous veniez », il préfère toujours dire « pour vous venir » bien qu'il se méfie moins que naguère du français recherché, qui a cessé d'être inaccessible. [...]

Conclusions

Le terme traditionnel de dialecte convient mal pour le Nord-Picardie. Si l'on veut serrer de près la réalité, il faut préciser les variables que nous avons dégagées. Il n'est plus vrai que le paysan n'a qu'un seul usage. Paradoxalement, alors qu'on assiste à l'élimination progressive des patois, nous constatons une exubérance souvent insoupçonnée de potentialités linguistiques dans bien des terroirs. Le rural d'aujourd'hui reconnaît comme tels les tournures et les mots vieillis. Bien que pour lui l'essentiel soit l'intercompréhension, il prend de plus en plus conscience de ses richesses. Même si l'unité du français progresse, longtemps encore la région Nord-Picardie gardera son originalité linguistique.

Fernand Carton (1981) 'Les Parlers ruraux de la région Nord-Picardie : situation sociolinguistique'. *International Journal of the Sociology of Language* 29, 15-28.

2.6.

Le français régional

Formes de rencontre

Le français régional n'est pas une langue régionale de plus ; ce n'est même pas une langue à proprement parler. Par cette appellation commode, on a coutume de désigner l'ensemble des particularités géolinguistiques qui marquent les usages de la langue française, dans chacune des parties de la France et de la francophonie. Parmi les variantes linguistiques de français il y en a qui sont communes à toutes les régions : ce sont les variantes populaires ou argotiques (*pieu* ou *plumard* pour « lit » ; *esgourdes* ou *portugaises* pour « oreilles ») ou les tournures du registre familier et oral (*je veux pas* avec un seul élément de la négation) ou encore les « incorrections » qu'on entend partout, soit chez les enfants, soit dans les propos de ceux qui ne se soucient guère de la « correction » de leur langue (*si j'aurais su ...*). Parce qu'on les entend dans toutes les régions et à Paris, ces variantes n'entrent pas dans le français régional. Seules constituent le français régional, les variantes linguistiques qui peuvent se délimiter géographiquement, de telle manière que leur aire d'emploi *s'oppose* au reste du domaine français et plus précisément à la partie de ce domaine linguistique dont fait partie la capitale du pays, l'aire linguistique qui comprend Paris étant de toute façon qualitativement majoritaire, puisque le français cultivé de Paris est devenu le français commun, ou du moins le modèle pour un français commun le plus unitaire possible.

Un exemple peut illustrer cet avantage dont jouit une tournure ou un mot appartenant à l'aire qui comprend Paris. L'arbre dont le nom officiel français est *un aune* or *un aulne* est désigné par un autre mot, dans la plus grande partie de la France, au sud d'une ligne qui va de la Vendée au sud des Vosges. Les habitants de cette région méridionale, centrale et orientale de la France, ainsi que les Suisses et les Valdotains disent *une verne*, quelques-uns disent *une vergne*. De ceux qui disent *un aune* ou des autres qui disent *une verne*, quels sont les plus nombreux ? La question est presque sans intérêt. Un mot n'est pas déclaré français officiel, comme un candidat est désigné par le scrutin, pour la charge de Président de la République. Le

mot qui est employé à Paris et dans la région parisienne « doit » être
considéré comme la désignation officielle du français commun, l'autre reste
au rang de régionalisme, même si un plus grand nombre de francophones — comme ce doit être le cas pour le nom de cet arbre — l'utilisent
de façon ordinaire, à l'exclusion du mot officiel. Des millions de Français
qui connaissent très bien cet arbre le désignent toujours par le nom de *verne* :
parmi eux, une masse de locuteurs n'a même pas dû établir l'équivalence
un aune = une verne. Depuis Littré qui a introduit ce mot dans son
dictionnaire, sans même le déclarer régional, la plupart des dictionnaires
français donnent ce mot. C'est sans doute le régionalisme lexical qui a l'aire
d'emploi la plus vaste.

Les régionalismes du français affectent toutes les parties de la langue :
la prononciation, la grammaire, les mots. Les quelques exemples donnés
pour chacune de ces catégories montreront ce qu'on appelle « français
régional » et permettront d'observer comment réagissent les interlocuteurs
devant ces originalités des différentes parties de la francophonie.

Régionalismes phonétiques

Les différents accents régionaux qui marquent le français attirent
l'attention et font parfois naître le sourire. Qu'un Premier Ministre déclare
que *quatre et quatre font houit* ou qu'un Président de la République parle de
l'Action du gouvernement, en prononçant quelque chose qui ressemble à
akchion du gouvernement, voilà de belles occasions à ne pas manquer, si l'on
veut faire rire — à peu de frais — le public français qui a appris, depuis
l'époque de Villon, qu'« il n'est bon bec que de Paris » et qui se moque
volontiers de tous ceux qui transgressent les règles de la prononciation
commune, surtout si le fautif occupe un rang éminent dans la société.

Malgré une discipline scolaire tendant à l'uniformisation de la pr11onon-
ciation, malgré les moqueries dont on poursuit les contrevenants qui ont
un accent trop marqué, la langue française est parlée selon des prononciations très variées. On connaît l'accent du Midi, que l'on dit chantant, parce
qu'il prononce beaucoup de *e* qui sont muets en français ; cela produit des
syllabes inaccentuées en fin de mot et donne l'impression d'une langue qui
ne martèle pas tous ses mots, comme le fait le français, sur la syllabe finale.
Prononcer *grande fille* en deux syllabes selon la phonétique du français ou
en quatre syllabes selon la prononciation méridionale, et voilà deux
musiques linguistiques très différentes. Si l'on ajoute à cela des voyelles
nasales incomplètement nasalisées, des consonnes finales muettes en
français et prononcées dans le Midi, comme dans *des genses = des gens*, tout
cela constitue un accent très caractéristique et perceptible dès la première

phrase. Mais si fort que soit cet accent méridional, il n'empêche pas, pour peu que l'un ne force pas et que l'autre prête attention, une bonne compréhension entre un Méridional et un francophone d'une autre région.

Même sans être très attentif à ces particularités de prononciation, on peut observer des détails facilement localisables : les *lundzi, mardzi, mercredzi* des Québécois, les *loui* pour « lui » et *houit* pour « huit » des Belges et des Français de la région de Lille. Le mot *vingt* prononcé comme s'il était écrit *vinte* dénonce quelqu'un de l'Est ; des *o* ouverts à la fin des mots comme *mot, auto, vélo, jeu de tarots*, signalent des Comtois ou certains Bourguignons. Des consonnes sourdes prononcées comme des sonores constituent le trait le plus connu de l'accent alsacien. Des voyelles nasales traînantes et presque diphtonguées viennent de St-Étienne, à moins que ce ne soit de Grenoble ou du pays compris entre les deux villes. Les Bourguignons et les Berrichons roulent les *r* d'une autre façon que les Languedociens, alors que la prononciation française ordinaire ne prononce pas cette consonne en la « roulant ». Des Auvergnants et des Suisses chuintent les *s* et les *z* ; les Picards et les habitants du nord de la Champagne prononcent beaucoup de *a* très **vélaires,** que certains d'entre eux appellent les « gros *a* » : l'effet est étrange dans *Sahara*. Des Lyonnais et quelques-uns de leurs voisins prononcent *feuille* et *veuve* avec le même *eu* fermé que dans *dormeuse* ou *il veut*.

Plus profondément encore que par les timbres et les articulations, les prononciations du français sont marquées par des faits d'intonation, par la longueur ou la brièveté des syllabes selon leur position par rapport à l'accent du mot ou selon la nature des voyelles, par l'escamotage des *e* dits « muets ». Par exemple, *Genève* et *Megève* prononcés toujours en une seule syllabe sont des traits de la prononciation savoyarde et genevoise. Mais s'il y a un grand nombre d'accents, il n'y a qu'une langue française présente si elle est facilement compréhensible sous tous ses accents étonnants et pittoresques et surtout révélateurs de l'origine de celui qui parle.

L'important en effet est d'observer que, même si elles étonnent l'interlocuteur d'une autre région et exigent de lui une plus grande attention, ces particularités de prononciation n'affectent que très exception-nellement la compréhension. […]

Ordinairement tout francophone, malgré les différences de prononcia-tion, comprend ce que dit un interlocuteur d'une autre région, pour peu que celui-ci veuille bien faire l'effort de ne pas parler dans une langue mixte comportant une dose encore trop forte de langue régionale. Cela peut arriver, mais alors le discours n'a pas lieu tout à fait en langue française ; il est encore trop compliqué par la langue de substrat, que ce soit, par exemple, le picard, le wallon ou le québécois. Ces langues expliquent les particularités des usages français dans les régions où elles sont parlées, elles ont des liens très étroits avec le français, mais quand on conserve dans son discours trop de traits de ces langues, on ne parle pas tout à fait en français. Parler français, même avec des régionalismes, c'est vouloir, quand on parle à quelqu'un d'une autre région, tenir un propos compréhensible par tout autre francophone. C'est ce français marqué de régionalismes, mais assez facilement décodable, par tous, que l'on appelle français régional.

Régionalismes grammaticaux

Lors d'une grève de transports routiers, un conducteur de poids lourds interrogé par un journaliste de télévision, sur son salaire et ses conditions de travail, a conclu sa réponse, par cette phrase : « *Pour faire ce travail il faut y aimer.* » Visiblement le journaliste a été surpris, il a sourcillé, répété la phrase du camionneur, en faisant semblant de l'approuver ; mais on voyait que ce *il faut y aimer* le troublait un peu. Il s'agit d'un régionalisme grammatical, très courant sur un vaste espace qu'on peut délimiter approximativement, en disant qu'il couvre l'espace français, à l'est d'une ligne qui va d'Autun à Valence : entre trois et quatre millions de Français parlent ordinairement de cette façon, tout à fait contraire à la « grammaire » du français.

Voici d'autres exemples. Dans le nord de la Champagne et de la Lorraine, on emploie un sujet devant l'infinitif constuit avec *pour* : « *J'ai acheté de bons souliers pour moi porter cet hiver.* » Dans le sud-ouest de la France, la reprise d'un pronom personnel, sujet ou objet, se fait à l'aide de la préposition *à* : « *Qu'est-ce qu'il a à me regarder, à moi, ce type-la ?* » ou bien : « *S'il continue à m'agacer je vais aller le voir, à moi !* » En Dauphiné, on inverse l'ordre des pronoms personnels compléments de la troisième personne : « *Elle peut garder ma poupée, je lui la donne.* » Entre Grenoble et Valence, on a formé, pour dire « revenir », le verbe *s'envenir*, comme le bon français a fait *s'enfuir*. Cela donne des phrases qui étonnent les Français ignorant ce verbe régional : « *Elle s'est envenue en auto-stop* » ou bien, à l'impératif : « *Va jouer aux cartes, mais enviens-toi de bonne heure.* » Une région méridionale allant au moins de Toulouse à Montpellier accorde les participes passés dans des contextes pour lesquels la grammaire officielle exige l'invariabilité : « *Cette lettre, je ne l'ai plus pour le moment, je l'ai faite taper par la secrétaire.* »

La construction d'un verbe aussi courant que le verbe *être* n'est pas à l'abri de quelques particularités. Sur un vaste espace méridional, qui va en gros de la Savoie jusqu'au Pays Basque, le verbe *être* se conjugue avec lui-même, aux temps composés : « *Je suis été malade.* » Plus que les autres tournures citées, cette façon de conjuguer le verbe *être* est en régression. On entend partout, mais de façon tout à fait exceptionnelle, une autre construction du verbe *être* aux temps composés. Les Comtois disaient : « *Je suis eu malade.* » Aujourd'hui, il n'y a que quelques vieux Comtois qui emploient encore cette tournure […].

Si choquantes qu'elles puissent paraître, si gravement fautives qu'elles soient face au « bon usage » français, ces entorses à la grammaire n'empêchent pas de comprendre ce que le locuteur originaire d'une autre région veut dire.

Régionalismes lexicaux

Le système des phonèmes, qu'on devrait pourtant suivre « à la lettre », si l'on ne veut pas tomber dans le calembour, permet un certain jeu et les réalisations phonétiques peuvent s'étaler un peu sur une bande de dispersion. La grammaire des français régionaux offre, sans créer d'incompréhensions graves, quelques originalités, quelques « spécialités régionales ». Mais pour ces deux parties de la langue dont la structure est fermée, les écarts doivent être limités, en nombre et en amplitude. Au contraire, pour le lexique qui est un système ouvert, une série illimitée, la liberté joue davantage. Aussi, quand on parle de régionalismes du français, on songe surtout aux mots régionaux. Ils sont légion et le plus souvent ils sont ignorés des francophones des autres régions, aussi totalement que si c'étaient des mots étrangers. Les dernières innovations de l'argot atteint infiniment plus l'attention de l'intelligentsia française que les mots des terroirs de la francophonie. Comme au début du xviie siecle, le français n'est aujourd'hui encore que la langue de « la Cour et de la Ville ». En tout cas, les interdits qui restreignent l'octroi d'un passeport de français fonctionnent plus efficacement pour les mots des provinces que pour les mots venus de l'Amérique.

Un grand lexicographe a pourtant tenté de mettre fin au discrédit dont on accablait les « mots provinciaux », Littré, qui, dans la *Préface* au *Supplément* du *Dictionnaire* [1877], déclarait : « J'ai notablement élargi le cercle des admissions provinciales. » Il explique ensuite son attitude : « J'ai d'abord voulu pourvoir au nécessaire. On rencontre maintenant dans les gazettes … une foule de mots qu'il s'agit d'inscrire et de faire comprendre … Un intérêt doctrinal s'attache aussi à ce genre de recherches. Un mot provincial fournit quelquefois des attaches, des intermédiaires et complète quelque série. Enfin … il y a beaucoup de bon français qu'il ne faut pas craindre de reconnaître. » Quel plus illustre parrainage, quelle plus solide garantie peut-on souhaiter à tous les mots des français régionaux, que les déclarations du grand Littré ? Il serait sans doute dangereux d'admettre tous les mots en usage dans le français des provinces, parmi les autres mots du français commun, pour faire un thesaurus exhaustif. Ce thesaurus risquerait d'être immense, hétéroclite, mal commode et toujours incomplet, tant il y a de mots étrangers au français commun qui sont en usage dans toutes les formes du français. De plus, à en juger par la plupart des dictionnaires qui ont introduit des mots régionaux dans leur nomenclature, on constate qu'il semble malaisé de décrire un régionalisme lexical, dans un dictionnaire général du français : la plupart des lexicographes qui admettent des mots régionaux se contentent de les qualifier de *dialectaux* ou de *régionaux*, sans dire dans quelle région ils sont employés, comme si être picard ou languedocien était une différence située au-dessous du seuil de distinction utile chez les lexicographes du français.

Pour se rendre compte de l'importance du vocabulaire qu'un provincial peut employer, en plus des mots du français commun, il faut consulter des ouvrages comme *Le Littré de la Grand'Cote* que Nizier du Puitspelu publia en 1894, quelques années après *Le Littré*, pour présenter les mots qui étaient employés à Lyon, par des Lyonnais qui, pour la plupart de cette fin du xixe siècle, dans une grande ville, n'avaient jamais parlé en franco-provençal. Mais de l'ancien patois lyonnais, il restait une masse importante de mots que l'auteur présente non seulement sans honte, mais avec les justifications scientifiques qui montrent que ce vocabulaire n'a rien de barbare ou de monstrueux, bien qu'il ne soit pas commun à tous les francophones. Il met aussi un certain humour à commenter tous ces mots, souvent expressifs, qui donnent un certain sel à la conversation entre compatriotes de la même ville et une sorte de plaisir, celui de la connivence.

Des écrivains ont utilisé cette qualité qu'ont les mots de terroir, de mieux évoquer la vie dans tel milieu provincial. Leurs oeuvres comportent, à des doses très variables, des termes que le lecteur chercherait en vain dans les dictionnaires de la langue française les plus complets. Ces écrivains qui utilisent des mots inconnus hors de leur région ont recours à divers procédés pour se faire entendre par tous les francophones. La glose habilement glissée dans le texte pour expliquer le mot inconnu est le moyen le plus fréquent. Certains acceptent, même dans un texte littéraire, des notes en bas de page. Parfois le mot régional est employé de telle sorte qu'il apporte moins à la compréhension logique du texte qu'à l'impression générale de lecture. Vincenot qui est sans doute celui de ces utilisateurs de mots régionaux qui risque les fréquences les plus hautes pour ces mots qui posent une énigme, au lecteur étranger à la région, a dressé un glossaire à la fin de celui de ses ouvrages qui est le plus bourguignon. La liste des mots publiée à la fin de *La Billebaude* fournit une importante liste de mots bourguignons que les gens de la région emploient,

quand ils parlent entre eux. Trois centaines de mots absents des dictionnaires français donnent une bonne idée de ce qu'est le lexique du français
régional de Bourgogne.

Beaucoup d'écrivains n'ont pas fait ce travail lexicographique auquel
Vincenot s'est astreint. Pour permettre à tous les lecteurs de mieux
comprendre ces oeuvres de littérature régionale et apprécier la saveur de
ces régionalismes lexicaux et leurs effets stylistiques, des linguistes ont
dressé des dictionnaires spéciaux qui regroupent les mots qui ne se
trouvent pas dans les dictionnaires du français. Pierre Rézeau a établi le
Dictionnaire des régionalismes de l'Ouest (entre Loire et Gironde) qui regroupe
les mots trouvés dans les textes écrits en français par des auteurs de la
région Charentes-Poitou et de Vendée. Le CNRS publie, à la fin de 1986, un
autre dictionnaire de régionalismes utilisés dans la littérature par des
écrivains originaires de toutes les régions de France. Des lecteurs originaires de ces régions ont fait les relevés, expliqué les mots absents des
dictionnaires généraux du français, pour présenter à tous les lecteurs
possibles de ces oeuvres, les explications lexicographiques nécessaires. En
somme, on établit pour toutes les parties du domaine linquistique,
l'inventaire des mots qu'un discours français peut utiliser, quand il s'agit
d'évoquer une province, ou tout simplement quand les interlocuteurs sont
des provinciaux du même terroir. Une bonne introduction à la vie dans telle
région pourrait passer par la lecture du dictionnaire des régionalismes de
l'endroit.

Ces variétés géolinguistiques de français ne constituent pas une nouvelle
dialectalisation, à moins qu'on ne donne au mot dialecte le sens qu'il a en
anglais, c'est-à-dire justement « régionalisme de la langue nationale ». Le
monde linguistique organisé sur la multiplicité des patois locaux dont
chacun constitue la langue de la communauté socio-administrative de
base — en France la commune — est unie par la somme des ressemblances
qui constituent le dialecte qui, présent dans tous les patois, n'existe nulle
part à l'état pur. La langue française au contraire existe dans une forme
pure et cette forme, qui, dans les réalisations écrites, est non seulement
majoritaire mais presque exclusive de tout autre, se présente comme le
modèle vers lequel chacun « doit » tendre, en corrigeant son accent, ses
fautes régionales de grammaire, en épurant son vocabulaire. Le monde des
patois et des dialectes est fondé sur la tolérance et sur la liberté d'être de
son village ; le monde du français est celui de la discipline linguistique
sévère. Les régionalismes du français sont des manquements à cette
discipline ; ils marquent les points où l'unification linguistique n'a pas
encore atteint à la perfection. Mais beaucoup d'efforts sont faits pour qu'on
y parvienne. Le meilleur des mondes sera-t-il celui de la discipline et de la

parfaite monotonie ? Puissent survivre encore longtemps tous ces régionalismes du français, ces heureuses, ces savoureuses désobéissances.

G. Tuaillon (1988) 'Le français régional : formes de rencontre'. In Geneviève
Vermès (éd.) *Vingt-cinq communautés linguistiques de la France* (pp. 291-299).
Paris : L'Harmattan.

2.7.

Les immigrés et le français

Le parler des jeunes issus de l'immigration. Qui sont-ils ?

La population des jeunes d'origine étrangère de 0 à 26 ans résidant en France était estimée à 2,2 millions en 1980. Compte-tenu du fait que cette population s'accroît annuellement de 115 000 nouveaux enfants, en 1985 elle atteint environ 2,8 millions. Les trois-quarts de ces jeunes sont nés en France et un tiers possède la nationalité française. La répartition par nationalité fait apparaître comme largement majoritaire les jeunes Portugais et Algériens (28,5% et 27,4% de l'ensemble de la population concernée) suivis des jeunes Marocains (10,5%), des Espagnols (7,5%) et des Italiens (6%).

La plupart des études sur la condition sociale de ces jeunes démontrent qu'ils sont encore plus défavorisés que les jeunes de souche française, appartenant à la même couche sociale.[...] Ces jeunes en situation d'échec [scolaire] se retrouvent à l'adolescence massivement au chômage et sont confrontés à une véritable crise d'identité. [...]

Langage et identité

Il ressort clairement de l'ensemble des entretiens réalisés auprès de jeunes issus de l'immigration espagnole, portugaise et algérienne, que l'identité linguistique affirmée est fortement corrélée à l'identité ethnique ; en d'autres termes, en déclarant que ma langue est l'espagnol, j'affirme mon appartenance à la communauté espagnole, même si, comme nous le verrons plus loin, cette identité n'est pas liée à des pratiques effectives de la langue.

La langue d'origine acquiert une valeur symbolique indéniable. Elle est la trace des racines, on la conserve en soi comme le sang et on souhaite la transmettre aux générations suivantes. [...] Mais, assez curieusement, et nous touchons peut-être là un des traits les plus caractéristiques de cette nouvelle génération, *cette représentation « lignagière » de la langue ne va pas obligatoirement de pair avec un usage intensif de cette langue ni même sa connaissance.* D'où l'abondance, au cours des entretiens, d'expressions ambiguës du type : « il *serait normal* que je la parle », « je *devrais* la parler ».

Si dans le cas des ibériques (jeunes espagnols et portugais), il y a généralement un accord entre les deux niveaux (ceux qui affirment pratiquer le plus la langue d'origine sont aussi ceux qui revendiquent le plus clairement leur origine espagnole ou portugaise), la situation est loin d'être aussi claire dans le cas des jeunes algériens, et la non-coïncidence des deux niveaux apparaît dans cette déclaration d'un jeune algérien : « ma langue c'est l'arabe mais je ne la parle pas ».

Pour sérier, de façon plus rigoureuse, la complexité de ce système de relations, nous avons essayé de construire une double typologie organisée en fonction de 2 axes différents : l'axe des identités ethno-culturelles et l'axe des pratiques déclarées en langues d'origine. L'axe des identités nous apparaît comme constitué de 4 types fondamentaux, reconnus à des nuances près par les psychosociologues, à savoir :

- les « *militants* » : il s'agit de sujets qui font preuve d'un haut degré de conscience de leur situation de double appartenance, et dont le projet de vie manifeste un choix clair ;
  — soit un retour définitif au pays d'origine,
  — soit de permanence dans le pays de résidence où ils revendiquent fermement l'appartenance à une minorité à caractère spécifique et corollairement la conservation de son patrimoine linguistique et culturel.

Dans notre étude, ce groupe est en majorité constitué de filles (algériennes et espagnoles).

- les « *indécis* » qui se caractérisent par une grande hésitation dans l'auto-définition, et qui n'ont pas opté pour un pays ou pour l'autre. Généralement ces sujets ne sont pas insérés professionnellement et s'affirment prêts à aller là où ils trouveront du travail (y compris dans un tiers pays, éventuellement). Cette indécision peut parfois atteindre un degré extrême, allant jusqu'à l'impossibilité totale de se définir et de se situer ; nous proposerions volontiers le terme de « *paumés* » pour ces sujets, essentiellement des garçons algériens.
- les « *panachés* » (le terme a été proposé par l'un d'entre eux), sont conscients de leur double appartenance et la vivent — sans conflit apparent — sur le mode de la complémentarité. Une répartition relativement équilibrée semble s'être établie dans leur vie entre la France, univers du travail et de la vie quotidienne, jugée plutôt peu sympathique, et le pays d'origine lieu des vacances, des fêtes où l'on retrouve solidarité, chaleur humaine, tout en le jugeant « arriéré »,

« cramponné à ses coutumes », ce qui exclut l'idée du retour définitif. Cet état de relatif équilibre peut être vécu, par certains, sous la forme de la recherche d'une identité ambivalente. Les trois communautés sont représentées dans ce groupe, mais y prédominent les ibériques.

- les « *assimilés* » ont presque totalement rejeté leur origine. Ils s'affirment « français à 100% ». Leur représentation du pays d'origine est presque totalement négative (retard économique et culturel) et leurs contacts sont quasi inexistants ; il s'agit surtout de filles algériennes et portugaises, peu nombreuses d'ailleurs.

S'agissant des *pratiques langagières* en langue d'origine, nous avons été amenés à distinguer quatre cas de figures :

- la *pratique intense* : le sujet affirme parler la langue d'origine avec ses parents et lors de ses séjours dans le pays d'origine,
- la *pratique moyenne* : le sujet mentionne l'usage alternatif des langues selon la situation,
- la *pratique non réciproque* : le sujet comprend la langue d'origine que parlent ses parents mais reconnaît ne pas la parler,
- la *pratique nulle* : l'usage de la langue d'origine a presque totalement disparu du milieu familial.

Si nous mettons en relation ces quatre cas de figures avec les quatre types fondamentaux définis en fonction de leur identité ethno-culturelle, il apparaît à l'évidence qu'il n'existe pas de rapport terme à terme entre les deux ensembles.

Toutefois, on peut observer, pour les ibériques, une corrélation entre les deux groupes extrêmes de chaque axe. En effet, c'est bien chez les « militants » qui maintiennent de fréquents contacts avec le pays d'origine, que la pratique langagière en langue d'origine est la plus intense. Inversement, chez les « assimilés », les parents ne font plus qu'un usage très aléatoire de la langue d'origine et les sujets déclarent l'ignorer presque totalement.

Les sujets ibériques « indécis » et « panachés » se regroupent tous dans la catégorie de ceux qui reconnaissent une pratique moyenne, dans la mesure où dans la majorité des cas, ils ont maintenu des liens étroits avec le pays d'origine.

Les algériens, à une exception près, se situent dans les deux dernières catégories du 2e axe (pratique non réciproque ou nulle de la langue d'origine), alors qu'ils se répartissent dans les quatre catégories du premier et que la valeur symbolique attribuée à la langue arabe reste très forte dans toutes les catégories.

Mais, cette mise en perspective des relations entre l'axe linguistique et celui des identités reste très schématique et ne reflète pas la diversité des comportements langagiers des sujets en fonction des situations de communication.

Les comportements langagiers

Les jeunes d'origine ibérique d'une part et algérienne d'autre part, se représentent l'usage qu'ils font des deux langues de façon dissemblable. Les raisons de ces différences sont multiples et relèvent aussi bien des relations qui se sont établies entre le pays d'origine et la France au cours de l'histoire que de l'immigration elle-même.

Chez les jeunes ibériques, on assiste, de toute évidence, à une *répartition fonctionnelle des langues* relativement équilibrée. La langue d'origine est réservée à l'usage informel, intime, des échanges familiaux en direction des parents et de la famille élargie lors des contacts fréquents et réguliers avec le pays d'origine. Font exception les interactions à l'intérieur de la fratrie qui se déroulent en français, comme pour tous les autres usages à l'extérieur de la famille et notamment les échanges dans le groupe de pairs.

Chez les jeunes Algériens, la situation est beaucoup plus diversifiée. Les échange familiaux sont marqués par l'utilisation du français pour répondre aux parents, seules les filles signalent des usages de l'arabe dialectal pour discuter avec la mère. Cette structure des pratiques s'inverse dans le pays d'origine (il est à signaler que les contacts avec celui-ci sont très épisodiques et certains des sujets enquêtés n'y étaient même jamais allés). En effet les garçons affirment utiliser l'arabe (ou désirer l'utiliser) dans les échanges familiaux, avec l'intention très claire d'exprimer ainsi leur appartenance à la communauté algérienne, comme en témoigne cet adolescent : « si on passe ses vacances où il y a de la famille, il vaut mieux parler l'arabe ... Si j'arrive devant eux je leur parle en français, ils vont dire, qu'est-ce que c'est celui-là, c'est un *étranger*, tout ça, euh, alors je pense que c'est vraiment important. » Cependant ils affirment leurs difficultés à parler l'arabe dans ce contexte car ils sont souvent objet de risée et leur façon de manier l'arabe les désigne inévitablement comme immigré et les renvoie à leur incomplétude. « J'ose pas trop parler arabe. » « Je parlais l'algérien come un âne ... , comme un immigré. »

Inversement, certaines filles ont déclaré utiliser ostensiblement le français au sein de la famille en Algérie pour se démarquer, pour rejeter les modèles traditionnels attachés au statut de la femme : « Je devenais folle, hein, je suis revenue ici (en France) à onze heures du soir, je suis vite sortie, j'ai été faire un tour parce que là-bas je sortais pas, je suis vite sortie, j'allais prendre des crises, on pouvait jamais sortir ... je parlais pas algérien là-bas, je parlais qu'en français. »

Ce phénomène ne se retrouve pas chez les sujets ibériques même s'ils sont perçus en pays d'origine comme des immigrés à cause de leur accent. Seuls ceux qui affirment ignorer la langue d'origine éprouvent une sorte de honte et refusent alors la vie sociale, ce qui semble être plus le cas des sujets les plus jeunes.

Ce qui différencie aussi de façon notable les deux groupes c'est la place occupée par la langue d'origine dans le groupe de pairs. En effet, aucun sujet ibérique n'a mentionné l'usage du portugais ou de l'espagnol à l'extérieur du réseau de relations communautaires. Pour eux le passage au français est systématique dans les échanges entre pairs, alors que les sujets algériens et plus particulièrement les garçons affirment utiliser l'arabe dialectal dans certaines circonstances particulières dans le but de se forger une parole qui les démarque des adultes ou des jeunes enfants au même titre que le verlan, à des fins de dissimulation. L'arabe dialectal joue alors le rôle de « code secret » pour tricher pendant les parties de cartes ou pour donner des consignes à des membres du groupe. Il est également utilisé dans des lieux publics (bus, café) pour relever en quelque sorte un défi et afficher avec fierté et de manière provocante leur appartenance :

> « Avec les copains algériens, si on a plutôt quelque chose à cacher on parle en arabe mais c'est rare ... quand il y a du monde et qu'on veut parler devant eux, dans le car, et puis ça énerve les gens qu'on parle arabe, je sens que ça les énerve, alors j'aime bien. »

Le champ d'utilisation de la langue d'origine qui a tendance à se restreindre dans le cadre familial, s'entrouvre dans une certaine mesure au sein du groupe de pairs où la langue assume alors des fonctions nouvelles, notamment celle de marquage de l'appartenance. Pour des sujets ibériques, la langue d'origine est dans l'ensemble beaucoup plus pratiquée mais dans le lieu clos des relations intra-communautaires.

Le répertoire linguistique et les étapes de sa constitution

[...] les plus récentes recherches ont démontré de façon convaincante que le sujet placé au contact de plusieurs systèmes linguistiques développe un ensemble de compétences original qui ne se résume pas à la simple superposition de plusieurs systèmes.

Cet ensemble de compétences — que nous appellerons le répertoire verbal — doit être appréhendé dans sa globalité. Même s'il constitue un tout linguistiquement hétéroclite, il n'en est pas moins organisé de façon à répondre aux différentes situations de communication formelles ou informelles dans lesquelles se trouve placé le locuteur.

La première question que l'on peut se poser au sujet de ce répertoire est celle de son acquisition et des étapes successives de son montage.

Il apparaît comme une constante, à travers les récits des jeunes interrogés lors de notre enquête, que ce répertoire s'est constitué au contact de quatre instances dont le rôle a été déterminant. Ce sont, de façon successive ou concomitante : la famille, le groupe de pairs, l'école et le pays d'origine des parents. Bien entendu, l'importance et le poids respectif de ces instances peuvent varier selon les sujets : l'influence du pays d'origine, en particulier, semble plus considérable au niveau du vécu chez les jeunes d'origine ibérique que chez les jeunes d'origine maghrébine, auprès de qui elle reste plus souvent du domaine du symbolique.

Par ailleurs, il convient d'observer que si les trois premières instances existent également chez l'enfant français monolingue, elles ne s'organisent pas chez le jeune d'origine étrangère, en solution de continuité, de sorte que le passage du parler vernaculaire à l'idiome socialement légitime ne s'effectue pas sans un certain nombre de fractures.

— La *famille migrante* apparaît comme le lieu d'interactions verbales d'une assez grande complexité. Généralement réduite à la structure nucléaire, ce qui limite la diversité des échanges adulte-enfant, elle se caractérise fréquemment par le nombre relativement élevé d'enfants, d'où l'importance des relations au sein de la fratrie.

Cette cellule familiale fonctionne comme *milieu d'apprentissage réciproque*. En effet, pendant les premières années de leur vie en France, les parents n'étaient guère en mesure de préparer linguistiquement leurs enfants aînés à la vie sociale extérieure. Ceux-ci ont donc dû assumer seuls l'apprentissage du français qu'ils ont ensuite « ramené » chez eux et enseigné à leurs parents et à leurs frères et soeurs plus jeunes, jouant ainsi un rôle fondamental de *médiateurs linguistiques*. L'usage du français croît donc en raison inverse de l'âge des enfants. On aboutit ainsi à une homogénéisation des pratiques langagières familiales et à l'émergence d'un *parler vernaculaire intra-familial*, sorte de code mixte qualifié par les sujets de « mélange » ou de *panachage*. […]

Le milieu familial constitue donc bien une instance d'acquisition du langage, mais dans la conscience des jeunes les parlers auxquels on a recours dans ce cadre sont fortement stigmatisés. Ils sont tout au plus considérés comme des sortes de patois, limités aux situations d'intimité et parfois même incompréhensibles en dehors du strict cadre familial. Ce jugement dévalorisant est en partie imputable au caractère strictement oral

de ces pratiques (usage non légitime) et à l'absence d'apprentissage formel
(« une vraie » langue c'est ce qui s'apprend à l'école).

— Le *groupe de pairs* constitue la seconde instance dont le rôle est
fondamental pour l'acquisition du langage. Presque tous les enfants
d'origine étrangère sont plus ou moins intégrés au sein d'un groupe de
jeunes du même âge, et ceci dès la petite enfance (« j'ai appris le français en
allant jouer en bas »). Ces groupes dont tous affirment le caractère
éminemment pluriethnique constituent à l'évidence un milieu d'échanges
privilégié où s'élabore sur la base du français enrichi des apports,
conscients ou non, des différentes communautés, un *parler véhiculaire
interethnique*. Ce parler peut, selon les milieux et les zones d'habitation,
revêtir des formes très diverses.

Les observations que nous avons pu faire nous ont montré qu'il peut
exister une grande différence entre les parlers des périphéries urbaines,
proches de l'argot du type « verlan » (celui-ci semble un phénomène assez
spécifiquement parisien), et les parlers des groupes semi-ruraux, plus
directement influencés par les différentes langues d'origine.

Ce consensus linguistique peut toutefois être rompu par les membres
d'un même groupe ethnique lorsqu'ils ont recours à la langue d'origine
comme à une sorte de code secret, comme nous l'avons signalé plus haut.
Symmétriquement cette fonction est assumée, en français, dans le pays
d'origine avec un caractère ludique très accentué (on joue au touriste en
Espagne par exemple).

— L'*Ecole* constitue évidemment le milieu d'acquisition fondamental de
la langue du pays d'accueil. Il n'est certes pas le seul, nous venons de le
voir, mais il est celui qui met pour la première fois en contact l'enfant
migrant avec la norme standard de cette langue. Cette norme, essentiellement représentée par l'écrit, sera diversement intériorisée non en fonction
d'hypothétiques dons personnels inégalement répartis, mais surtout en
foncion de la plus ou moins grande docilité sociale du sujet et de sa famille
qui détermine un investissement plus ou moins considérable dans l'Institution scolaire envisagée dès lors comme l'instrument par excellence de la
promotion sociale.

Cette attitude des familles migrantes explique leur réticence — paradox-
ale seulement en apparence — à choisir la langue d'origine comme langue
vivante si ce choix doit s'effectuer au détriment d'autres disciplines dont la
connaissance est jugée importante pour l'avenir de l'enfant (comme
l'anglais, par exemple). En revanche, lorsque l'enseignement de la langue
d'origine n'entre plus en concurrence avec d'autres, il est bien accueilli et
même recherché — nous y reviendrons plus loin.

Les problèmes spécifiques rencontrés par l'enfant non francophone dans son parcours scolaire ne doivent pas être analysés en terme de déficit mais plutôt en terme d'organisation différente du répertoire linguistique et de difficulté à passer d'une composante à l'autre (oraliser sur la base de l'écrit par exemple).

Un autre aspect de l'école est à prendre en compte dans le cas des jeunes issus de l'immigration, c'est l'enseignement des langues d'origine [...].

La plupart des jeunes interrogés lors de notre enquête ont fréquenté les cours parallèles dispensés généralement à l'initiative des Consulats. Cette fréquentation diffère selon les communautés : assez élevée chez les ibériques, de courte durée chez les Algériens.

Ces cours, imposés par les parents et presque toujours mal acceptés par les enfants pour des raisons évidentes (éloignement du domicile, horaire placé durant les jours de congé) ne semblent pas avoir eu de résultats très appréciables du strict point de vue linguistique. Cependant ils ont représenté, pour ce public scolaire, un des moments où ils ont été mis en contact avec la norme standard de la langue d'origine dont les pratiques familiales sont généralement assez éloignées. Par ailleurs, c'est par le biais de la reconnaissance par l'Institution scolaire que la langue d'origine se constitue à leurs yeux comme une langue et non comme un argot à usage strictement familial. Toutefois, il faut observer qu'ici encore la situation des ibériques et celle des maghrébins diffère profondément. Si, pour les premiers, les cours de langue d'origine s'inscrivent tant bien que mal dans le prolongement des pratiques familiales qu'ils élargissent et rectifient, pour ces derniers le fossé est bien plus accentué, reflétant la diglossie qui existe en milieu d'origine.

On peut donc considérer que ces cours constituent une *instance de légitimation* dont il ne faut pas sous-estimer l'importance.

— Le *pays d'origine* peut jouer un rôle assez différent selon les communautés.

Chez les ibériques, les sujets interrogés gardent de nombreuses relations avec le pays d'origine et y effectuent de fréquents séjours. Ce milieu apparaît ainsi comme une *instance de réactivation* pour les pratiques langagières, dans la mesure où les compétences acquises dans le cercle étroit parents-enfants sont enrichies par la confrontation avec un nombre plus diversifié d'interlocuteurs et de situations.

Chez les jeunes d'origine algérienne, les relations avec le pays d'origine sont à la fois plus distendues et plus complexes. En effet, outre leur relative rareté, les séjours laissent un souvenir ambigu : s'ils constituent, dans une certaine mesure, un retour aux sources, ils sont aussi, pour beaucoup et surtout pour les filles, l'occasion de fréquents conflits familiaux qui ont pour résultat l'usage délibéré du françis comme procédé de divergence (voir plus haut).

Ces quatre instances (famille, école, groupe de pairs et pays d'origine) déterminent ainsi, chez le jeune d'origine étrangère, un ensemble de compétences plus ou moins homogème, où les codes obéissent à une certaine répartition fonctionnelle (aux différents parlers seront attribués différents usages).

Louise Dabène et Jacqueline Billiez (1987) 'Le Parler des jeunes issus de l'immigration'. In Geneviève Vermes et Josiane Boutet (éds) *France, pays multilingue*, tome 2 : *Pratiques des langues en France* (pp. 62-74). Paris : L'Harmattan.

Section 3

French outside France

3.1.

La langue française dans le monde

Questions linguistiques dans les pays francophones

Europe

La Belgique qui est devenue en 1993 un État fédéral, notamment en raison de ses clivages linguistiques, a toutes les raisons de défendre et promouvoir ses langues nationales. Par delà les clivages qui les opposent, militants flamands et wallons convergent parfois, quand il s'agit de défendre leur langue et leur culture respective contre l'extension de l'anglo-américain.

On peut noter qu'à Bruxelles, où les Flamands investissent beaucoup dans le domaine culturel et artistique, de nombreuses institutions publient, plus qu'auparavant, leurs documents de promotion en français, parallèlement au néerlandais, sans qu'elles y soient obligées, puisqu'elles ne sont pas soumises à la règle du bilinguisme propre aux établissements bruxellois bicommunautaires. Il faut observer que l'anglais est alors, dans de nombreux cas, également présent. Le mouvement « Bruxelles français » a tenu sa première convention en novembre 1993 et demandé, à cette occasion que Bruxelles devienne « *une ville-phare de la Francophonie* », notamment en créant un « *réseau des communautés urbaines francophones d'Europe* » et « *en tenant dans la capitale belge un sommet francophone avant l'an 2000* ».

La question linguistique porte, du côté francophone, sur l'utilisation de l'anglais par certains milieux professionnels (publicité, cinéma, galeries d'art …), — certains Wallons prônant une renaissance de la langue wallone — et, du côté flamand, sur la non-utilisation du néerlandais par certaines multinationales ou sociétés étrangères dans leur communication interne, au bénéfice de l'anglais. Un projet de décret est en cours d'élaboration en communauté flamande pour règlementer l'usage de la langue néerlandaise comme langue obligatoire de communication dans les entreprises.

Depuis 1991, étiquettes, modes d'emploi ou certificats de garantie doivent être rédigés dans la langue de la région où les produits d'importation sont mis en vente et l'Assemblée de la Commission communautaire française (représentative des Bruxellois francophones) a décidé de « *veiller à ce que les organisateurs prévoient que le français soit la langue principale tant pour les relations publiques que comme langue de travail et pour la publication des travaux* » quand il s'agit de manifestations culturelles organisées dans la région de Bruxelles avec le soutien des autorités francophones.

Peuplée à 85% de francophones et à 15% de néerlandophones, la capitale belge est officiellement bilingue, mais le recours partiel à l'anglais apparaît de plus en plus comme une façon d'esquiver certains choix délicats pour les entreprises travaillant dans les deux parties du pays. Dans une brochure intitulée « *Bruxellois, ton français file à l'anglaise* », les défenseurs de la francophonie dénoncent le sabir de l'affichage publicitaire.

Le **Grand-Duché de Luxembourg** a conscience d'être le pays où l'aire linguistique et culturelle du français et celle de l'allemand se recoupent. Il se garde de privilégier l'une ou l'autre. Il ne consent pas, par exemple, à célébrer la journée francophone dans les classes. Mais il est présent dans les instances de la Francophonie.

Le recours au luxembourgeois, dialecte germanique qui est la langue nationale reconnue par la loi de 1984 sur l'emploi des langues, est de plus en plus fréquent. Il semble que cet usage se fasse au détriment du français parlé dans la vie quotidienne. Le recours au français, là où son usage est prévu (administration, justice), reste stable. La progression continue de la scolarisation vers les études supérieures augmente le nombre de francophones, puisque la part du français dans l'enseignement augmente avec la durée des études et qu'en l'absence de deuxième cycle universitaire au Grand-Duché, nombre d'étudiants poursuivent leur cursus en France.

Dans un rapport sur *Le quadrilinguisme en Suisse*, un groupe d'experts mandatés par le ministère de l'intérieur tirait en 1990 des conclusions partiellement inquiétantes de son analyse de la situation linguistique. Selon le président de ce groupe d'experts, Peter Saladin, les quatre langues que connaît la **Suisse** courent le risque d'être réduites à « deux langues et demie » : le rhéto-romanche disparaîtrait, les Suisses ne maîtriseraient plus que leur langue maternelle et l'anglais — la connaissance de cette langue progresse en Suisse au détriment de celle des langues nationales — et parleraient quelques bribes d'une deuxième langue nationale, sans la maîtriser vraiment.

Dans l'ensemble, la position du français progresse. Parlé par près de 20% de la population, contre près des deux tiers pour l'allemand, il doit sa relative bonne santé à la fois aux structures fédérales de la Suisse, à la proximité de la France et à l'immigration francophone. Depuis peu, les universités romandes (Lausanne, Genève, Neuchâtel, Fribourg) attirent plus de la moitié des étudiants suisses.

Le bilinguisme se heurte toujours à certaines difficultés. Ainsi, l'utilisation croissante de la langue dialectale dans la partie alémanique, perceptible par exemple dans les radios locales, fait apparaître des problèmes de communication avec les Suisses romands ayant appris l'allemand mais comprenant mal ces dialectes.

Un projet de nouvel article constitutionnel est actuellement en discussion au Parlement, visant à sauvegarder le délicat équilibre entre le principe de « neutralité » et la « liberté des langues ». Mais une nouvelle pomme de discorde est venue relancer ce débat avec la proposition gouvernementale de remplacer l'actuelle carte d'identité en trois langues nationales par une carte rédigée en anglais.

Maghreb

Dans l'ensemble du Maghreb qui, en dehors des pays où le français est langue maternelle, est la région du monde où son usage est le plus répandu, au sein d'une arabo-francophonie de fait, la question linguistique continue d'alimenter débats et controverses, mais à des degrés très différents.

En **Algérie**, le développement de la violence place la francophonie en situation difficile : des intellectuels algériens francophones sont pris pour cibles symboliques par un intégrisme qui, pour prôner l'arabisation, n'en est pas moins fort sensible aux attraits de l'anglophonie. Plusieurs écrivains, journalistes, enseignants et universitaires francophones algériens ont été assassinés ces derniers mois, ainsi qu'un libraire et des religieux français. Les centres culturels et établissements d'enseignement français ont dû fermer leurs portes.

La revendication linguistique berbère grandit, notamment en Kabylie, et prend des allures de résistance à la tentative d'étouffement du plurilinguisme en Algérie : pour la première fois, une manifestation en faveur de la reconnaissance de la langue berbère a été autorisée, le 20 avril 1994, à Alger ; elle a rassemblé plusieurs dizaines de milliers de personnes ; depuis lors, le mouvement s'est développé : grève des cours en Kabylie à la rentrée scolaire 1994 et manifestations (100 000 personnes à Tizi Ouzou en octobre 1994). Le gouvernement a mis à l'étude la question de l'enseignement de la langue berbère à l'école.

En **Tunisie**, des débats apparaissent sporadiquement pour valoriser davantage les potentialités de la langue arabe ; mais la valorisation du français se poursuit néanmoins, du fait de l'attitude des autorités éducatives, qui souhaitent redonner au français toute la dimension culturelle qui, dans les années soixante-dix, avait été gommée avec l'intention de réduire cette langue à un strict outil véhiculaire. Une importante rénovation de l'enseignement a été effectuée. En 1995, le baccaluréat comportera une épreuve obligatoire de français (optionnelle depuis 1976). Les cours du Centre culturel français connaissent un grand succès (3500 élèves), en particulier pour les formations en entreprises.

En **Mauritanie**, la Constitution de 1991 n'évoque que la langue arabe comme langue officielle et les langues négro-africaines, qualifiées de langues nationales. Mais la majorité des journaux indépendants sont écrits en français et on enregistre une évolution favorable au français : forte demande pour les cours de français du Centre culturel, création de deux Alliances françaises, ouverture d'écoles privées avec des classes bilingues ou un enseignement renforcé du français dans les classes arabophones.

Au **Maroc**, le français est très utilisé dans les domaines techniques, économiques, financiers et de gestion ; il est particulièrement employé dans les grandes villes. Le passé francophone et l'arabisation récente de l'enseignement ont créé un besoin croissant que les cours de langue du Centre culturel français et les écoles privées marocaines veulent satisfaire.

Le Roi du Maroc, Hassan II, a annoncé, dans un discours remarqué, une série de mesures en faveur de la langue berbère, en particulier l'introduction de son étude dans l'enseignement.

Proche-Orient

Au **Liban**, on note une augmentation de la publicité en français dans les médias et du nombre des étudiants de français dans les facultés de lettres, en particulier chez les musulmans. Par ailleurs, le ministère de l'Education a décidé d'enseigner les mathématiques en français dès l'école primaire. Un Salon du livre français s'est tenu en 1994 et l'Univeristé St-Joseph a réalisé une enquête sur les pratiques langagières des Libanais.

Afrique sub-saharienne

En Afrique francophone, l'aggravation de la crise des systèmes éducatifs, qui se traduit par une déscolarisation, provoque de façon générale une diminution de la pratique francophone. Si en **Côte d'Ivoire** on enregistre un accroissement des effectifs scolaires, notamment dans le secondaire (+7% depuis 1985), dans plusieurs autres pays, on assiste à l'apparition de cours privés, à la demande d'acteurs économiques. Au **Niger**, par exemple, quatorze demandes d'ouverture d'écoles privées ont été agréées en un an pour le seul enseignement secondaire général.

La dévaluation du franc-CFA entraîne un renchérissement des manuels scolaires ; des dispositions ont été annoncées par la coopération française et par d'autres bailleurs de fonds internationaux pour tenter de faire face à ce grave problème.

Certains flux migratoires contribuent à une augmentation du nombre de francophones dans les pays comme le **Cap-Vert** ou le **Bénin**. Dans ce dernier pays, ainsi qu'en **Guinée**, où sont apparus de nouveaux journaux en français, on assiste à une évolution favorable pour le français, à la suite du tournant linguistique opéré depuis le début des années 90 et à une forte demande d'apprentissage du français fondamental. Les constitutions adoptées récemment par plusieurs pays maintiennent le français comme langue officielle, tout en promouvant à ce rang certaines langues nationales (**Comores**), ou en reconnaissant officiellement un certain nombre de langues nationales (**Niger**). Une valorisation des usages africains du français est également à noter : au **Congo**, un recensement des particularités de la langue française parlée dans le pays est en cours de réalisation.

A **Maurice**, la tenue du Sommet de la Francophonie a stimulé l'usage du français, notamment par la formation d'une centaine d'hôtesses, assurée par l'Alliance française. Réaction insolite : la création dans l'Ile d'un comité de sauvegarde de l'anglais.

Dans les pays africains non-francophones, les échanges avec les pays francophones voisins entraînent une forte demande d'enseignement du français.

Amérique du nord

En chiffre absolus, la population francophone à travers le **Canada** a augmenté entre les deux recensements de 1986 et 1991, passant de 6 159 740 à 6 505 565, mais la proportion de francophones a baissé, passant de 24,3 % à 23,8%. Le taux de bilinguisme a augmenté dans la plupart des provinces et dans les deux territoires. En dix ans, le taux de bilinguisme est passé de 17,7% en 1981 chez les adolescents de 15 à 19 ans à 22,7% en 1991. La **baisse relative** de la population francophone est due pour une part à une immigration importante de non francophones au cours de ces dernières années et, d'autre part, à une baisse significative du taux de natalité des francophones. Simultanément, la proportion d'allophones croît de façon importante, passant de 11,3% en 1986 à 13% en 1991.

Le bilinguisme est devenu un atout important dans la population majoritaire des provinces face à la langue de la minorité. Il est de fait que le phénomène du développement des classes d'immersion et des classes bilingues est grandement favorisé par le potentiel que cela représente pour un jeune anglophone : la connaissance du français constitue aujourd'hui un atout supplémentaire dans le déroulement d'une carrière et le bilinguisme devient un enjeu personnel autant qu'un enjeu politique.

En même temps que la proportion de francophones de souche diminue, l'emploi de la langue, paradoxalement, se trouve renforcé, grâce aux nouvelles dispositions légales dans certaines provinces, relatives à la gestion des écoles francophones par des conseils scolaires autonomes. C'est ainsi qu'au Manitoba, au Saskatchewan et en Alberta, les populations francophones peuvent ou pourront prochainement avoir accès à des écoles complètement francophones et gérées par eux.

D'autre part, l'entrée en vigueur en 1992 des services en français dans l'Ouest candien ne se déroule pas sans problèmes, mais les communautés francophones, appuyées par le Commissaire aux langues officielles, défendent et obtiennent les services en français auxquels elles ont droit depuis la mise en application du Règlement sur les langues officielles en décembre 1992. Mais ces acquis, obtenus non sans lutte et dont l'application reste encore difficile dans un grand nombre de cas, sont menacés par un sous-financement chronique des actions en faveur des minorités linguistiques qui tend à s'aggraver avec les restrictions budgétaires drastiques de ces dernières années.

Les réticences de certaines provinces à appliquer les droits linguistiques découlant de la Charte canadienne des droits et libertés constituent un danger pour la survivance du français hors du Québec. Les situations sont très disparates. Le Nouveau Brunswick a consacré l'égalité totale des droits de ses communautés francophones et anglophones en l'inscrivant dans sa loi. Il reste néanmoins que certains groupes très dispersés et en situation très minoritaire n'en bénéficient guère et que son application à d'autres secteurs que l'enseignement se heurte souvent dans la pratique au fait que seuls les francophones maîtrisent les deux langues officielles. Le Saskatchewan et le Manitoba ont fait, au cours des dernières années, preuve d'ouverture en prenant les dispositions législatives nécessaires à l'institution de conseils scolaires français homogènes. L'Ontario, après avoir été l'une des premières provinces à s'ouvrir au bilinguisme, a connu des reculs, notamment dans les services en français. Certaines municipalités se sont d'ailleurs proclamées unilingues et n'utilisent que l'anglais. Les autorités, par la bouche du ministre délégué aux affaires francophones, M. Pouliot, ont cependant annoncé, en juillet 1993, la désignation de 24 nouveaux organismes offrant une partie ou la totalité de leurs services en français dans le cadre de la « Loi sur les services en français ».

Seize ans après l'adoption de la Loi 101, qui faisait du français la seule langue d'affichage sur le territoire, le **Québec** a adopté, en juin 1993, une loi (dite Loi 86) qui autorise l'usage concomitant du français et de l'anglais dans différents lieux (événements internationaux, congrès, musées, zoos ...) dès lors que la santé et la sécurité sont en cause. Le bilinguisme est également permis dans l'affichage des sociétés d'État et sur les panneaux gouvernementaux situés à moins de 15 km des frontières.

Selon une enquête menée par le Conseil de la langue française (CLF), les travailleurs venus s'établir au Québec depuis une quinzaine d'années utilisent plus fréquemment le français dans leur vie quotidienne que ne le faisaient leurs prédécesseurs.

En nette progression depuis cinq ans, le français est la langue de travail utilisée aujourd'hui dans plus des deux tiers des petites entreprises québécoises, d'après une recherche de l'Office de la langue française.

Dans son Rapport annuel, le Commissaire aux langues officielles estime que la qualité de la langue française se dégrade au Canada. Ce constat s'applique à l'ensemble des communautés francophones, mais concerne particulièrement le Québec, où le français constitue pourtant la langue de communication : appauvrissement du vocabulaire, multiplication des anglicismes, incorrections grammaticales, nombre particulièrement élevé d'échecs aux examens de fin de cycle secondaire ou collégial.

Asie du sud-est

Le français avait presque disparu de l'enseignement au **Viêt Nam**, après 1954 au Nord, après 1975 au Sud, et cela jusqu'en 1984. L'usage rudimentaire du français demeure assez fréquent, mais moins que celui de l'anglais.

En coopération avec les pays francophones, en particulier la France, les autorités vietnamiennes relancent cet enseignement et l'idée de « trilinguisme », vietnamien-français-anglais, fait son chemin.

Des cours de français sont désormais diffusés à la radio et à la télévision et recueillent une forte écoute. L'intérêt pour les cours de français se manifeste chez les adultes lorsque s'offrent des perspectives de formation ou d'emploi. Une expérience nouvelle de classes bilingues rencontre un bon accueil chez les parents d'élèves. La qualité de la langue française parlée par les étudiants vietnamiens va en s'améliorant.

Au **Laos**, sous l'influence thaïe, l'anglais s'installe de plus en plus nettement dans le secteur du tourisme ; de façon générale, la progression de l'anglophonie est notable. La participation du Laos aux instances francophones ne s'est pas, jusqu'ici, traduite publiquement par des mesures favorisant le français.

En **Thaïlande**, il existe un nombre siginificatif de francophones, qui peut être comparé à celui du Vietnam ou du Laos. La langue française y est parlée couramment par près de 60 000 personnes, appartenant à différents

groupes sociaux, avec une représentation marquée dans la sphère aristo-
cratique, le monde académique et le secteur administratif. [...]

*

La Francophonie dans le monde dispose d'**atouts** considérables et
parfois même surprenants compte tenu de sa force matérielle moyenne,
mais il faut aussi examiner les **tendances négatives** lourdes qui contrarient
son destin ; si bien que le bilan que nous dressons est **fort contrasté**. Ce qui
paraît devoir être noté c'est l'ensemble des **tendances neuves**, originales et
souvent positives qui devraient être mieux connues afin de profiler des
perspectives d'avenir.

De nombreux atouts

La Francophonie dispose à ce jour de **quatre atouts majeurs**.

Statut international de la langue française

En premier lieu, le français est l'une des deux langues de travail aux
Nations Unies parmi les six langues officielles qui y sont reconnues, le
même statut lui est conféré au sein du Conseil d'Europe qui s'est agrandi
avec l'arrivée des nouvelles démocraties de l'Europe centrale et orientale,
le français est **de fait** l'une des deux langues de travail au sein de la
Commission de l'Union européenne. Le dernier Sommet de la Francophonie (Maurice octobre 1993) a décidé de faire du respect du **français langue
internationale** l'une des priorités assignée au Conseil permanent de la
Francophonie dans son action diplomatique. Mais la Francophonie dispose
d'un deuxième atout.

L'universalité de l'enseignement du français

Dans des proportions très variables, tous les pays du monde font une
place à l'apprentissage de cette langue ; après l'anglais, cette **généralisation
pédagogique internationale** n'est le fait d'aucune autre langue.

Le français : le rassemblement international le plus important

Le troisième atout part du constat que cette communauté linguistique
représente entre le quart et le tiers des pays présents aux Nations Unies.
Les États-Unis, la plus grande puissance anglophone du monde, ne fait pas
partie du Commonwealth, si bien que l'anglophonie qui a bien d'autres
atouts, ne dispose pas de ce **club international influent** et particulièrement
vigilant en matière linguistique et culturelle que constitue la Francophonie.

La Francophonie : un idéal de solidarité Nord-Sud et de défense du pluralisme linguistique et culturel dans le monde

Cet idéal constitue un quatrième atout essentiel. Ce combat, cette mission donnent à la Francophonie une finalité, et pour employer l'expression utilisée par le Président François Mitterrand lors de la Xe session du Haut conseil (mars 1994) la Francophonie s'identifie à une **éthique internationale**.

Si bien que l'image de la Francophonie dans le monde est très forte ; même si **cette image** n'est pas toujours parfaitement nette dans tous les pays, elle demeure **en général très positive**. Attardons-nous sur cette image de la France, de la langue française et de la Francophonie ; bien que ces trois réalités doivent être distinguées, dans l'esprit de beaucoup de nos contemporains des divers continents la confusion ou l'assimilation sont souvent fréquentes.

Le français apparaît souvent comme **la langue de culture**. Le siège de l'UNESCO et tous les grands travaux (et notamment l'inauguration du nouveau Musée du Louvre), la bataille pour l'exception culturelle, le prestige des prix littéraires français souvent décernés à des non nationaux, le prestige aussi de l'Académie française, le fait que la France ait conservé son cinéma à la différence des pays industriels non américains ... renforcent cette image. Il est vrai qu'une radio comme France Culture est singulière sur la scène internationale. Le fait le plus marquant de ces dernières années est l'affirmation de cette réputation dans tout le Proche et Moyen Orient. En Israël le français apparaît comme **la langue de culture**. Dans ce pays comme dans beaucoup d'autres, un phénomène original est en train de s'imposer : si l'anglais est la langue que l'on doit absolument posséder pour des raisons de communication internationale, la langue véhiculaire commune de nécessité, le français est la langue de **distinction sociale**, de différenciation. Dans tous les territoires palestiniens si l'anglais est souvent la langue privilégiée, le français est reconnu comme la langue prestigieuse. En Jordanie, tous les établissements privés qui forment les élites ont le français comme langue obligatoire. Ce phénomène est en train de se manifester dans le golfe arabo-persique où l'arabo-anglophonie dominait encore quasi exclusivement il y a une dizaine d'années. Le poids de l'arabo-francophonie au sein de la Francophonie est tel, et le nombre d'arabo-francophones émigrés au Moyen Orient si important (Libanais — Syriens — Maghrébins ...) qu'on voit même la journée de la Francophonie célébrée dans des pays qui n'ont pas vocation à être membres de la Francophonie, ainsi au Yémen.

Si le plurilinguisme se répand dans beaucoup de pays, le français maintient ou acquiert un caractère sélectif. En Tunisie, même quand l'élite se tourne vers la culture anglo-saxonne, elle utilise sa francophonie comme un **marqueur de distinction** sociale et un symbole d'opposition à l'intégrisme et à l'obscurantisme. Au Liban, où l'anglophonie fait une percée remarquée, le français conserve une charge affective, et constitue un symbole d'identité culturelle collective transcendant les appartenances religieuses. Même en Egypte au sein de la société arabo-musulmane les établissements privés souvent catholiques et francophones ont une réputation d'excellence.

Dans certains pays de l'Est qui ont eu à souffrir d'une oppression politique et intellectuelle, la francophonie est assimilée autant à la liberté qu'à la culture. En Lithuanie, tout spécialement, la France est considérée comme une deuxième patrie par tous les intellectuels.

En Afrique noire (mais aussi ailleurs), le rôle de plus en plus marqué des centres culturels français comme facteur essentiel de la vie culturelle interafricaine, comme lieu privilégié de création pour la chanson, le cinéma, le théâtre africain, comme canal permettant la circulation des artistes de toute l'Afrique francophone, renforce aussi l'image de la Francophonie qui devient symbole de **Culture** ; tant et si bien qu'une animation culturelle ou sportive est souvent baptisée « semaine francophone ». Il faut également souligner le côté positif que joue la Francophonie en faveur du développement des **échanges** Sud-Sud ou **Sud-Nord**, tendance neuve et marquée de ces dix dernières années.

Mais toute médaille a son revers. L'exceptionnalité francophone est aussi pour beaucoup de groupes sociaux dans le monde une réalité négative. Au Salvador le poste diplomatique français note que l'**image de haute culture** attachée à la France est associée à une autre image, celle du refus de la modernité. Il est remarquable à cet égard de constater l'incapacité de la France à promouvoir une image de modernité et de prouesse technologique alors même que le TGV et la fusée Ariane, le nucléaire, le minitel … ne cessent d'illustrer la réalité de l'exception aussi française dans ces domaines. En Uruguay l'exceptionnalité culturelle française est vue par beaucoup de gens comme synonyme de passéisme et de refus d'ouverture. Aux Pays-Bas, mais aussi pour les jeunes Seychellois, la langue française est considérée comme une langue difficile réservée à des élites. A l'Institut français d'Athènes, 87% du public des cours de langue est féminin, l'allemand attire davantage les garçons, sauf dans les **carrières culturelles**.

Il reste que dans toute l'Afrique la Francophonie est attractive pour les non francophones. Les raisons en sont multiples : la force de l'evironnement francophone, le statut international de la langue française, le poids des blocs économiques africains francophones de l'ouest africain et de l'Afrique centrale, l'influence de la Francophonie internationale, les liens économiques de la France avec les pays africains même quand ils ne sont pas francophones ; la France est par exemple le deuxième partenaire commercial du Nigéria. En Sierra Leone, les échanges avec les pays francophones voisins entraînent une forte demande d'enseignants de français. Au Sénégal, 30% des importations viennent de France, 35% des exportations vont vers la France (et les ressources touristiques sont à 45% d'origine française). Au Tcad, 47% des importations viennent de France et 22 % des exportations vont vers la France. En Tunisie, le quart des importations viennent de France, et le tiers des exportations vont vers la France. La France est le premier client du Maroc et son premier fournisseur. **La même force dans les liens économiques** peut être constatée entre la France, la Belgique, la Suisse ; mais avec une complémentarité européenne pluripolaire (Pays-Bas, Allemagne notamment). En revanche, les échanges économiques entre le Canada et la France n'intéressent que 2% des échanges commerciaux des deux pays. Si avec les pays francophones de l'est européen, et notamment la Roumanie, les échanges commerciaux se sont beaucoup développés, il faut remarquer trois limites à l'expansion économique française : les petites entreprises n'interviennent que faiblement, il y a peu de co-entreprises binationales, et l'intervention économique française est souvent limitées à la capitale et à sa région.

La force de la Francophonie serait de resserrer les liens économiques entre tous les partenaires géographiquement dispersés et ceci dans le but de concilier modernité technologique et solidarité. **Une Caisse francophone de développement** pourrait constituer un moyen efficace d'intervention, d'autant qu'elle pourrait entretenir avec l'Union Européenne des liens qui existent déjà entre la Caisse française de développement et la Banque européenne d'investissement. Au cours de la Xe session du Haut Conseil de la Francophonie, le président François Mitterrand a lui-même tracé cette perspective d'avenir.

Des tendances lourdes et négatives

Celles-ci ont affecté la Francophonie au cours des dix dernières années avec plus ou moins de gravité.

La crise économique

Les difficultés budgétaires que beaucoup de pays même développés ont connues les ont conduits à réduire leurs dépenses en matière d'éducation, et notamment dans l'enseignement des langues (par exemple en Finlande). Le français, souvent deuxième ou troisième langue en a pâti particulièrement. Le gouvernement français, pour sa part, n'a pas pu offrir de bourses à des pays qui les jugeaient nécessaires pour poursuivre l'enseignement du français (l'Equateur par exemple). Les restrictions dans la même période, dans les délivrances des visas, ont également nui à l'image de la France et de la Francophonie.

La crise permanente dans les pays du Sud francophones

Celle-ci crée un grave préjudice à la consolidation de la Francophonie. En effet, ces pays (Maghreb et Afrique noire) connaissent dans le même temps une explosion démographique qui se traduit dans la pyramide des âges par des vagues importantes de jeunes générations. Le flot des enfants à scolariser grossit au moment même où les restrictions budgétaires en matière éducative se font sévères : 15 à 20% du budget total sont réservés à l'éducation, alors que la proportion était souvent de 30 à 35% il y a encore une dizaine d'années.

La proportion des moins de 15 ans dépasse la plupart du temps les 40% de la population totale : 44% en Mauritanie, 46% au Gabon et au Maroc, 49% au Niger, 50% au Laos et au Togo. Il faut rappeler que pendant les vingt dernières années la population subsaharienne a connu un taux d'accroissement annuel de 3% (ce qui se traduit par un doublement de la population tous les 23 ans).

Une chute des taux de scolarisation

Ceux-ci sont tombés (taux net de scolarisation pour le niveau de l'enseignement primaire) à 45% au Sénégal, à 31% au Burkina Faso, à 24% au Niger, à 18% au Mali et en Guinée. Certains pays, au prix d'efforts remarquables, ont su néanmoins maintenir et même améliorer leur niveau de scolarisation (par exemple le Maroc avec un taux net de scolarisation primaire de 55% tient là une des clefs de son décollage économique). [...]

Il est vrai qu'en plus des difficultés économiques, démographiques et pédagogiques, **les crises politiques** n'ont pas amélioré la situation de certains pays. Au Togo le Centre culturel français est fermé depuis février 1993. Au Zaïre la coopération avec la France a été interrompue, et la baisse de la scolarisation s'est confirmée en 1992, 1993 et 1994. [...]

La tendance à l'unilinguisme anglophone dans la diplomatie internationale et la civilisation moderne

La confusion dans les esprits entre unité de la planète, unification de l'histoire mondiale, et uniformisation linguistique et culturelle est un fait idéologique marquant qui constitue une menace pour la Francophonie. Malgré les rappels à l'ordre du Président Mitterrand et du Premier ministre

Edouard Balladur, des diplomates français et des hauts fonctionnaires continuent à s'exprimer directement en anglais parce qu'ils considèrent que cela est exigé par la vie internationale ; heureusement la proportion de ces mondialistes unilingues est encore très limité ; comme la **X^e session du Haut Conseil** l'a montré, le plurilinguisme demeure majoritaire dans les instances européennes : Bruxelles, Luxembourg, Strasbourg, Genève continuent de jouer le rôle de grands pôles internationaux francophones. Plus les représentants de la France et des autres pays francophones s'exprimeront dans d'autres langues que le français et l'anglais (ou pourront comprendre d'autres langues) et plus cette situation, encore à ce jour largement positive, se confortera. Dans cet esprit, il faut saluer l'inlassable action de Monsiegneur Otto de Habsbourg en faveur de la Francophonie et du plurilinguisme européen au Parlement européen et dans diverses enceintes diplomatiques.

La promotion de la chanson francophone nécessiterait aussi le déploiement de moyens importants. Il faut en effet veiller à alimenter les chaînes de radio et de télévision, organiser des tournées d'artistes et de spectacles, veiller à la distribution des cassettes ou des disques compacts dans les points de vente, les lieux publics, les discothèques, diffuser des journaux publicitaires pour la jeunesse. Si en France le taux de consommation de musique francophone est en hausse depuis deux ans, repassant la base des 50% au début de 1994, la diffusion de la musique francophone dans de nombreux pays du monde est très faible. La musique francophone est absente des médias irlandais, totalement inexistante sur les médias philippins ou thaïlandais, très peu présente sur les médias portugais. Les radios privées de l'Europe orientale l'ignorent souvent, et diffusent (comme les radios privées ukrainiennes) de la musique moderne anglo-saxonne. Il est à noter que les quotas ont sauvé la musique francophone au Québec et qu'une télévision musicale orientée vers la chanson « Musique plus » a beaucoup concouru à fidéliser le public envers la musique francophone. Des festivals comme ceux des Francofolies organisés par Jean Louis Foulquier (La Rochelle, Montréal, Blagoevgrad, demain peut-être Beyrouth) mériteraient d'être massivement soutenus, parce qu'ils contribuent à forger une image moderne, jeune, rayonnante et chaleureuse de la Francophonie. [...]

Un bilan globalement contrasté

Les atouts de la Francophonie et les tendances négatives lourdes qui la menacent font que notre diagnostic d'ensemble est finalement très mitigé. Dans certains pays, même à partir de positions fortes, elle décline dans les dernières années. Dans d'autres pays, en revanche, elle évolue positivement même à partir de bases très faibles. Dans d'autres pays encore elle ne semble pas connaître l'évolution notable ni dans un sens, ni dans un autre. Dans d'autres pays enfin, les tendances semblent contrariées, des indices positifs et des indices négatifs se mêlant étroitement.

A partir de quels indices nous permettons-nous ces constats d'évolution positive ou négative de la Francophonie ? Ces indices sont nombreux et de nature très différente : l'ouverture ou la fermeture de classes de français, la présence d'émissions francophones sur les médias du pays concerné, l'existence d'une presse francophone ou la diffusion très large de la presse francophone importée, la création ou le développement d'émissions radiophoniques ou télévisées d'enseignement du français, l'intérêt pour les auteurs, les créateurs francophones et les spectacles culturels francophones, de diffusion de chansons francophones, la coopération scientifique et technique avec des pays francophones, l'image de la Francophonie, et, pour les pays francophones spécialement, leur degré d'adhésion à la construction communautaire francophone (sans oublier le niveau de maîtrise de la langue française, souvent langue seconde dans nombre de pays francophones).

Nous avons pu dresser un bilan portant sur 126 pays en regroupant les micro-États des Petites Antilles et de l'Océanie. L'évolution concernant la Francophonie nous semble positive pour 60 entre eux, négative pour 29. La situation ne semble pas avoir bougé ni dans un sens ni dans un autre pour 18 pays ; en revanche des tendances positives se combinent avec des tendances négatives dans 19 autres pays. L'évolution est marquée comme positive même quand certains éléments dans l'ensemble de la situation positive sont négatifs (par exemple le Sénégal où l'enseignement du français donne des signes d'affaiblissement alarmants).

Haut Conseil de la Francophonie (1994) *Etat de la francophonie dans le monde : données 1994* (pp. 211-217, 505-510, 513-516). Paris : La documentation française.

3.2.

La Belgique

Entre *Romania* et *Germania* : la Belgique francophone

1.0. *Généralités*
1.1. *La Belgique, un laboratoire linguistique*

Petit pays d'une superficie de 30 513 km², où vivent près de 10 millions d'habitants (degré d'urbanisation : 94,6%), la Belgique est l'une de ces marches de la francophonie, entre *Romania* et *Germania*, dont la diversité linguistique n'a d'égale que la complexité de ses institutions politiques.

État de création récente, dont l'indépendance fut proclamée en 1830, la Belgique n'est pas l'aboutissement de grands courants nationalistes qui ont donné à des régions dispersées le sentiment d'appartenir à une nation (comme ce fut le cas pour l'Italie ou l'Allemagne). La création du pays a été imposée par des puissances extérieures pour des raisons géopolitiques et ne correspondait pas vraiment à des aspirations profondes de la part des populations concernées.

Des collectivités que leur histoire avait séparées vont se retrouver unies dans un état créé de toutes pièces mais cimenté par la classe bourgeoise qui s'empare du pouvoir dans chaque région du pays grâce au système du suffrage censitaire. Cette classe dirigeante est francophone, et cet élément va peser lourdement dans l'évolution politique de la Belgique. En effet, dès la mise en place du nouvel état, s'installe un antagonisme linguistique qui ne cessera de s'aviver au fil du temps.

Au moment de l'indépendance, le français, le néerlandais et l'allemand sont reconnues comme *langues nationales*, mais seul le français se voit attribuer le titre de *langue officielle*. Très tôt naît en Flandre un mouvement d'opposition à la bourgeoisie francophone, visant à obtenir une reconnaissance de la culture et de la langue flamandes. Ce mouvement obtiendra le bilinguisme officiel (français-néerlandais) pour les actes législatifs et les inscriptions publiques en 1898, étendu à tous les échelons de l'administration en 1921. Dans les années trente, d'autres revendications seront rencontrées, transformant le bilinguisme en unilinguisme (néerlandais au nord, français au sud) dans l'administration, la justice et l'enseignement.

Dans les années soixante, un pas supplémentaire sera franchi avec la consécration définitive de territorialité, encore appelé droit au sol (le choix de la langue est déterminée par l'appartenance à la Région), qui l'emporte sur le principe de personnalité (libre choix de la langue), celui-ci étant néanmoins appliqué à Bruxelles qui bénéficie d'un statut bilingue.

D'est en ouest, le pays est scindé suivant le tracé d'une frontière linguistique, devenue frontière politique. Il comprend trois entités politiques appelées _Régions_ : la Flandre (5 767 856 habitants = 57,8% de la population), la Wallonie (3 258 795 habitants = 32,6% de la population) et Bruxelles-capitale (960 324 habitants = 9,6% de la population).

Ces trois Régions se distinguent de par les langues qui y sont officiellement reconnues et pratiquées. Pour la Flandre, il s'agit du néerlandais, qui est également la langue officielle des Pays-Bas, le voisin du Nord. Pour la Wallonie, il s'agit très majoritairement du français — proximité avec la France oblige — mais aussi de l'allemand dans les territoires situés à la frontière avec l'Allemagne. Quant à la capitale, Bruxelles, elle bénéficie officiellement d'un statut bilingue, français-néerlandais.

La complexité linguistique du pays ne se limite pas à ces trois langues officielles. Plusieurs parlers régionaux aux origines séculaires continuent d'être pratiquées dans chaque Région. En Flandre, en plus du néerlandais, se parlent des dialectes germaniques que l'on regroupe sous l'étiquette globale de « flamand ». A l'est et au sud-est de la Wallonie sont vivaces d'autres dialectes germaniques (francique ripuaire et francique mosellan). Toujours en Wallonie, on constate la survivance de parlers romans : le wallon, le picard, le lorrain (appelé _gaumais_ en Belgique) et même quelques îlots champenois. Il est important de préciser que ces dialectes de Wallonie ne sont pas des variantes du français et sont donc à distinguer du français régional : français régional, wallon, picard, lorrain, champenois sont issus du même tronc commun mais présentent, depuis le XIIIème siècle, une histoire linguistique distincte.

Les Régions ne reposent donc pas sur une réalité linguistique homogène, mais sur un principe de territorialité. Par contre, en 1970, une nouvelle institution politique a vu le jour, qui se fonde précisément sur un critère de solidarité culturelle et linguistique. Trois _Communautés_ apparaissent : la Communauté française qui unit la Wallonie et Bruxelles, sous l'égide du français ; la Communauté flamande qui associe la Flandre et Bruxelles, sous l'égide du néerlandais. Les territoires à l'est de la Wallonie sont réunis quant à eux au sein de la Communauté germanophone.

Les citoyens belges connaissent donc, en plus du pouvoir fédéral, une double tutelle politique, celle des Communautés et celle des Régions, deux institutions qui ne coïncident pas tout à fait : certains habitants d'une même région, la Wallonie, peuvent appartenir à deux Communautés distinctes (la Communauté française ou la Communauté germanophone) ; certains habitants d'une même Communauté, la Communauté française, peuvent appartenir à deux Régions différentes (la Région wallonne ou la Région bruxelloise). Un tel dédale institutionnel n'est guère fait pour faciliter les rapports entre les citoyens et les instances politiques.

1.2. *L'irrésistible progression du français en Wallonie*

Les Belges francophones vivent donc majoritairement en Wallonie, où l'implantation du français est très ancienne : le premier texte connu est la charte-loi de Chièvres (Province de Hainaut), remontant à 1194, ce qui en fait le plus ancien document administratif (daté) en langue d'oïl. Face aux parlers wallons, picards, lorrains et champenois qui ont été durant des siècles, les idiomes usuels en Belgique romane, le français s'est d'abord imposé comme langue écrite, en conquérant, auprès des couches cultivées, les positions qu'occupait le latin. La progressive émergence d'un bilinguisme français-wallon dans des situations de communication de plus en plus nombreuses, et particulièrement à l'oral, est difficile à retracer, faute de témoignages précis. Et elle diffère sensiblement selon qu'on envisage le milieu urbain et le milieu rural.

En milieu urbain, dans des villes comme Liège, il semble bien que l'usage passif du français ait été relativement précoce [...] des indices [remontent] à la Renaissance. Le bilinguisme actif sera plus tardif, mais les témoignages ne manquent pas pour établir que le français concurrençait le wallon dans les communications formelles dès le XVIIème siècle. En milieu rural, par contre, on peut estimer que les continuateurs endogènes du latin vulgaire ont régné sans partage jusqu'à la fin du XIXème siècle.

Cette situation connaîtra une profonde et brusque mutation : en moins d'un siècle, les sociétés urbaines, puis les entités rurales, vont passer d'une majorité d'unilingues wallons à une majorité d'unilingues francophones. Dans ce processus fulgurant, l'imposition de l'instruction primaire (à partir de 1918) a joué un rôle essentiel : c'est l'école qui, voulant asseoir la prédominance du français, a éradiqué les parlers régionaux.

Une autre étape importante a été, surtout pour les régions rurales, celle de l'après-guerre 40-45, de par les bouleversements qui s'y sont manifestés dans la vie quotidienne. Industrialisation accélérée, brassage accru des populations, développement des communications et des médias sont autant de facteurs qui ont déstabilisé ces communautés autrefois repliées sur elles-mêmes. Dans le même temps, l'inadéquation des dialectes locaux à permettre une communication à l'échelle du village planétaire s'est révélée patente. Les identités qui se fondaient sur les particularismes n'ont pas résisté aux standardisations en tous genres proposées comme modèles de développement et de bien-être.

1.3. La lente émergence du bilinguisme à Bruxelles

La capitale du pays, Bruxelles, est située sur un territoire historiquement flamand. Il faut attendre le XIIIème siècle pour voir se manifester les premiers indices d'une présence romane, avec l'arrivée d'ouvriers wallons employés dans le domaine de la construction. A la différence de ce qui se passait à la même époque en Wallonie et même en Flandre, le français ne s'imposa pas durant le Moyen Age comme langue d'administration à Bruxelles : ce fut le flamand qui supplanta progressivement le latin.

La diffusion du français va progresser significativement avec l'avènement du régime espagnol, dès le règne de Charles-Quint (1500-1558) qui en fait la langue de l'administration centrale, le flamand restant l'apanage de l'administration locale. Le régime autrichien, puis la domination française, vont peu à peu asseoir la prééminence du français comme véhiculaire, le flamand voyant son usage progressivement réduit, socialement et fonctionnellement. Après un bref intermède du rattachement des provinces belges aux Pays-Bas Unis, qui suspend provisoirement l'expansion du français, le nouvel état indépendant, dirigé par la bourgeoisie francophone dominante dans toutes les régions du pays, confirme la suprématie du français par rapport au flamand, ce dernier n'étant plus parlé que par les classes populaires. Si, en 1830, on ne dénombrait que 31% de francophones à Bruxelles, cent ans plus tard ce chiffre atteindra les 70%. Cette progression rapide s'explique par la volonté des Flamands de Bruxelles (et des Flamands venus de Flandre s'installer dans la capitale) d'assurer leur réussite sociale, laquelle passait obligatoirement par la pratique du français.

Aujourd'hui, la francisation de Bruxelles a encore progressé, mais le poids économique et politique de la Flandre est suffisant pour maintenir une présence officielle du néerlandais, particulièrement dans l'administration : d'où le statut bilingue qui est celui de Bruxelles-capitale.

2.0. Approche sociolinguistique
2.1. Quand les chiffres se taisent …

Les informations statistiques sur les pratiques linguistiques en Belgique font cruellement défaut. A la différence de ce qui se pratique dans d'autres pays où, à la faveur de recensements ou d'initiatives confiées à des organismes officiels, on peut dresser un diagnostic fiable sur l'état linguistique des populations concernées, nous ne disposons d'aucune donnée précise à l'échelle du pays ou d'une de ses composantes majeures. La raison est que les recensements linguistiques ne sont plus pratiqués en Belgique depuis 1947, pour éviter d'aviver les querelles communautaires. Les Flamands craignaient, semble-t-il, que ces recensements n'expriment la volonté d'appartenance à une communauté plutôt que la pratique linguistique réelle ; ils redoutaient particulièrement que la francisation de Bruxelles n'y apparaisse trop clairement. On opère donc souvent à partir de données fragmentaires, dont l'extrapolation s'avère périlleuse.

Francophones, Flamands et Germanophones

Dans un dossier publié en septembre 1987 par le quotidien *Le Monde*, il était question de ... 7 millions de francophones en Belgique, chiffre tout à fait fantaisiste ! Plus proches de la réalité nous paraissent les estimations qui évaluent à quelque quatre millions (40% de la population) le nombre des francophones de Belgique (en Wallonie et à Bruxelles, mais sans compter les îlots francophones en territoire flamand ou les immigrés parlant le français).

L'analyse des seuls recensements linguistiques disponibles (entre 1846 et 1947) fait apparaître une grande stabilité du pourcentage de citoyens déclarant user régulièrement du français : de 42.1% en 1846, on passe à 41.9% en 1947. Cette stabilité paraît toujours d'actualité d'après les évaluations portant sur la période récente.

La même stabilité, avec des fluctuations intermédiaires, s'observe pour les locuteurs néerlandophones : on n'est guère éloigné, à l'heure actuelle, des 57% déjà obtenus lors du recensement de 1846. Quant à la communauté germanophone, forte de quelque 70000 unités, elle n'atteint même pas 1% de la population totale.

Précisons que dans la région de Bruxelles-capitale, dont le statut bilingue lui vaut d'appartenir à la fois à la communauté française et à la communauté flamande, les francophones sont largement majoritaires. L'estimation qui prévaut dans les milieux néerlandophones est que la population francophone atteint 75% à Bruxelles. Ce chiffre monte jusqu'à 90% d'après les évaluations de certains milieux francophones.

Francophones et dialectophones

L'évaluation du nombre des locuteurs parlant à la fois le français et un des parlers régionaux est également malaisée. Les seules données disponibles sont, pour l'essentiel, issues d'enquêtes de micro-sociolinguistique menées avec des préalables méthodologiques très divers. Pour les régions rurales de Wallonie (nous ne disposons pas de données récentes sur les centres urbains), le pourcentage des bilingues français-wallon (ou wallon-français pour les aînés) varie, selon les estimations, de 37 à 65%. Une seule certitude : les unilingues wallons ont disparu aujourd'hui.

L'étiolement des parlers régionaux ne se manifeste pas de façon uniforme dans l'ensemble de la Wallonie. Les milieux ruraux, on l'a déjà souligné, ont offert plus de résistance que les centres urbains. La pratique des dialectes est évidemment plus vivace chez les locuteurs âgés, généralement les moins touchés par la scolarisation. A égalité de statut socio-professionnel et de scolarisation, on constate que les femmes ont abandonné plus rapidement que les hommes la pratique de l'idiome ancestral. D'importantes variations sont également constatées suivant les aires dialectales : schématiquement, le wallon paraît se maintenir plus fermement que le picard, alors que le lorrain (gaumais) semble le plus déliquescent. La pratique du champenois, quant à elle, est pratiquement éteinte.

2.2. Hiérarchie des langues
Du côté des langues officielles

Chaque langue officielle de Belgique bénéficie de la proximité d'un pays qui partage la même culture linguistique. La Communauté flamande se tourne vers les Pays-Bas, la Communauté germanophone vers l'Allemagne et la Communauté française vers ses voisins d'Outre-Quiévrain. Même si cette proximité est souvent vécue comme conflictuelle, elle assure à chaque Communauté une assise internationale sans commune mesure avec son poids effectif à l'intérieur des seules frontières belges.

L'exiguïté du territoire a en outre permis d'installer un réseau de télédistribution très serré qui permet de capter dans la majeure partie du pays, non seulement l'ensemble des programmes nationaux, mais également ceux des pays limitrophes (en plus de ceux provenant de Grande-Bretagne, d'Espagne et d'Italie). Cette ouverture, conjuguée à un sentiment très affirmé d'appartenance européenne, se traduit par une tolérance linguistique largement répandue au sein de chaque Communauté vis-à-vis des deux autres langues officielles. Malgré que les conflits politiques s'enracinent souvent dans des prétextes linguistiques, le pragmatisme impose à de nombreux Belges un mutuel respect pour la langue de l'autre. Même si le poids objectif du néerlandais sur la scène internationale n'est en rien comparable à celui de l'allemand ou du français, même si la langue allemande charrie encore pour certains des souvenirs douloureux, les trois langues officielles connaissent sensiblement les mêmes aires d'emploi dans leur Communauté respective et ne sont guère soumises, en dehors de celle-ci, à des pressions qui pourraient en menacer la stabilité.

Le français, en Wallonie et à Bruxelles, bénéficie d'une solide implantation dans les médias : radio (quatre émetteurs de la RTBF, service public, et des réseaux de radios privées), télévision (deux chaînes publiques et une chaîne privée), presse écrite (dont 17 quotidiens recensés, annonçant plus de 2 millions de lecteurs) assurent aux francophones de Belgique une présence massive du français dans tous les secteurs de la vie quotidienne.

La diglossie franco-wallonne

Si les trois langues officielles jouissent d'un même statut, en revanche les parlers régionaux sont depuis longtemps minorisés. En Wallonie, le déclin des parlers régionaux au profit du français les a relégués au rang de sociolectes, face à une langue de culture et de grande diffusion. Les rapports entre le français (variété dominante) et les parlers régionaux (variétés dominées) s'inscrivent dans une situation de diglossie où les variétés en présence obéissent à une répartition fonctionnelle et à des statuts différents.

En Wallonie, le français, longtemps réservé à l'enseignement, à l'administration, à l'éducation religieuse, aux moyens de communication, s'est peu à peu imposé dans les rapports sociaux formels impliquant des notables ou des étrangers à la communauté de base. Il est apprécié du point de vue de la « distinction » qu'il confère à celui qui le parle. Par contre, il peut être déprécié dans certaines circonstances informelles, là où une connivence, une solidarité, réclament un autre code.

C'est précisément le rôle que continuent de jouer aujourd'hui les parlers régionaux, employés préférentiellement par les bilingues dans les situations informelles (famille, contact entre pairs), comme véhicule privilégié de l'affectivité, de l'expressivité, ou même comme témoignage de loyauté vis-à-vis d'une communauté restreinte. Mais à côté de cette valorisation au plan de la solidarité, ces parlers peuvent être stigmatisés comme idiomes de statut inférieur. Précisons que, malgré l'existence d'une littérature wallonne dont les premiers écrits remontent au XVIème siècle, le parler régional reste fondamentalement oral, sa diffusion écrite étant fort limitée.

L'insécurité linguistique

[...] les différences linguistiques entre les francophones de Belgique et leurs voisins d'Outre-Quiévrain sont à la fois trop manifestes pour qu'on puisse les nier, et trop peu représentatives pour être reconnues par les Wallons et les Bruxellois comme véhiculant une identité linguistique distincte de celle de leur « grand voisin ».

« Terre de grammairiens » où s'illustrent des auteurs comme Maurice Grevisse, André Goosse et Joseph Hanse, la Belgique francophone est marquée par une forte tradition normative, favorisée et entretenue par une sorte de suspicion permanente des Belges francophones vis-à-vis de leurs productions langagières. Si cette tradition, fondée sur une riche documentation (écrite), présente généralement une vision assez nuancée du « bon usage », les succédanés qui l'escortent (par exemple les listes de *Ne dites pas … mais dites*) témoignent d'un purisme plus outrancier, qui fait du « français de France » la référence normative absolue.

La sujétion linguistique à la France est une des attitudes les plus couramment mises en évidence par les études récentes sur les représentations linguistiques des Belges francophones. Elles s'accompagnent généralement d'une dépréciation des façons de parler ressenties comme non légitimes par rapport à la norme « française », c'est-à-dire celles qui sont perçues comme « régionales ». Ces traits, qui révèlent un état manifeste d'insécurité linguistique, sont parfois contrebalancés par des stratégies de compensation en faveur des variantes non légitimes, grâce à la distinction entre le marché officiel (la France, et le plus souvent, Paris) et le marché restreint (par exemple celui de la Wallonie ou d'une partie de celle-ci). Les francophones de Belgique développent donc, dans leur quête de légitimité linguistique, des stratégies complexes qui leur évitent d'être confinés dans une inféodation paralysante à des normes ressenties comme exogènes.

Toutefois, les tentatives de légitimation linguistique restent bien timides. Ce profil bas n'est qu'une des facettes du déficit identitaire dont souffrent les francophones de Belgique et qui caractérisent une grande partie de leurs productions culturelles. Des formes de « carnavalisation linguistique », bien attestées dans la littérature, à l'acceptation trop servile des anathèmes des puristes, c'est un pays en quête d'une identité positive qui se dévoile.

Michel Francard (1993) 'Entre *Romania* et *Germania* : la Belgique francophone'. In Didier de Robillard et Michel Beniamino (éds) *Le Français dans l'espace francophone*, tome 1 (pp. 318-323). Paris : Champion.

3.3.

La Guinée

Le Français en Guinée : une situation en plein changement

1.0. Généralités

1.1. Bref historique du français en Guinée

Du début de la colonisation (fin du XIXème) jusqu'en 1958 (date de l'indépendance du pays), la Guinée présentait la même situation que les autres colonies françaises d'Afrique, dans tous les domaines, dont celui de l'école, principal moyen d'accès au français.

Pendant cette période, l'école a connu deux grandes étapes : de 1903 à 1945 et de 1945 à 1958. Dans la première étape, l'enseignement dispensé en Afrique était spécial, différent de celui de la Métropole. Et cet enseignement visait, selon les mots de certains, à « dépoussiérer », à « dégrossir » les Africains, à les amener à apprendre le français, et dans le meilleur des cas, à former des intermédiaires entre les nouveaux maîtres et les populations.

Au cours de la deuxième étape, après la guerre et la création de l'Union Française [1945-1958], l'enseignement fut pratiquement calqué sur celui de la Métropole avec la même structure et à peu près les mêmes programmes.

C'est à partir de 1958 que le français connut une situation particulière en Guinée par rapport aux autres pays francophones d'Afrique, anciennes colonies françaises. Cela est dû d'une part aux conditions dans lesquelles la Guinée acquit son indépendance, et d'autre part à la politique linguistique qui y prévalut pendant 26 ans.

L'indépendance de la Guinée s'est accompagnée en effet d'une rupture avec la France et d'une volonté de démarcation culturelle du jeune État par rapport à l'ancienne Métropole. C'est ainsi que la nouvelle politique linguistique accorda beaucoup d'importance aux langues nationales dans tous les domaines : dans la vie politique, administrative, artistique et culturelle, dans les médias, et surtout à l'école. Elles furent introduites dans le cursus scolaire en 1968, comme matière du primaire au supérieur, et comme médium progressivement du primaire au secondaire. En 1984, l'enseignement se faisait en langues nationales jusqu'en deuxième année du secondaire. [La langue française est redevenue, depuis 1984, la langue d'enseignement à tous les niveaux.]

A ce recul quantitatif du francais s'ajoutait un recul qualitatif dans la mesure où les programmes étaient beaucoup plus des programmes d'idéologie du parti unique au pouvoir que des programmes de langues. Les critères de choix des textes d'études étaient très rigoureux : la beauté formelle devait céder le pas à l'attitude idéologique et au contenu révolutionnaire du texte. « Le critère du choix d'un texte est pour nous sa conformité idéologique, sa valeur révolutionnaire et éducative [...] » écrivait, à l'époque, le président Sékou Touré. Les contraintes de choix des textes étaient si nombreuses que le professeur de français, qui ne disposait d'aucun manuel, se réfugiait dans l'enseignement de l'idéologie pure.

1.2 Les langues en présence

Outre le français (langue officielle) et l'arabe (langue religieuse de 95% de la population environ), la Guinée compte une vingtaine de langues appartenant toutes à la sous-famille Niger-Congo de la grande famille Congo-Kordofanienne. [...]

2.0. Approche socio-linguistique

[...]

2.1. Objet de la description socio-linguistique : problème de méthode

[...] déterminer la place du français dans le paysage linguistique guinéen qui comporte trois langues locales dominantes : le soso, le pular, et le maninka. [...]

2.2. Statistiques

[...]

2.2.1. Données provenant du recensement de 1983

Parmi les informations recueillies par le dernier recensement général de la population et de l'habitat de 1983, celles qui concernent l'alphabétisation, la scolarisation et l'instruction nous ont paru importantes pour donner une idée de la situation du français en Guinée.

Le tableau 1 donne une idée des langues dans lesquelles les Guinéens étaient alphabétisés en 1983.

Langues d'alphabétisation	Basse Guinée	Moyenne Guinée	Haute Guinée	Guinée Forestière	Ensemble
Langues nationales	35,1	25,2	34,9	55,4	41,6
Arabe	41,2	60,4	37,8	9,1	28,5
Français	23,6	14,4	27,2	35,5	29,8
Autres	0,1	0,0	0,1	0,0	0,1
TOTAL	100	100	100	100	100

Tableau n° 1 : Langues d'alphabétisation en Guinée en 1983

On constate :
(1) Un taux élevé d'alphabétisation en langues nationales dû à la politique de promotion de ces langues depuis l'Indépendance par l'alphabétisation des adultes et par l'introduction de ces langues dans le cursus scolaire.
(2) Un taux élevé d'alphabétisation en arabe. Mais à notre avis, une précision s'impose à ce propos : il s'agit plutôt d'une alphabétisation en langues nationales avec l'utilisation de caractères arabes (alphabet adjami). Cette alphabétisation est, en effet une conséquence de l'école coranique dont l'enseignement ne permet pas d'aboutir à une maîtrise de l'arabe.
(3) Une faiblesse relative du taux d'alphabétisation en français qui s'explique par la place réservée aux langues nationales à l'école et au niveau de la formation des adultes (le français était exclu comme langue d'alphabétisation à ce niveau).

Quant au taux de scolarisation de l'époque, il est reflété par le tableau 2.
La faiblesse du taux de scolarisation saute aux yeux. Avec ce taux de 18,7%, la Guinée était parmi les pays les moins scolarisés du monde. Et lorsqu'on pense à la place des langues nationales dans l'enseignement de l'époque, on se rend compte à quel point la scolarisation en français était faible.
Après de multiples efforts fournis de 1984 à nos jours, ce taux est monté à 32%. Enfin une idée du niveau d'instruction est donnée par le même recensement de 1983 qui montre que seuls 55,2% des Guinées avaient atteint la fin du primaire, 32,7% la fin du secondaire, 8,7% la fin du supérieur.
Quant à la formation professionnelle, seuls 3,4% d'entre eux l'avaient suivie.
Encore une fois, un seul mot suffit pour caractériser le taux d'instruction : faible.

Région naturelle	Milieu urbain			Milieu naturel			Ensemble		
	masc.	fém.	total	masc.	fém.	total	masc.	fém.	total
Basse Guinée	47,3	27,6	37,3	16,3	4,8	10,1	21,9	8,6	14,8
Moyenne Guinée	43,2	30,3	36,6	10,7	2,8	6,3	13,9	5,1	9,1
Haute Guinée	37,5	19,8	28,7	7,7	2,2	4,9	12,7	5,1	8,8
Guinée forestière	37,2	18,8	27,5	24,8	8,4	16,4	26,8	10,1	18,1
Conakry	52,3	38,7	45,6	–	–	–	52,3	38,7	45,6
Total	48,2	32,9	40,5	14,5	4,4	9,1	25,3	12,3	18,7

Tableau n° 2 : Taux de scolarisation par région en Guinée

2.2.2 Données de l'enquête à Conakry

Le questionnaire utilisé comportait d'une part des questions portant sur la langue du père, la langue de la mère, la langue première et les autres langues de l'enquêté (inventaire) et d'autre part des questions sur les langues parlées en famille, au marché, avec les amis ou au bureau (usages). Ainsi, nous en sommes-nous tenu au répertoire et aux usages pour les deux premières enquêtes et seulement aux usages pour la dernière. Les trois enquêtes ont été effectuées sur la base d'un échantillon de 100 personnes.

Les résultats des enquêtes au marché sont présentés dans le tableau 3.

Langues	Répertoire des langues				Usages des langues		
	langue du père	langue de la mère	langue première	autres	en famille	au marché	avec les amis
Soso	36	35	40	52	42	93	58
Pular	38	39	37	26	43	57	45
Maninka	21	20	17	28	24	39	20
Français ·	1	0	1	29	10	30	24

Tableau n° 3 : Enquête au marché : compétence linguistique et emploi des langues

[...]

En examinant ce tableau, nous constatons :
(a) que le soso prédomine à Conakry (ou plus précisément dans l'échantillon) sur tous les plans.

Au niveau du répertoire, les enquêtés qui l'ont comme langue première (40) sont plus nombreux que ceux qui l'ont comme langue du père (36) ou langue de la mère (35). Ce qui signifie que d'autres, qui ne l'ont pas comme langue des parents, l'ont quand même comme langue première. Ensuite, cette langue est citée parmi les « autres langues parlées » par plus de la moitié de l'échantillon (52).

Au niveau des usages, cette domination du soso est encore nette au marché où 93 enquêtés déclarent l'utiliser.

(b) que le développement du multilinguisme local apparaît nettement au niveau de la colonne « autres langues parlées ». Dans notre échantillon, nous n'avons rencontré que 22 monolingues (ceci ne ressort pas du tableau) dont 17 de langue première soso (les soso ont moins besoin d'apprendre les autres langues), 3 de langue première pular et 2 de langue première maninka.

(c) que le nombre de ceux qui ont le français comme seconde langue (29) et le nombre de ceux qui l'utilisent au marché (30) sont presque exactement les mêmes que le nombre de ceux qui déclarent être alphabétisés en français (29,8) au recensement de 1983.

La deuxième enquête a été effectuée en milieu scolaire et a concerné 100 élèves de 9ème année (3ème année du secondaire) tous âgés de 14 à 21 ans, surtout pour mesurer l'impact du changement de politique linguistique intervenue en 1984. Les résultats de l'enquête sont donnés par le tableau 4.

Langues	Répertoire des langues				Usages des langues		
	langue du père	langue de la mère	langue première	autres	en famille	au marché	avec les amis
Soso	26	28	28	62	60	92	88
Pular	34	34	36	18	40	27	35
Maninka	32	30	28	34	41	24	50
Français	1	2	3	97	64	51	91

Tableau n° 4 : Enquête en milieu scolaire : compétence linguistique et emploi des langues

Nous constatons toujours la nette prédominance du soso, et cette fois-ci, le français occupe partout la deuxième position. Comme langue conviviale (avec les amis), il vient même en première position.

Nous avons détaillé la question concernant l'usage du français en famille, en demandant : « avec qui parlez-vous français en famille ? ». Et nous avons constaté que les jeunes parlent soso et français plus entre eux qu'avec tout autre membre de la famille, ce qui confirme l'importance de ces langues pour la jeunesse de Conakry.

La troisième enquête concerne l'utilisation des langues par les travailleurs de l'administration, au bureau et en famille.

Nous avons constaté à ce niveau que toutes les langues guinéennes (surtout le soso, le pular et le maninka) sont utilisées dans tous les bureaux.

Cette enquête au niveau de l'administration révèle que 232 [*sic*], fonctionnaires sur cent utilisent parfois le français en famille, avec :

— les parents : 16 ;
— le conjoint : 62 ;
— les enfants : 64.

Ceci prouve encore une fois, que les enfants sont devenus les plus grands utilisateurs du français.

2.3. Aires d'emploi du français

Par rapport à l'emploi du français en Guinée, nous pouvons distinguer 4 types de cas :

— Les cas où le français est la seule langue utilisée : l'école française (par opposition à l'école coranique), la diplomatie, les documents écrits en général : textes juridiques, presse écrite, rapports de l'administration, circulaires, etc. ;
— Les cas où le français est en concurrence avec les langues nationales avec un net avantage au français : les bureaux de l'administration, les hôpitaux, les discours politiques, les églises ;
— Les cas où le français est en concurrence avec les langues nationales avec un net avantage à ces dernières : le marché, la rue, les quartiers, les campagnes ;
— Enfin, les cas où le français n'est jamais utilisé : l'école coranique, la mosquée.

2.4. L'exposition au français

Outre les domaines ci-dessus où le français est utilisé, l'exposition au français est surtout remarquable au niveau des médias. Les Guinéens, en effet, écoutent beaucoup la radio (principalement Radio Guinée, RFT, Africa N°1, BBC, Voix de l'Amérique) et aiment la télévision. Donc l'exposition au français est théoriquement intense. Les émissions les plus prisées sont : les variétés musicales, les matchs de football et les informations.

Il faut toutefois préciser que :

— La radio nationale (qui comporte beaucoup de zones mortes dans le pays) use abondamment des langues locales pour les informations, la musique et certaines émissions spéciales ;

— La télévision ne couvre qu'une infime partie du territoire, n'émet que de 18h. à minuit et utilise également les langues locales dans une proportion non négligeable.

Par ailleurs, dans les bureaux de l'administration, nous avons vu que les langues locales sont fréquemment utilisées. Les employés illettrés reçoivent leurs instructions dans les langues qu'ils comprennent. Les réunions sur les lieux de travail se tiennent souvent en langues nationales. Quand elles se font en français, les interventions sont souvent traduites dans une des langues au moins. Les clients illettrés communiquent généralement avec les employés de bureaux ou fonctionnaires en utilisant leurs langues maternelles.

Si nous utilisons la typologie des variétés de français en usage en Afrique proposée par S.Lafage, qui distingue le français des élites (acrolecte), le français des lettrés (mésolecte) et le français des peu ou pas lettrés (basilecte) nous dirons qu'en Guinée les locuteurs du français se répartissent en gros de la façon suivante :

— une petite proportion (élites comprenant des intellectuels formés localement ou revenus d'exil) appartient à la variété acrolecte ;

— une majorité formée de tous les scolarisés est à classer dans le mésolecte ;

— et enfin quelques rares locuteurs ayant appris le français par contact et qu'on peut classer dans le basilecte.

En effet, le français n'est utilisé, pratiquement, que par ceux qui le maîtrisent compte tenu du fait qu'aucune porte n'est fermée aux langues nationales.

2.5. *Hiérarchie des langues*

Malgré la volonté affirmée de l'ancien régime (1958-1984) de promouvoir les langues nationales au-delà de toutes limites, le français a toujours été la langue officielle de la Guinée. On peut seulement dire qu'il l'était de fait jusqu'en 1990 et qu'il l'est devenu de droit à partir de l'adoption de la loi Fondamentale, le 23 décembre de cette année-là.

Mais compte tenu de la politique linguistique qui a prévalu en Guinée pendant 26 ans, le français n'a pas trôné au-dessus des autres langues du pays, si bien que les spécialisations fonctionnelles sont très peu marquées et qu'il n'est peut-être pas tout à fait juste de parler de diglossie. Peut-être que le terme de colinguisme, c'est-à-dire cohabitation de langues sans hiérarchie, serait plus approprié pour caractériser la situation guinéenne. Nous avons bien sûr à faire à une situation mouvante. En effet, le français est en train de gagner en prestige et en extension d'emploi depuis le changement de politique linguistique et de politique tout court intervenu en 1984.

2.6. Les contacts des langues

2.6.1. Type de contacts

En Guinée tout locuteur du français est au moins bilingue. En effet, avant d'aller à l'école, il possède déjà la langue maternelle utilisée dans sa famille, dans son village ou son quartier.

Le français étant très peu utilisé de manière intense en famille, il n'y a qu'une infime minorité d'enfants qui parlent cette langue avant d'aller à l'école. Celle-ci constitue, en effet, en Guinée, le principal, sinon le seul mode d'apprentissage du français.

La politique de promotion des langues guinéennes prônée depuis l'Indépendance s'est traduite en 1968 par l'introduction de ces langues dans le cursus scolaire comme matière et comme médium de l'enseignement. Ainsi l'apprentissage du français intervenait-il tardivement, ce qui n'est pas sans conséquence sur le phénomène du contact des langues qui nous intéresse ici. En effet plus on retarde l'apprentissage d'une langue étrangère, plus cet apprentissage devient difficile, et moins la maîtrise (surtout phonétique) de cette langue est complète.

2.6.2. Modalités de contact

La situation de contact la plus répandue étant l'école, les groupes sociaux sont les jeunes et le registre de la langue commune (ou parfois soutenue) constitue le registre privilégié.

L'ancienne pédagogie qui privilégie l'écrit par rapport à l'oral reste encore pratiquement en vigueur en Guinée. Les effectifs pléthoriques des classes ne permettent pas d'insister sur l'aspect oral de l'apprentissage.

2.6.3. Intensité des contacts

Compte tenu des modalités de contact évoquées ci-dessus, nous pouvons dire que l'intensité des contacts est la même pour toutes les langues guinéennes, avec peut-être une mention spéciale pour les trois langues dominantes : soso, pular, maninka qui assurent partiellement des fonctions véhiculares.

2.6.4. *Conséquences des contacts de langues*

Le contact de langue par le biais de l'école ne comporte apparemment aucun problème psychologique majeur si on l'examine au niveau de ceux qui ont pu franchir tous les caps pour devenir des bilingues plus ou moins parfaits. Mais on est en droit de se poser la question de savoir si ce contact et les conditions dans lesquelles il s'effectue ne sont pas à la base de la grande déperdition scolaire qu'on observe un peu partout, principalement dans les campagnes. En effet, dès que l'enfant franchit pour la première fois le seuil de la classe, ce qu'on lui demande est surhumain : apprendre à lire et à écrire dans une langue étrangère qu'il faut apprendre en même temps.

En 1984, après le retour au français dans l'enseignement, beaucoup de jeunes élèves ayant jusque là suivi les cours en langues nationales, se sentirent incapables de continuer ces cours dans une langue qu'ils apprenaient en même temps, et abandonnèrent l'école.

Au niveau des bilingues (français-langue maternelle), la réussite en français s'est souvent réalisée au détriment de la langue maternelle. C'est ainsi que beaucoup d'intellectuels sont incapables de tenir un long discours dans leurs langues, sans bégayer sérieusement et sans faire largement appel à des mots français. Ce problème est presque inexistant au niveau de ceux qui ont commencé leur scolarité en langues nationales.

En Guinée, parler français n'a jamais été une condition *sine qua non* pour occuper certains postes notamment les postes politiques (il y avait, dans la Première République des ministres illettrés) et pour exercer certains petits emplois (ouvriers des usines, contrôleurs des transports publics, trieuses des banques, etc.). Cependant, l'administration a toujours fonctionné avec les bilingues plus ou moins parfaits dont nous parlions plus haut.

2.7. *Problèmes de norme*

Les locuteurs guinéens n'ont généralement pas conscience du caractère particulier des quelques unités lexicales utilisées localement. On peut affirmer qu'il y a une inféodation totale à la norme internationale.

Et pourtant, sans être aussi abondants qu'au Sénégal ou en Côte d'Ivoire, ces particularismes existent et correspondent à une norme endogène implicite dont la plupart des Guinéens sont donc inconscients. [...]

2.8. *Phénomènes identitaires*

Compte tenu de l'attitude négative et même répressive de l'ancien régime vis-à-vis du français et des intellectuels, cette langue n'a pas pu servir d'emblème à une classe sociale privilégiée ayant la prétention de gouverner la cité.

Aujourd'hui encore, sous le nouveau régime des militaires, le Président de la République n'hésite pas à s'adresser à la population de Conakry en soso, sa langue maternelle. Mais avec l'institution du multipartisme, les leaders des partis politiques pour la plupart appartenant à la catégorie des Guinéens dits de l'extérieur, font presque tous leurs discours en français, même si ces discours sont ensuite traduits en langues nationales. La constitution des états-majors des partis montre clairement qu'une nouvelle classe politique (reposant sur la possession de l'outil du pouvoir que constitue le français) est en train de naître.

2.9. *Dynamique*

La situation du français en Guinée est une situation en plein changement, pour plusieurs raisons, dont les principales sont les suivantes :

(a) le retour au français comme médium dans les écoles, du primaire au supérieur ;
(b) le retour des Guinéens dits de l'extérieur qui s'étaient exilés, principalement pour des raisons politiques ;
(c) l'adoption de la politique libérale qui donne plus de chance à ceux qui fournissent l'effort de se former, beaucoup d'emplois sur le marché du travail ne pouvant être obtenus qu'à la suite d'un test.

[…]

4.0. *Conclusion générale*
4.1. *Bilan de la situation décrite*

La situation du français en Guinée revêt un caractère particulier compte tenu des tribulations qui ont caractérisé les rapports entre la Guinée et la France d'une part, et d'autre part des répercussions de la politique linguistique ayant prévalu dans le pays de 1958 à nos jours.

L'école, principal mode d'accès au français, a connu une marginalisation de cette langue aboutissant au rétrécissement de son champ d'action et de son importance sociale. Cela explique en partie le peu de modifications qu'a connu le français en Guinée par rapport aux autres pays francophones d'Afrique de l'Ouest.

Mais avec le rétablissement du français dans ses fonctions de médium de l'enseignement à tous les niveaux, avec l'ouverture du pays et le retour massif des Guinéens de l'étranger, la situation du français est en train de changer très rapidement.

Alpha Mamadou Diallo (1993) 'Le Français en Guinée : une situation en plein changement'. In Didier de Robillard et Michel Beniamino (éds) *Le Français dans l'espace francophone*, tome 1 (pp. 229-241). Paris : Champion.

3.4.

La Charte de la langue française

L'été 1977 marque un sommet sur la courbe des études démolinguistiques au Québec.

On allait, le 26 août, adopter la Charte de la langue française [...] le projet de loi 101, dont on sentait bien qu'il allait avoir quelque chose de définitif ou, du moins, d'irréversible. [...]

Le but premier de l'adoption d'une Charte de la langue française consistait à donner aux Québécois les moyens concrets d'exprimer leur identité propre et de la faire respecter partout et par tous, sans commettre d'injustice. Il s'agissait donc d'assurer, mais dans un climat de respect des autres, le rayonnement de la langue française dans tous les domaines de la vie sociale québécoise : l'État, le travail, l'enseignement, les communications, le commerce, les affaires, etc. La Charte n'était pas adoptée pour étouffer l'expression d'une culture anglaise au Québec. Elle visait plutôt à valoriser et à faciliter l'expression d'une culture française spécifique, apport positif et distinctif du Québec au concert des cultures.

On était donc bien loin, à l'été 1977, d'une mesquinerie et d'un esprit de vengeance à l'égard de la communauté anglophone du Québec. Les faits ont d'ailleurs prouvé à l'abondance que telles n'étaient pas les visées de la Loi 101.

Les conséquences de la Charte, de toute façon, n'ont pas confirmé les prévisions de dangereux déclin ou de disparition inévitable entendues à l'époque au sujet de la communauté anglo-québécoise. [...]

La communauté anglophone restera vivante au Québec. Elle est numériquement plus importante que la population de plus d'une province canadienne. Elle est bien soutenue et nourrie par le contexte nord-américain. Si cette communauté entreprend de s'intégrer toujours plus dans la vie culturelle québécoise, sans jamais renoncer à sa langue, sa spécificité et ses institutions propres, ce sera là une richesse pour le Québec.

La proportion des francophones et des allophones [ceux qui parlent une langue autre que le français] inscrits dans des classes anglaises a diminué, il est vrai, de façon significative depuis 1977. Mais il existe un fort contingent de Québécois qui, en vertu de la loi et des dérogations qui sont permises, ont le droit de fréquenter l'école anglaise. Ils transmettent même ce droit à leurs descendants. Le langage outré de ceux qui ont osé parler de « génocide » ne résiste pas à l'analyse de la loi. Bien au contraire, cette analyse met en évidence le sens de la mesure et l'ouverture d'esprit de la Charte de la langue française.

Il est vrai que, bien avant la Charte, des études démographiques avaient permis de déceler que, si aucun changement n'intervenait, les francophones seraient de moins en moins majoritaires au Québec et de plus en plus minoritaires au Canada, victimes surtout, dans l'un comme dans l'autre cas, du pouvoir d'attraction de la langue anglaise sur les immigrants. Il est vrai que l'État devait intervenir en matière de langue d'enseignement ; et autrement que par la reconnaissance d'une liberté de choix qui ne ferait qu'accentuer la tendance. Il est vrai que des hypothèses pessimistes circulaient, en août 1977, voulant que l'application de la Charte entraîne la disparition de la communauté anglophone. Mais tout cela, fort intéressant et important, n'allait, il faut bien le dire, ni au coeur du problème, ni au coeur de la solution. Il ne s'agissait pas d'abord de chiffres, pour révélateur qu'ils fussent.

Le problème était celui d'un peuple humilié, démuni, complexé. La solution était dans une langue révalorisée, bien équipée et sûre d'elle-même. On trouvera captivant de revoir les chiffres de l'été chaud de 1977. Mais il s'agissait, et il s'agit encore, non de nombre à garantir, mais de culture à épanouir.

Camille Laurin (1980) Preface to *La Situation démolinguistique au Québec et la Charte de la langue française* (pp. 9-11). Québec : Conseil de la langue française.

3.5.

La planification stratégique au Québec

Le Conseil de la langue française (CLF), créé en 1977, doit mener son action dans un environnement différent de celui qui a présidé à sa fondation. En effet, l'action du gouvernement ainsi que les transformations économiques et sociales du Québec ont entraîné la reconnaissance du français comme langue d'usage au Québec. C'est donc en tenant compte d'enjeux contextuels différents de ceux d'il y a 15 ans et des nouveaux défis présentés au Québec à l'approche du xxie siècle que le CLF devra conduire ses actions de surveillance et de conseil en ce qui concerne le statut et la qualité de la langue française au Québec. En tenant compte de l'action passée et après avoir défini les nouveaux enjeux et les nouveaux défis, le CLF a pu établir ses priorités d'action.

Les transformations économiques et sociales du Québec

Les indicateurs de la situation linguistique au Québec montrent que la maîtrise et l'usage du français sont en progression en ce qui concerne la connaissance du français par les anglophones et les allophones, la francisation des entreprises ou l'effet des attributs linguistiques sur le revenu.

Cependant, cette progression de l'importance du français comme valeur économique et sociale au Québec s'inscrit dans un contexte où les *influences extérieures* vont avoir une incidence de plus en plus grande sur son avenir. Ces pressions sont liées à la diffusion de la science, à la technologie, à la culture de masse et au commerce international. La diffusion de ces quatre grands domaines se fait de plus en plus en temps réel et recourt à l'anglais comme langue et code international de communication.

Ces influences extérieures s'exercent au Québec comme partout dans le monde, mais surtout dans les entreprises dont l'avenir est lié à la haute technologie et dans la bilingualisation progressive des francophones, en particulier dans la région métropolitaine où, par exemple, 67% des grandes entreprises de haute technologie n'ont pas obtenu leur certificat de francisation et où, également, entre 1971 et 1986, la proportion des franco-phones qui disent connaître les deux langues est passée de 38,3% à 43,8%.

Une double dynamique

En conséquence, la politique de l'aménagement linguistique devra tenir compte d'une double dynamique :

la nécessité de renforcer, en s'appuyant sur les gains accomplis, la connaissance et l'usage du français dans tous les champs d'activité au Québec ;

l'importance de connaître et d'utiliser d'autres langues, en particulier l'anglais, pour que le Québec puisse profiter, le plus possible, des transformations économiques, scientifiques et culturelles qui vont influer sur son avenir.

C'est dans la perspective de cette double dynamique que la démarche stratégique a été élaborée. Elle tient compte des activités passées du CLF ainsi que du nouveau contexte dans lequel il devra mener ses activités.

Les étapes de la démarche stratégique

La démarche stratégique permet à toute organisation d'établir la configuration des orientations et des actions qui font ressortir ses avantages comparatifs et lui permettent de planifier, même en l'absence de certitude quant à l'avenir.

Nous ne présenterons pas ici l'ensemble de la démarche qu'a suivie le CLF pour définir sa stratégie d'action. Nous vous invitons plutôt à l'examen succinct des éléments contextuels du Québec au cours des prochaines années ; suivront les priorités qu'entend retenir le CLF dans la programmation de ses activités.

Le but poursuivi par l'exercice de planification stratégique est d'établir les orientations qui vont permettre au CLF de remplir son mandat de la façon la plus efficace et efficiente possible, notamment à l'occasion de la planification annuelle de ses activités de recherche et de consultation.

Le système stratégique mis en place forme une grille de décisions qui permet de faire des choix entre plusieurs sujets de recherche/consultations et d'orienter ceux qui ont été retenus.

Ce système a aussi des incidences sur l'optimisation des ressources humaines et financières. En effet, au moment de la planification annuelle, les allocations de ressources doivent être explicitement liées aux divers éléments du système.

La planification stratégique est donc avant tout un instrument de gestion. Par l'établissement des priorités stratégiques, la direction du CLF s'assure que les activités sont entreprises de façon à correspondre aux défis à relever et qu'elles sont conduites de façon efficace et efficiente.

Les facteurs contextuels qui influenceront l'aménagement linguistique au Québec

Le droit

A l'origine, le Conseil de la langue française a porté une attention particulière aux droits linguistiques au Québec, au Canada et dans divers pays. Cette approche correspondait à l'accent mis sur la loi comme soutien nécessaire à la diffusion du français au Québec. On peut cependant s'interroger sur les possibilités de continuer d'utiliser cette voie dans l'avenir. Après les lois 101 et 178, il ne reste vraiment que quelques secteurs, tel celui de la langue de travail dans les petites entreprises, où on pourrait légiférer. L'avenue juridique n'est donc pas la même qu'en 1977.

Aujourd'hui, il apparaît moins nécessaire d'ouvrir l'espace linguistique au français par l'intermédiaire de lois territoriales que d'assurer le maintien des acquis dans un contexte où les ententes supraterritoriales prennent de plus en plus d'importance, en particulier si l'on tient compte du commerce international, de l'environnement et des droits de la personne.

Les traités économiques internationaux ont une valeur supranationale. En conséquence, des éléments importants doivent être examinés : Dans quelle mesure remettent-ils en question le concept juridique de langue officielle ou nationale ? Exigent-ils de redéfinir le cadre structurant de l'aménagement linguistique, selon le principe de territorialité plutôt que selon le principe de personnalité ? En d'autres mots, les États gardent-ils, dans ces circonstances, les moyens politiques et juridiques d'aménager l'usage de la langue ?

La politique

Après le débat constitutionnel qui a été au centre des discussions politiques de 1992, la seule certitude, pour le futur, est qu'une des préoccupations dominantes, pour le Québec, sera de maintenir les liens économiques avec le Canada, les États-Unis et le reste du monde, ainsi que de rassurer les divers groupes économiques, sociaux et ethniques du Québec.

Les préoccupations à l'égard de l'environnement et du respect des droits individuels tiendront ainsi une place importante.

Il est donc à prévoir, dans l'immédiat, que la question linguistique sera définie, du moins en partie, par rapport aux débats constitutionnels et économiques.

La démolinguistique

La préoccupation démolinguistique au Québec ne se limite pas aux facteurs liés à la fécondité, à la mortalité, à l'immigration et à l'émigration, mais inclut aussi les gains et pertes au français. Cette dernière préoccupation s'ajoute ici aux dimensions ordinaires de la question du renouvellement de la population, parce que le Québec est une société qui vise à maintenir son caractère français.

Le gouvernement peut influer sur ces facteurs de plusieurs façons et la relation entre la démographie et l'usage du français au Québec est très étroite, car le nombre de francophones est lié à la natalité chez les francophones, à l'acquisition du français par les immigrants, ainsi qu'à son usage dans la vie quotidienne, particulièrement au travail.

L'évolution démographique et démolinguistique continuera d'être l'une des préoccupations principales du CLF, et ce, compte tenu notamment de deux éléments : la croissance du nombre des francophones au Québec proportionnellement aux autres groupes en Amérique et l'évolution de la situation démolinguistique dans l'île de Montréal.

L'économie

Le défi principal du Québec, en relation avec la langue française, est celui d'une économie de petite taille, insulaire par sa langue, dans l'un des plus grands marchés ouverts et libres du monde. Il en va autrement des minorités francophones de la Suisse et de la Belgique qui vivent à proximité de la France et dans un environnement multilingue plus favorable à un certain équilibre entre les langues. Et même, pour plusieurs pays européens, les rôles du français et de l'anglais comme langue du commerce et des affaires s'inscrivent dans un contexte de plurilinguisme, ce qui n'est pas le cas pour le Québec en Amérique du Nord. La situation du français ici est donc particulière et un défi unique en son genre en découle.

De nombreuses entreprises québécoises, grandes, moyennes et petites, doivent donc gérer diverses formes de bilinguisme et, rarement, le multilinguisme. En pratique, il s'agit de répartir les fonctions entre l'anglais comme langue de la technologie et des affaires internationales et nord-américaines, et le français, comme langue nationale des affaires québécoises et francophones.

Les transformations économiques du Québec, particulièrement à Montréal, ont donc comme conséquence le renforcement simultané de l'usage de l'anglais et du français. Cette simultanéité est, dans une large mesure, la conséquence de l'émergence de la société de l'information.

Conclusion

L'analyse des contextes juridique, politique, démographique et économique montre comment les défis qui devront être relevés par l'aménagement linguistique au Québec sont liés à des transformations rapides de la société québécoise où les facteurs d'origine externe jouent de plus en plus un rôle prépondérant.

Les défis principaux qu'aura à relever un Québec français

L'usage du français dans la société d'information

La société de l'information fait passer le monde du travail de la manipulation des biens physiques à celle des biens informationnels que sont le traitement, le stockage, le rappel, la transmission et la diffusion de l'information.

L'évolution de la société en ce sens est très rapide. En 1981, plus de 50% de la main-d'oeuvre du Canada appartenait à la catégorie des travailleurs de l'information. Cette proportion représentait une augmentation de 19 points de pourcentage par rapport à 1971. Depuis 1981, l'augmentation se poursuit à un rythme accéléré, sous la poussée de l'informatisation d'un nombre de plus en plus grand de fonctions de travail, quelles que soient l'industrie ou la taille de l'entreprise.

Le rôle central de l'information dans la production des biens et services entraîne une valorisation de la langue comme outil de communication. Si le niveau de qualité de la langue parlée et écrite nécessaire aux futurs administrateurs ne peut être exigé de tous, il demeure que, dans une société où les tâches informationnelles prennent de plus en plus d'importance, la maîtrise de la langue n'est plus un luxe, mais une nécessité économique.

Par ailleurs, l'information technique et administrative ainsi que les nouvelles technologies, surtout spécialisées, sont les « intrants » de la société de l'information. La langue généralement utilisée est l'anglais, quel que soit le pays.

Le défi à relever est la maîtrise de l'information et des nouvelles technologies, à tout le moins d'usage courant, dans la langue officielle. Il faut que l'expansion des industries de la langue et la coopération des francophones permettent d'accroître l'usage du français.

L'usage du français dans les transformations économiques

Les transformations économiques qui touchent le Québec ont essentiellement trait aux acquisitions (y compris les entreprises en coparticipation, les alliances stratégiques, etc.) par des entreprises étrangères au Québec ou québécoise à l'étranger, aux transformations de la structure de l'emploi et aux exportations des entreprises québécoises. Ces acquisitions ont pour conséquences linguistiques que les entreprises doivent recourir à une communication administrative et technique en anglais et même, dans certains cas, dans d'autres langues.

Quant aux transformations dans la structure de l'emploi, elles sont liées à la croissance des services dynamiques que sont les transports, les communications, le commerce en gros, les finances et les services aux entreprises (ingénierie et consultation), les services traditionnels (commerce de détail et services personnels) et les services non commerciaux (santé et services sociaux, éducation, administration publique).

A cette augmentation dans le secteur des services correspond une diminution marquée du secteur de la production des biens.

Les transformations économiques représentent donc deux défis pour le CLF : l'un a trait à la tertiarisation des emplois et à l'importance prise par le secteur de l'information dans les sociétés occidentales développées ; l'autre est lié à l'accroissement des transactions entre entreprises québécoises (même petites) et leurs partenaires étrangers, principalement nord-américains.

Le défi à relever est d'utiliser (donc d'acquérir) un français dont la terminologie et la structure sont capables d'exprimer aussi bien à l'écrit qu'à l'oral des situations de plus en plus complexes, ainsi que d'admettre la nécessité de connaître l'anglais pour communiquer aisément avec l'extérieur.

L'usage du français et l'évolution démographique

L'évolution démographique du Québec dans sa relation avec l'avenir du français a été une préoccupation constante du CLF depuis son origine. Ce souci porte essentiellement, en premier lieu, sur la forte diminution du taux de natalité au Québec et les conséquences possibles de la marginalisation du français et, en deuxième lieu, sur l'évolution relative des groupes ethniques, particulièrement dans l'île de Montréal. L'évolution démographique met en évidence la progressive diminution des francophones de langue maternelle par rapport à la croissance des allophones et au maintien d'une importante minorité d'anglophones.

Le défi immédiat du CLF par rapport à l'aménagement linguistique est de vérifier jusqu'à quel point l'ensemble du dispositif d'accueil concourt à l'intégration linguistique des allophones et des immigrants, du double point de vue de l'acquisition et de l'usage du français dans la vie quotidienne.

Dans ce contexte, le défi du CLF est d'approfondir sa réflexion quant à l'image et à la force d'attraction culturelle du français chez les jeunes francophones et chez les jeunes allophones et anglophones. En effet, il faut s'assurer que les divers groupes qui composent la société participent à l'enrichissement de la culture québécoise.

La spécificité linguistique de Montréal

Tous les indicateurs linguistiques concordent sur un point : la situation linguistique est différente à Montréal par rapport au reste du Québec.

Cette situation s'explique non seulement par le rôle économique, culturel et historique d'une importante minorité anglophone, mais aussi par le fait que Montréal est le centre des transactions économiques et culturelles avec l'extérieur du Québec, le siège de secteurs manufacturiers de pointe, le centre de développement du génie-conseil ainsi que le lieu préféré de résidence des immigrants.

Toute politique de la langue devra donc tenir compte des exigences du rôle économique, social et culturel de Montréal. La métropole du Québec est la nécessaire plate-forme plurilingue qui répond aux besoins économiques, culturels et politiques des communications externes du Québec.

L'aménagement linguistique devra donc tenir compte de la distinction entre le bilinguisme ou plurilinguisme institutionnel et le bilinguisme ou plurilinguisme « fonctionnel ».

Montréal est une ville française, pluriethnique et plurilingue. Elle est aussi une ville internationale et nord-américaine. Le défi consiste à maintenir un pourcentagee élevé d'usage du français dans les milieux de travail et dans la vie quotidienne à Montréal, dans un contexte économique, culturel, social et historique où le bilinguisme français-anglais prédomine.

Conclusion

De tous les défis déjà mentionnés, le plus important quant à l'aménage-ment linguistique est celui de la société de l'information, parce qu'il a une incidence directe sur l'acquisition et l'usage du français, ainsi que sur la répartition des fonctions entre le français et l'anglais.

Pierre-Étienne Laporte (1993) 'La Planification stratégique ou l'agenda du CFL pour les prochaines années'. *Bulletin du Conseil de la langue française* 10, pp. 1-3.

3.6.

Usage social du français langue seconde en milieu multilingue

L'objet de notre enquête

Dans le cadre de notre étude sur l'usage social du français en milieu multilingue dans certains pays francophones, nous avons modestement tenté de circonscrire, à travers les situations les plus courantes de la vie quotidienne (en famille, sur les marchés, chez le médecin, au bureau de poste ...), l'usage social du français tel qu'il est pratiqué dans différents pays francophones. L'objectif était de cerner quand, dans quelles circonstances, avec qui on parle et on écrit le français, lorsque cette langue est en concurrence avec d'autres langues, quels que soient leur statut et le nombre de leurs locuteurs, dans un espace géographique donné, sans tenir compte outre mesure ni de la « qualité » de la langue employée, ni du degré de maîtrise atteint par les intéressés.

Ce degré de maîtrise du français, en particulier dans sa forme académique, est certes fonction des niveaux de scolarisation des locuteurs. Ces niveaux sont très différents selon les pays où s'est déroulée l'enquête. Cependant, quel que soit leur degré de maîtrise de la langue, les locuteurs ont nécessairement une pratique sociale du français qu'il convient d'appréhender dans le cadre de leur vie quotidienne et de leurs échanges avec des interlocuteurs disposant eux-mêmes de registres langagiers divers. Ne nous intéressant qu'à cet usage social, les pourcentages concernant les niveaux de scolarisation relevés dans nos échantillons, non représentatifs de la situation dans les pays concernés, ne sont pas déterminants pour l'analyse, dans notre démarche.

Cet axe particulier de recherche, celui de l'usage social du français dans des contextes ordinaires (non scolaires), suppose que soit énoncée au préalable une définition opératoire de la notion de français langue seconde. Nous entendons ainsi, au regard de l'orientation de l'enquête, l'emploi de la langue française, dans un contexte spatialement et socialement déterminé, par une partie plus ou moins importante des habitants. Ces derniers

n'ont pas eu le français comme langue maternelle : ils l'ont acquis, soit
« naturellement », soit dans un cadre institutionnel (école), sans avoir
nécessairement atteint la maîtrise académique de cette langue.

On a donc considéré qu'il y a « *objectivement des situations de français
langue seconde lorsque les locuteurs ont la possibilité quotidienne d'utiliser cette
langue et/ou d'être confrontés à elle, au travers des multiples usages de la vie sociale,
dans un contexte multilingue* ».

Nous avons alors [...] retenu huit pays, dont un en Europe, le
Luxembourg, un au Moyen-Orient, l'Egypte, un au Maghreb, la Tunisie, et
cinq en Afrique noire francophone, Burundi, Cameroun, Gabon, Guinée,
Sénégal. [Pour cette étude comparative nous ne retiendrons que deux pays,
le Luxembourg pour représenter l'Europe, et la Tunisie pour représenter
l'Afrique (la Guinée formant l'objet du chapitre 3.3.).] [...]

Notre objectif était de cerner les différents espaces d'utilisation des
langues en présence (français, langues nationales ou langues locales) à
partir de la représentation que s'en font les acteurs eux-mêmes :

— dans la vie privée (échanges familiaux, affectifs ...) ;
— dans la vie sociale (rapport avec des administrations, relations
   commerçantes, etc.) ;
— dans la vie culturelle (fréquentation des médias, religion).

Les problématiques qui ont dominé notre réflexion sur la gestion des
choix linguistiques dans les rapports sociaux, indépendamment du statut
juridique dont relève le français ainsi utilisé, ont été pensées en fonction de
l'intérêt qu'elles pouvaient présenter pour la didactique : quand utilise-t-on
ou non le français dans un contexte multilingue ? quand est-on exposé à
l'usage du français oral ou écrit, qu'il soit au demeurant normé ou relevant
d'une variété locale ? [...]

Avertissement

Les indications chiffrées des langues utilisées que nous présentons pour
chaque pays se lisent ainsi : De gauche à droite : % langue maternelle (seule
+ mixte) — français (seul + mixte).

Toutes les indications chiffrées sont obtenues à partir des réponses des
informateurs-témoins et ne prétendent pas à une représentation exacte de
la situation linguistique du pays concerné. [...]

L'indication « mixte » après le pourcentage de la langue maternelle
signifie que celle-ci est :

— soit utilisée en alternance avec une autre langue en fonction de
   l'interlocuteur auquel le témoin s'adresse dans une situation donnée ;

— soit utilisée en alternance avec une autre langue à l'intérieur du même échange linguistique ;
— soit utilisée en alternance avec une autre langue à l'intérieur d'un même énoncé.

Cette autre langue peut être le français ou toute autre langue employée localement dans la situation proposée, en particulier dans le cas où la langue maternelle d'un informateur-témoin est différente de la langue locale dominante.

Situation socio-linguistique et place du français au Grand-duché de Luxembourg

Au Grand-Duché, le lëtzebuerger, un dialecte franco-mosellan, est la langue parlée par toutes les couches de la population et en toutes occasions, jusqu'à la Chambre des Députés. C'est la langue maternelle des Luxembourgeois, expression de leur particularisme, de leur identité nationale, et symbole de leur volonté d'indépendance. Mais c'est une langue de faible diffusion : elle est peu écrite, peu enseignée et ne se prête guère à l'abstrait. L'orthographe, longtemps flottante, a été fixée officiellement en 1976.

L'allemand est la langue des communications écrites : les journaux du pays sont en grande partie rédigés en allemand, en particulier pour les articles et nouvelles destinés à tous les lecteurs. En dépit de sa parenté avec le luxembourgeois [le lëtzebuerger], l'allemand est ressenti comme une langue étrangère. A l'église, la langue allemande a été remplacée, depuis la fin de la deuxième guerre mondiale, peu à peu, par le luxembourgeois.

Le français est la langue officielle de l'administration, de la législation et de la juridiction, des relations internationales du Grand-Duché. C'est la langue de communication écrite des couches intellectuelles. C'est enfin la langue des occasions solennelles et de l'affichage public.

Les trois langues sont donc employées concurremment. Leur emploi ne diffère pas d'une famille à l'autre ni d'une région à l'autre, mais chacune d'elle est appelée à remplir des fonctions différentes. La présence d'un nombre très élevé de travailleurs étrangers dans le pays complique encore davantage la situation linguistique, notamment dans l'enseignement.

Les Luxembourgeois sont ainsi trilingues, individuellement, c'est-à-dire que la majorité des habitants du Grand-Duché parlent le luxembourgeois, parlent ou du moins comprennent l'allemand et le français. Même ceux qui n'ont guère l'occasion de communiquer dans ces deux langues, ou qui les écrivent difficilement, sont capables de lire les journaux et de comprendre des émissions radiophoniques ou télévisées dans les deux langues.

Analyse des résultats statistiques

Dix informateurs-témoins ont été retenus et ont tous pour langue maternelle le luxembourgeois. La très grande homogénéité des réponses semble traduire la situation générale, au moins pour les Luxembourgeois d'origine (les populations immigrées telles que la population portugaise n'ont pas été sollicitées par les enquêteurs).

Les résultats obtenus montrent que, massivement, le luxembourgeois reste la langue de l'intimité, pour questionner et répondre, entre père, frères, soeurs, enfants et petits- enfants. De même que pour compter, à la poste, pour parler aux employés, à la mairie, à la gare, à l'école. C'est aussi la langue de la prière pour les pratiquants.

Cependant, bien que le luxembourgeois y soit encore employé très majoritairement (60 à 80% des réponses), certaines situations retenues donnent lieu à un emploi partiel ou mixte du français : avec les voisins (dans le cas de voisins francophones), avec les amis (cas d'amis franco-phones), au marché, avec les commerçants (40% d'emploi partiel, lorsque le vendeur est francophone) mais aussi avec les connaissances, à l'hôpital avec les infirmiers et les médecins (30% d'emploi partiel du français), pour un achat important (50% d'emploi partiel ou mixte du français).

En ce qui concerne les journaux (neuf témoins sur dix déclarent lire un journal), le français est en concurrence délicate avec l'allemand. S'il semble faire jeu égal grâce aux journaux « féminins » pour la lecture entièrement ou partiellement en français, il faut noter que, parmi les lecteurs effectifs, quatre déclarent ne lire aucun journal en français, alors qu'un seul déclare ne lire aucun journal en allemand.

Le français arrive, par contre, à faire jeu égal avec le luxembourgeois à la radio. Un peu plus de 50% des 90% d'auditeurs écoutent une radio entièrement ou partiellement en français.

Il faut relever les situations particulières qui donnent lieu à un emploi privilégié du français : comme langue internationale, face à un inconnu (sept témoins sur dix le citent en première position, trois en deuxième position). Mais c'est surtout dans le domaine de l'écrit que le français affirme sa prépondérance. Comme langue officielle, on l'emploie dans la quasi-totalité des cas pour remplir les formulaires à la poste.

De même, si quatre témoins utilisent le français pour écrire à des parents proches, l'ensemble des dix témoins écrit en français dans le cadre de leurs échanges épistolaires, mais à titre professionnel (entreprises, relations d'affaires, etc ...). Ces résultats s'appliquent, rappelons-le, à l'effectif des témoins et non à la somme de leurs écrits. La situation particulière du français langue officielle permet de penser que ce dernier est largement utilisé pour les lettres, pour ce qui est de la correspondance administrative dans son ensemble.

Contrairement à ce qu'on pourrait penser, l'allemand apparaît très peu dans les situations présentées dans le questionnaire. Il n'a été cité qu'une fois (sur dix) comme parlé avec des voisins ou comme langue de prière intime, de même qu'en situation mixte avec le français, pour parler avec des amis ou encore des enseignants à l'école. On le retrouve seulement cité en deuxième ou troisième position comme parlé face à un inconnu. En revanche, pour la presse, il l'emporte sensiblement sur le français, comme on l'a montré précédemment.

Conclusion

Nos résultats confirment en partie la situation telle qu'elle a été analysée en 1983, par l'enquête sur les habitudes et les besoins langagiers au grand Duché du Luxembourg du Service d'innovation et de recherches pédagogiques (SIRP) et de l'Institut luxembourgeois de recherches sociales (ILRES), sur un échantillon de 1000 personnes représentatif de la population vivant au Luxembourg.

Le luxembourgeois est la langue la plus utilisée dans les échanges oraux de l'intimité et de la vie privée (80% dans l'enquête SIRP-ILRES, 90% dans notre enquête). Dans les deux enquêtes, le français apparaît (à l'oral comme à l'écrit) surtout en ce qui concerne les échanges linguistiques dans les lieux d'achats et de services. Néanmoins le rapport SIRP-ILRES, qui analyse en détail l'emploi des langues dans la vie professionnelle, souligne celui du français comme langue dominante du lieu du travail dans les emplois concurrentiels (première place à l'écrit, presque à égalité avec le luxembourgeois à l'oral).

Notre enquête réduite, rappelons-le, à la dimension d'usage social du français à partir de quelques situations jugées courantes, montre à l'évidence que son statut de langue officielle et de langue d'enseignement n'empêche pas qu'elle soit distancée par le luxembourgeois, mais aussi par l'allemand en ce qui concerne les médias. On notera pourtant le rôle particulièrement important du français en tant que langue de la radio, de la presse, ainsi que langue du commerce et de l'activité marchande.

En raison de la situation géographique du Grand-Duché, de l'exiguïté de son territoire et des relations historiques, politiques, culturelles et commerciales avec ses trois voisins, il est nécessaire à tout Luxembourgeois de connaître, à côté du parler national, les deux langues, l'allemand et le français. Pour la majorité des Luxembourgeois, cette connaissance restera plutôt passive ; pour une partie relativement importante de la population, elle sera active ; pour tous, elle aura des avantages pratiques et culturels indéniables.

Situation socio-linguistique et place et rôle du français en Tunisie

Le contact des langues et l'interaction réelle qu'il suscite sont deux phénomènes sociolinguistiques complexes. Dès qu'une langue étrangère, de par son statut officiel et ses usages réels, entre en concurrence avec la ou les langues du pays et par là-même se voit attribuer des rôles qui dans d'autres sociétés sont dévolus à la langue maternelle, elle est perçue, selon les cas, comme une langue enrichissante et adjuvante, ou envahissante et dominante.

Pour des raisons historiques, socio-culturelles ou pragmatiques, le français connaît cette ambivalence dans les contextes où il est adopté par la communauté en tant que langue seconde (langue de communication, de scolarisation, d'accès à certaines sciences ou tout simplement un outil complémentaire d'ouverture sur la culture universelle). C'est donc en termes de différenciation des fonctions et de répartition des rôles que se pose le problème de l'utilisation du français dans un milieu dit bilingue. Une description sociolinguistique qui prend en compte des variables géographiques (ville/campagne), socio-professionnelles (des métiers utilisant plus ou moins que d'autres la langue étrangère) et affectives (rapports d'accommodation ou de répulsion) contribue à la délimitation du statut réel de cette langue, à la saisie des différentes situations où elle est pratiquée et en dernière instance à une définition moins intuitive et plus contextuelle de la notion de langue seconde.

Dans la vie quotidienne, en Tunisie, le partage des rôles, forcément inégal, se fait au profit de la langue arabe dans les lieux de culte, dans les discours officiels et dans plusieurs administrations et écoles, alors que dans certains secteurs à dominante scientifique et technique, il est en faveur du français qui demeure un outil d'information complémentaire et d'ouverture sur le monde de la technologie, et un moyen de compréhension et de communication, axé principalement sur le texte écrit.

Dans l'enseignement, c'est l'arabe qui assure l'épanouissement de la personnalité de l'enfant et favorise son enracinement dans le milieu socio-culturel local ; le français, langue d'appoint, est actuellement le véhicule de disciplines qui, du fait d'une documentation actualisée insuffisante, d'une formation des enseignants encore défaillante ou d'une opération de traduction souvent lente, ne peuvent être enseignées en langue maternelle. Appris à un âge relativement précoce et mobilisé pour l'acquisition de contenus autres que linguistiques, le français contribue ainsi partiellement au développement cognitif et mental de l'élève. Mais c'est dans le domaine culturel que les contacts de ces deux langues restent problématiques, tant que les fonctions de la langue étrangère ne sont pas suffisamment délimitées et tant que celle-ci est perçue, à tort ou à raison, comme un facteur de déracinement et de menace de l'identité nationale. Il est vrai que, de nos jours, le biculturalisme est un phénomène en régression à cause, entre autre, d'une maîtrise de moins en moins attestée des deux langues en même temps, mais le recours au français comme langue d'enrichissement culturel facilite, outre l'accès à une autre civilisation, l'opération de comparaison, de relativisation et de régulation.

La gestion de cette situation de contact des langues est difficilement assujettie à une politique d'aménagement linguistique en raison des changements qui affectent à chaque fois le statut de la langue seconde. Elle est en fait tributaire des vicissitudes politiques et idéologiques, des performances langagières des utilisateurs du français et de l'évolution propre à la langue nationale.

L'appropriation sans heurt d'une deuxième langue ne peut se faire avec des chances de succès que si la première langue est reconnue, assimilée et affermie chez l'apprenant qui ressent dès lors une sorte de « sécurité linguistique » et perçoit l'autre langue comme un outil d'enrichissement et d'épanouissement, et raisonne en termes non d'envahissement mais d'opportunité et de complémentarité.

Les conditions de l'enquête

La répartition géographique des questionnaires donne une assez bonne représentation de la situation linguistique. Les lieux où l'enquête s'est déroulée regroupent l'éventail géographique que nous avions sélectionné au départ :

— la capitale et sa périphérie (vingt questionnaires) ;
— une métropole régionale (Sousse) (dix questionnaires) ;
— une ville moyenne (Monastir) (dix questionnaires) ;
— une petite ville carrefour (Sidi Bou Ali) (dix questionnaires) ;
— une agglomération en zone rurale (nord-est de Jerissa) (dix question-naires).

Tant du point de vue des niveaux d'études des informateurs que de leur profession, la sur-représentation des diplômés de l'enseignement supérieur et secondaire (vingt-huit cas) est évidente. Toutefois, les autres catégories de témoins sont largement représentées (trente-deux cas). Ceci ne modifie que faiblement l'orientation générale de notre problématique.

Soixante informateurs-témoins ont été sélectionnés, pour lesquels on a relevé soixante fois l'arabe comme langue maternelle.

Le statut de l'arabe, langue officielle et maternelle, amène une grande homogénéité des réponses, ce qui permet donc d'extrapoler raisonnablement. D'autant que l'échantillon, même si sa représentation n'est pas plus assurée que dans les autres pays, offre ici une assez bonne variété concernant la situation sociale et professionnelle des personnes enquêtées.

L'arabe (sous sa forme dialectale) étant la langue maternelle de tous les témoins, les résultats concernant l'usage de la langue maternelle se confondent avec ceux concernant l'usage de l'arabe.

Le français a pu être utilisé pour questionner dans 70% des cas (dont 15% en mixité avec l'arabe) et pour répondre dans 75% des cas (dont 25% en mixité).

Analyse des résultats statistiques de l'enquête

L'arabe est le plus souvent employé massivement, avec pas ou extrêmement peu d'emplois mixtes, dans la plupart des situations de comportements langagiers envisagées par le questionnaire informateur-témoin.

L'arabe est utilisé seul, ou dans de rares emplois mixtes, dans la relation avec les parents :

— avec le père : 100% (85 + 15) — 15% (0 + 15) ; [Pour l'explication de ces formules, se reférer à l'Avertissement, pp. 158-159.]
— avec la mère : 100% (95 + 5) — 5% (0 + 5).

Ces pourcentages se retrouvent globalement dans le cadre des relations sociales ordinaires.

Ainsi :

— avec les voisins proches : 100% (90 + 10) — 10% (0 + 10) ;
— au marché et avec les commerçants : 100% (95 + 5) — 5% (0 + 5) ;
— à la mairie, avec les employés : 100% (85 + 15) — 15% (0 + 15) ;
— à la mairie, avec les autorités : 100% (85 + 15) — 15% (0 + 15) ;
— à la gare, avec les employés : 100% (85 + 15) — 15% (0 + 15) ;
— à la gare, avec les contrôleurs : 95% (85 + 10) — 15% (0 + 15) ;
— pour prier : 100% (100 + 0) — 0% (0 + 0).

Cette dernière situation doit faire toutefois l'objet d'une précision importante : si tous les informateurs-témoins se disent musulmans, seuls 49 d'entre eux, soit 80%, déclarent pratiquer leur religion et ont répondu à cette dernière question.

Si l'arabe est la langue quasi omniprésente dans toutes les situations, le français apparaît cependant souvent utilisé grâce aux emplois mixtes. Ceci est le cas à travers les observations suivantes :

— avec les petits-enfants : 100% (75 + 25) — 25% (0 + 25).

8 témoins seulement, soit 15% de l'échantillon, ont des petits-enfants.

On observe une tendance en certaines occasions (fêtes, rencontres, repas familial élargi) à utiliser le français pour des raisons à la fois culturelles et éducatives.

— au marché, avec les connaissances : 95% (65 + 30) — 35% (5 + 30).

Ici on observe une pratique mixte surtout en fonction du milieu social des connaissances, lorsque l'utilisation du français a une signification valorisante :

— à l'hôpital avec les infirmiers : 95% (65 + 30) — 35% (5 + 30) ;
— à la poste avec les employés : 100% (80 + 20) — 20% (0 + 20) ;
— à l'école, avec le directeur : 95% (70 + 25) — 30% (5 + 25).

48 témoins, soit 80% de l'effectif, sont concernés par cette question.

— à l'école, avec les autres parents d'élèves : 90% (75 + 15) — 20% (0 + 20).

44 témoins concernés, soit 75% de l'effectif.

L'utilisation du français apparaît en rapport avec la situation profession-nelle de l'interlocuteur et en fonction de l'objet même de la démarche engagée.

Dans les situations qui suivent, si l'arabe est toujours nettement plus utilisé que le français, l'utilisation de ce dernier s'observe en tant qu'em-plois mixtes qui atteignent ou dépassent 40% des cas, notamment dans le cadre des relations frères-soeurs pratiquant le français, et le plus souvent lycéens ou étudiants, mais aussi dans le cas de couples mariés ayant poursuivi autrefois des études secondaires ou supérieures.

Une proportion non négligeable d'emploi du français en mixité avec l'arabe apparaît dans les cas suivants :

— avec la fratrie : 100% (60 + 40) — 40% (0 + 40) ;
— avec le conjoint : 97.5% (57.5 + 40) — 45% (5 + 40) ;

37 témoins, soit 60%, indiquent un conjoint.

— avec leurs enfants : 95% (55 + 40) — 45% (0 + 45).

29 témoins, soit 50% de l'échantillon, indiquent avoir des enfants.

Le français commence parfois à être utilisé seul, en tout cas assez fréquemment en emploi mixte, dans des situations mettant l'intéressé en relation avec un interlocuteur de milieu social élevé.

C'est le cas :

— avec les amis proches : 85% (35 + 50) — 65% (15 + 50) ;
— à l'hôpital, avec les médecins : 80% (40 + 40) — 60% (20 + 40) ;

— à l'école, avec les enseignants : 90% (30 + 60) — 70% (10 + 60) ;

48 témoins, soit 80% de l'échantillon, sont concernés par ces résultats.

— à l'occasion d'achats importants : 95% (45 + 50) — 55% (5 + 50).

On relève dans la négociation de la vente ou à l'occasion de la signature d'un contrat (automobile, meubles, etc.) une propension à utiliser le français avec l'emploi de termes techniques ou commerciaux.

Parmi nos témoins, dans deux situations, le français est employé plutôt seul et atteint ou dépasse l'arabe :

— au marché, pour compter : 65% (40 + 25) — 60% (35 + 25) ;
— à la poste, pour remplir des formulaires : 20% (10 + 10) — 90% (80 + 10).

Enfin, on utilise le français face à un inconnu dans 90% des cas (mais en premier rang dans seulement 10% des cas), tandis que l'arabe l'est, lui, dans 90% des cas en premier rang.

Les points forts d'emploi du français semblent se concentrer autour de la lecture de la presse et l'écoute de la radio et de la télévision.

49 témoins, soit 80%, lisent le journal, écoutent la radio et regardent la télévision.

Tous les lecteurs de journaux déclarent lire régulièrement la presse française ou de langue française :

— pour lire un journal : 65% (20 + 45) — 75% (30 + 45).

Le français est pratiqué :

— par 65% des témoins pour des lettres aux amis (mais sans doute bien moins pour les lettres écrites aux parents) ;
— par 65% des témoins également pour l'envoi de lettres administratives (sur 56 témoins concernés) ;
— par 75% des témoins pour les formulaires ;
— par 70% des témoins pour des raisons professionnelles (sur 55 témoins concernés).

Les raisons professionnelles concernent avant tout des relations commerciales, des échanges d'ordre technique ou industriel, ou encore scientifique.

Parmi d'autres utilisations du français écrit, on relève également des situations particulières du type :

— annotations, notes de lecture, notes personnelles : 4 témoins répondent affirmativement ;
— correspondance privée : 6 témoins concernés ;
— travail scolaire suivi des enfants : 3 témoins concernés.

Conclusion

Cette photographie d'une situation linguistique (l'enquête s'est déroulée entre février et mars 1992) est sûrement susceptible d'évoluer à terme, notamment sous l'influence des réformes récentes instaurées au niveau des enseignements secondaires avec la réintroduction du français comme langue d'enseignement, mais aussi avec la couverture du territoire tunisien par les programmes de France 2 et l'intérêt que cette chaîne de télévision semble susciter auprès d'un vaste public, en particulier des jeunes.

Cependant, on remarque que le français ne joue qu'un rôle d'usage social restreint à des situations bien particulières, du moins pour l'instant. On notera son emploi en concurrence ou en complémentarité avec l'arabe dans les actes qui relèvent de l'information, ainsi que dans ceux qui font appel à des connaissances spécifiques techniques ou scientifiques. L'usage du français est également fréquent dans les situations de communication éducatives (école, lycée) ou encore culturelles, mais ce choix reste fortement lié au rang social de l'interlocuteur auquel on s'adresse.

Synthèse générale

[Rappelons que l'étude originelle se basait sur huit pays, le Luxembourg, l'Egypte, la Tunisie, le Burundi, le Cameroun, le Gabon, la Guinée, le Sénégal.]

On peut distinguer, pour l'ensemble de nos résultats, quatre espaces non hiérarchisés d'utilisation du français comme langue de communication, dans un contexte bi- ou multilingue, pour les huit pays francophones ou partiellement francophones inclus dans le champ de notre enquête.

Les populations de ces huit pays disposent toutes au moins d'une langue maternelle (ou de plusieurs langues paternelles ou maternelles dans le cas des pays d'Afrique noire francophone) en plus du français. L'emploi qu'elles font de ce dernier est globalement inégal (toutes catégories socioprofessionnelles et socioculturelles confondues) selon les quatre espaces que nous définissons ainsi :

— Un premier espace qui inclut l'ensemble de la sphère de l'intimité (amis, rapports de voisinage), ainsi que les actes d'écriture se référant à la correspondance familiale ou intime.

— Un second espace qui enveloppe l'ensemble des relations sociales hors domicile, que l'on pourrait donc qualifier d'externes (relations de travail, relations marchandes, utilisation ou consommation de services).

— Un troisième espace qui englobe l'ensemble des rapports sociaux dans des contextes formels et rituels, hiérarchisés implicitement ou explicitement, dans lesquels on s'adresse à des locuteurs en raison de leurs compétences, de leurs fonctions ou de leurs charges. Nous analysons ce type de rapports dans notre questionnaire informateur-témoin à partir des situations langagières telles que : entretien d'un patient avec un médecin, d'un parent d'élève avec un professeur, d'un administré avec les autorités municipales, d'un fonctionnaire avec des supérieurs.

— Enfin, un quatrième espace qui fait référence aux pratiques culturelles des témoins interviewés : les émissions écoutées à la radio ou regardées à la télévision (cas encore rare pour l'Afrique), la lecture de la presse quotidienne et des magazines. Cet espace comprend également en partie les rapports à l'écrit, à la correspondance professionnelle ou administrative.

Ces quatre espaces, en fait, s'interpénètrent, ne sont en aucune manière séparés entre eux, mais se vivifient mutuellement, car ils comprennent des zones communes.

Les facteurs dynamisants de ces espaces sont, d'une part, ce que l'on peut appeler l'exposition répétée au français, c'est-à-dire l'obligation faite aux locuteurs d'entendre, d'écouter, de voir, de lire dans cette langue, et, d'autre part, la nécessité, dans de nombreuses situations, de s'exprimer dans cette langue, ce qui peut les amener jusqu'à l'utiliser spontanément alors qu'ils disposent d'un registre multilingue.

Analyse comparative

A partir de cette grille, on peut proposer une analyse comparative des résultats obtenus pour l'ensemble des pays enquêtés, et observer à la fois les grands traits convergents et les différences ou les écarts qui se manifestent au niveau de l'emploi du français à partir de situations semblables (ou jugées comme telles).

Dans le premier espace, l'ensemble des résultats va dans le même sens pour tous les pays, avec de très faibles écarts statistiques ; dans les échanges avec les parents et les grands-parents, la langue maternelle est utilisée quasi exclusivement. [...]

Tout bouge dès que l'on aborde le cas des échanges langagiers à l'intérieur de la fratrie, mais aussi dans les rapports parents-enfants. On observe dans les cinq pays d'Afrique un glissement significatif, avec une poussée de l'emploi du français en situation mixte, ce qui montre l'influence combinée du français langue d'exposition et du français langue d'utilisation souvent valorisée. La scolarisation des enfants totalement ou partiellement en français joue ici un rôle majeur. Les pourcentages d'emploi du français sont ici les plus élevés dans le cas du Gabon, suivi par ordre décroissant par le Cameroun, le Sénégal, le Burundi, et la Guinée. Cet écart significatif peut s'interpréter à la fois à partir des politiques linguistiques, menées dans ces différents pays depuis la décolonisation, mais aussi en fonction du dynamisme et des différents statuts des langues nationales ou régionales (langues d'enseignement ou non, langues véhiculaires ou non).

Le statut de l'arabe pour l'Egypte comme pour la Tunisie (langue officielle, langue d'enseignement, langue de communication internationale) contribue largement à expliquer que, dans les deux pays, les rapports langagiers entre frères-soeurs, cousins-cousines, se fassent en arabe avec cependant un emploi mixte du français notable. Au Luxembourg, le luxembourgeois reste à ce niveau la langue de communication exclusive, malgré le fait que l'allemand, en primaire, puis le français, au secondaire, soient langues d'enseignement.

Dans les rapports de voisinage, des résultats semblables sont obtenus, qui s'expliquent, en partie, par le fait que les voisins ou les connaissances, dans le cas des cinq pays d'Afrique noire, ne disposent pas toujours de la même langue maternelle, et que le français, langue valorisée, joue ici son rôle de langue de communication sociale et culturelle.

Lorsque nous abordons le second espace, celui des relations marchandes, des relations de travail ou des relations avec des services, les rapports en termes d'emploi de langue évoluent très nettement et les résultats obtenus montrent que les cas d'emplois mixtes augmentent de manière significative.

Dans les cinq pays d'Afrique, sur les marchés, le français « concurrence » ou se « substitue » aux langues maternelles, tous emplois confondus, dans la proportion de 90% en faveur du français pour le Gabon et pour le Cameroun, de 45% pour le Burundi, de 25% pour la Guinée et de 20% pour le Sénégal. Le pourcentage tend à s'accroître lorsqu'il s'agit de relations avec les employés ou des petits fonctionnaires d'exécution. Dans ce dernier type de cas on obtient 97,5% de réponses en faveur du français pour le Gabon, 90% pour le Cameroun, 65% pour la Guinée, 50% pour le Sénégal et 40% pour le Burundi.

Concernant l'Egypte, l'arabe reste la langue exclusive ; pour la Tunisie, l'emploi mixte en faveur du français n'est que de 5% sur les marchés et de 15% avec les employés ou petits fonctionnaires. Au Luxembourg, l'emploi mixte du français s'observe avec des résultats qui vont de 30% dans les rapports avec les commerçants à 40% avec les commerçants et sur les marchés.

L'ensemble de ces observations tend à prouver que, plus le nombre de locuteurs relevant d'un registre linguistique différent se trouve en relation, plus s'impose la nécessité d'employer une langue commune et, entre autre, le français.

Dans le troisième espace que nous avons défini plus haut, celui des contextes formels et rituels hiérarchisés, nous constatons cette percée du français, soit seule, soit en mixité avec une autre langue, y compris en Tunisie et au Luxembourg. Dans le cadre des relations plus formelles avec les autorités locales, le médecin, les responsables d'institutions scolaires, les enseignants, le français prend sa place de langue d'usage avec des possibilités d'emploi qui vont de 97,5% à 100% au Gabon, de 95% au Cameroun, de 80 à 85% au Burundi, de 80 à 85% en Guinée et de 65% au Sénégal (le wolof jouant ici un rôle de langue véhiculaire).

En Egypte, compte tenu de la spécificité de notre échantillon [choisi spécifiquement parmi la petite communauté de bilingues arabe-français égyptienne], on relève des résultats qui vont de 0% d'emploi du français avec les autorités administratives, jusqu'à près de 100% d'emploi du français avec le directeur d'école et avec le médecin (là, on a tout de même affaire à un emploi mixte). Ces résultats pour l'Egypte s'expliquent aisément : dans le secteur public, on est essentiellement exposé à l'arabe, mais dans les écoles privées, où le français est en partie ou en totalité langue d'enseignement, on a l'occasion de s'exprimer en français ; enfin, on choisit son médecin en fonction de ses compétences mais aussi des affinités culturelles, voire de l'appartenance religieuse.

Pour la Tunisie, les résultats vont dans le même sens mais de manière plus significative : avec les autorités administratives, la possibilité de s'exprimer en français est créditée de 15% (100% pour l'arabe) ; elle augmente dans les relations avec les responsables scolaires (30% contre 95% en faveur de l'arabe) et surtout avec les enseignants (70% contre 90% en faveur de l'arabe). Au Luxembourg, on obtient dans les mêmes situations 30% d'occasions de parler français avec le médecin, 90% voire 100% avec les autorités, 100% avec les responsables scolaires et les enseignants. Le français langue officielle prend ici toute sa place.

Dans le quatrième espace, celui des médias, le taux d'écoute des émissions de radio et de télévision en français confirme la place de cette langue dans les différents pays. Les informateurs-témoins sont très nombreux à signaler qu'ils écoutent les émissions de radio diffusées en français ; ils sont 100% au Gabon, 95% au Burundi, 90% au Cameroun et en Guinée, 85% au Sénégal, 85% en Tunisie, et 50% au Luxembourg, pays où l'allemand concurrence directement le français en matière d'information et d'émissions radiophoniques. Pour l'Egypte, le choix d'écouter la radio en français, en emploi mixte, est fait par 95% des témoins de notre échantillon (qui n'est pas représentatif au plan national, rappelons-le à nouveau).

En ce qui concerne la presse écrite, la situation varie sensiblement plus que dans les médias audio-visuels. Au Gabon et en Guinée, où la presse est essentiellement francophone, le pourcentage de lecture en français avoisine les 100%, comme au Cameroun et au Sénégal où il existe une presse de faible tirage en langues locales ; il approche également les 100% au Burundi, mais là avec un emploi mixte important (45%), du fait d'une presse à tirage significatif en kirundi. Ce pourcentage est de 75% pour la Tunisie, pays où la presse de langue arabe est bien représentée. Les informateurs-témoins égyptiens achètent ou lisent la presse en langue française dans un rapport d'emploi mixte de 80% (80% d'emploi également pour l'arabe) : il s'agit de pourcentages par rapport aux lecteurs dont la proportion varie selon les pays.

Conclusion

Prenant appui sur une question centrale : dans quelles circonstances un locuteur s'exprime-t-il, lit-il, écrit-il (ou regarde-t-il en écoutant) en français dans un contexte multilingue, notre analyse comparative ne peut se comprendre qu'au travers des tendances telles qu'elles s'expriment à partir des résultats obtenus.

Plus on s'éloigne des sphères de l'intimité et plus l'emploi du français se confirme chez la plupart des informateurs-témoins lorsqu'ils sont confrontés aux situations usuelles produites par la vie familiale et la vie sociale. Sans aucun doute, notre étude ne peut prétendre à l'exhaustivité et, de ce fait, à une représentativité sans faille de la réalité linguistique qui prévaut dans chacun des pays enquêtés. D'autres enquêtes utilisant une démarche proche de la nôtre seraient nécessaires pour confirmer (ou infirmer) la pertinence (ou la non-pertinence) de nos résultats. Elles devraient en particulier affiner les tendances à des emplois mixtes du français et des langues maternelles.

Malgré ses insuffisances méthodologiques, notre recherche met en relief la subsidiarité, mais aussi la complémentarité du français employé comme langue seconde dans les différents domaines observés, au fur et à mesure que ceux-ci s'éloignent de la sphère du privé pour arriver à celles où les locuteurs et leurs partenaires sont distants socialement et/ou culturelle-ment. Enfin, dans certains contextes, comme celui du Gabon, ou dans certaines familles privilégiées d'autres pays, le français paraît occuper une

3.7.

Les langues créoles

Les langues créoles, apparues lors des colonisations européennes, entre le xvie et le xviiie siècles, constituent depuis plus d'un siècle un domaine des sciences du langage dont l'intérêt est apparu sans cesse croissant, même si sa nature a considérablement changé. Aujourd'hui, l'intérêt des linguistes pour les créoles tient essentiellement à la question de la genèse des langues [...] car son importance est majeure, tant sur le plan idéologique que scientifique, et l'on distingue trois positions. La première privilégie le rôle des langues non-européennes et voit dans les créoles soit des langues mixtes mêlant des structures et des traits non-européens et européens, soit des langues à syntaxe non-européenne et à lexique européen. [..] Cette position recueille en général la faveur des tiersmondistes et, plus généralement, de tous ceux qui cherchent à minorer la place des apports européens dans les langues et cultures créoles. [...]

Le deuxième courant, moins représenté, propose de voir dans les créoles l'émergence de structures universelles inscrites dans le patrimoine génétique de l'homme au fur et à mesure de l'acquisition du langage par l'espèce humaine, mais masquée pour une bonne part dans les autres langues par une évolution liée à des conditions géographiques, historiques et sociales différenciées. Cette hypothèse se fonde sur des rapprochements entre des faits relevés dans les créoles, qui se seraient formés dans des contextes linguistiquement très hétérogènes, sans modèle constitué, et des observations faites sur les stratégies d'acquisition des langages par les enfants, à partir notamment des grammaires provisoires qu'ils se donnent. [...]

Le dernier courant d'hypothèse, qui regroupe le plus grand nombre de chercheurs, rattache de façon dominante les créoles aux langues européennes, tout en reconnaissant l'autonomie linguistique de ces systèmes et leur dynamique propre. Il privilégie la relation avec les variétés anciennes et/ou dialectales des langues européennes, sans méconnaître pour autant un certain rôle des langues serviles et également l'influence de stratégies, peut-être universelles, de l'appropriation linguistique.

Les positions intermédiaires entre ces différents points de vue sont nombreuses et probablement préférables. Quelle que soit l'hypothèse mise en oeuvre, on doit toutefois essayer de tirer le maximum de lumière et de profit de la masse extraordinaire de données socio-historiques et linguistiques dont on dispose, car il y a probablement là un principe explicateur majeur. En effet, si des créoles ne sont apparus que dans des contextes sociaux extrêmement précis, les facteurs sociolinguistiques sont sans doute essentiels dans leur genèse. On peut tout à fait, à cet égard, proposer une explication qui emprunte, pour partie, aux trois modèles principaux évoqués, à condition d'opérer à partir d'une approche socio-historique très rigoureuse.

Une des causes de la vogue initiale des théories privilégiant le rôle des langues non-européennes dans la créolisation a sans doute été le constat de l'énorme disproportion, observable dans la plupart des territoires, entre les populations d'origine européenne et non-européenne. Les Noirs étant souvent beaucoup plus nombreux que les Blancs, on en a conclu, non sans imprudence et naïveté, que la langue locale devait « reproduire » cette proportion. Si ce facteur démographique est à prendre en compte (avec beaucoup de précautions toutefois), il doit évidemment l'être dans la période au cours de laquelle se sont formés les créoles. Or, dans toutes ces colonies naissantes, durant des périodes allant de trente ans à un siècle, les Blancs ont été plus nombreux que les Noirs. Si la finalité de l'occupation de ces territoires était, à terme, de produire des denrées coloniales pour l'Europe (café, sucre, tabac, épices), la création *ex nihilo* de ces agro-industries coloniales était naturellement impossible ; on a dû, des décennies durant, assurer d'abord la survie des populations, avant même de commencer à développer les technologies et infrastructures indispensables (mise en valeur de terres, création de chemins, de magasins, de ports, etc.). Dans ces conditions, l'arrivée massive d'esclaves ne s'est produite, en général, qu'un demi-siècle au moins après la création de la colonie, au moment même où le développement économique rendait indispensable une main-d'oeuvre abondante. Il en résulte que l'histoire de toutes ces colonies connaît deux phases successives très différenciées au plan social et sociolinguistique. La première peut être nommée « société d'habitation », ce terme colonial ne désignant pas le lieu où l'on habite mais l'exploitation rurale ; les Blancs, alors plus nombreux que les Noirs, y exerçaient une totale domination, tout en partageant avec leurs esclaves des conditions de vie rudimentaires. En dépit de la distance sociale, Blancs et Noirs, privés de tout, vivaient, travaillaient aux champs, chassaient, pêchaient ensemble. Les esclaves, toujours moins nombreux que la famille du maître (dont l'épouse ou la concubine était souvent une femme de couleur), étaient totalement intégrés au sein de la maisonnée. On doit, en outre, avoir présent à l'esprit que ces esclaves arrivaient très jeunes dans la colonie ; un esclave de trente ans n'avait plus la valeur marchande et la majorité des « bossales » — terme qui dans les colonies espagnoles désigne l'esclave arrivé depuis peu et de ce fait incapable de communiquer dans la langue de la colonie — avait moins de quinze ans. Si l'on ajoute que les enfants nés dans le pays restaient à la « grande case », c'est-à-dire la demeure des maîtres, dès le sevrage, pendant que leurs mères travaillaient aux champs, on comprend que le système de communication soit très fortement centripète et orienté vers le français, langue du groupe dominant numériquement, socialement et économiquement. Bien sûr, le français de ces colons n'avait pas grand-chose à voir avec notre langue actuelle, ni même avec celle de Racine ou de la Fontaine.

Toutefois, ce français populaire, marqué de régionalismes d'oïl — la majorité des colons venaient de régions situées au nord d'une ligne Paris-Bordeaux — et de dialectalismes, était acquis rapidement sous une forme approximative par les esclaves et l'on considère qu'en un an un nouvel arrivant était « francisé ». Les langues serviles dont l'usage était interdit n'avaient aucune place, tous les esclaves usaient de variétés de français : les arrivés les plus récents parlaient le « jargon des commençans », tandis que d'autres, créoles [gens nés aux îles] ou plus anciens dans la colonie, parlaient mieux le français que bien des Français de France. La fin de la « société d'habitation » et l'évolution vers la « société de plantation » ont changé très profondément cette organisation sociale. Le développement des cultures coloniales a entraîné des besoins de main-d'oeuvre importants et donc des immigrations massives d'esclaves ; dans la zone américano-caraïbe, ceux-ci venaient d'Afrique de l'Ouest ; dans l'océan Indien, ils étaient originaires de Madagascar, de l'Inde et d'Afrique de l'Est. Cette différence d'origine est, bien sûr, un élément essentiel pour l'évaluation du rôle éventuel des « substrats » dans la genèse des créoles. A « l'habitation » s'est substituée la « plantation » où les Blancs, désormais gestionnaires, n'étaient plus en contact avec les esclaves voués à la rude culture des champs. Les « bossales » n'étaient donc plus en contact qu'avec des esclaves, créoles ou « créolisés », auxquels étaient confiées les fonctions d'encadrement. La langue cible de ces nouveaux arrivants n'était plus le français, mais des variétés approximatives de cette langue. L'application des stratégies d'appropriation de ces variétés de français, déjà elles-mêmes approximatives, a entraîné une autonomisation sociale et linguistique qui me paraît le vrai processus de la créolisation. Alors que dans la première phase, le système sociolinguistique se caractérisait par un mouvement centripète vers le français, avec des zones concentriques dont la plus éloignée du centre était le « jargon des commençans », dans la seconde phase, il n'y avait plus de communication et d'interaction entre le centre et la périphérie, et « l'approximation d'approximations » entraînait l'émergence du créole comme système autonome. [...]

Dans les sociétés coloniales, les conditions sociolinguistiques ont d'ailleurs considérablement limité le rôle des langues serviles (usage officiellement interdit ; jeunesse des esclaves d'origines ethniques très diverses et qui ne parlent donc pas les mêmes langues ; structure autarcique de l'habitation, puis de la plantation qui sont pour les esclaves des mondes clos). En outre, l'apport réel des langues serviles n'est sans doute pas là où on le cherche, par exemple dans de simples transferts de structures grammaticales, mais peut-être là où on ne le cherche guère : dans la sémantique, la phonétique, l'intonation, la prosodie, mais aussi dans les faits de discours (modes d'énonciation et/ou d'interaction). Toutefois ces domaines sont encore trop peu étudiés pour qu'on puisse avancer des conclusions. En outre, dans certains cas, les langues des esclaves ont pu infléchir ou orienter des évolutions opérées par la dynamique même de la créolisation. Ainsi ai-je pu suggérer, faute d'autre explication et sans en être très convaincu, que la série de pronoms personnels objets du créole réunionnais à initiale « a » (amoin, avou, ali, etc.) pouvait être rapprochée d'une série pronominale de même type à initiale identique en malgache (ahy, anao, azy, etc.).

La relation génétique avec la langue européenne est majeure puisque cette dernière fournit l'essentiel du lexique et une bonne partie des structures, même si on ne le perçoit pas toujours, faute de prendre, pour le français, le vrai point de référence que constituent les français parlés régionaux d'oïl aux xviie et xviiie siècles. [...] Dans bien des cas, des traits apparemment spécifiques des créoles trouvent leur origine dans cet état de langue, même si dans la créolisation se sont souvent prolongées et radicalisées des tendances évolutives du français. Ainsi, par exemple, le mauricien « mo pa pou dansé » ne peut guère venir du français *je ne danserai pas* (même sens), mais s'explique très bien à partir de *je suis pas pour danser* (de sens identique) ou mieux *moi j'suis pas pour danser*, sans doute plus proche des formes d'expression populaire des colons. On constate que l'ordre des éléments de signification est le même et que ces éléments eux-mêmes sont relativement proches dans leur forme comme dans leur sens. La principale différence tient ici à la perte du pronom « je » et à celle du verbe « être » ; ces deux ordres de faits s'observent dans la plupart des créoles et tiennent sans doute, pour partie, à des causes internes au système du français populaire (faiblesse phonétique et grande variation de formes). Ce dernier exemple est intéressant pour l'approche des processus de créolisation. Tous les créoles français présentent en effet cette même substitution des pronoms toniques (moi, toi, lui, etc.) aux pronoms atones (je, tu, il, etc.). Or on constate, par ailleurs, que les enfants, au cours de l'acquisition du français, usent également des formes toniques avant d'acquérir les formes atones. Cet exemple souligne donc l'une des convergences entre créolisation et langage enfantin. Si l'on ajoute qu'on peut faire des observations du même type chez des adultes qui apprennent le français dans un contexte non institutionnel (travailleurs immigrés), force est de constater qu'il y a là une stratégie permanente de restructuration interne au système français. […] La créolisation linguistique proprement dite a commencé avec les arrivées massives d'esclaves, lorsque les restructurations du système ont atteint des points ou des zones autres que celles au sein desquelles s'opère la variation « normale » du français. […]

Depuis vingt ans, les travaux descriptifs se sont multipliés et se sont accompagnés de recherches de terrain souvent très étendues. On doit donc admettre que désormais toute l'information linguistique souhaitable est disponible. Certes, les études de sociolinguistique historique demeurent insuffisantes sur bien des points ; une des lacunes, surtout pour la zone américano-caraïbe, est l'étude des migrations inter-îles. Cet aspect est pourtant capital sur le plan linguistique, car il est décisif pour l'étude des relations éventuelles entre les parlers et fonde le concept de « génération » de créoles. Ce terme doit être entendu dans un sens un peu voisin de celui qu'il a en informatique lorsqu'on parle de « génération d'ordinateurs » ; un créole de deuxième génération a dans ses composantes initiales un parler de première génération introduit à partir d'une autre colonie. En effet, la politique coloniale a toujours consisté à favoriser la création d'une nouvelle colonie à partir d'une terre plus anciennement occupée. C'est ainsi que les Français sont passés de Saint Christophe à la Guadeloupe et à la Martinique en 1635, comme en 1721 ils passeront de Bourbon (aujourd'hui La Réunion) à l'Ile de France (actuellement Ile Maurice). Il en résulte que l'on a toutes les chances d'avoir affaire, dans les territoires occupés ultérieurement, à des créoles de deuxième génération. Cette situation est admirablement illustrée par les rapports entre les créoles réunionnais et mauriciens. Le cas de ces deux langues est exemplaire car, non seulement on connaît bien l'histoire du peuplement des deux îles, mais on dispose de documents créoles relativement anciens. Ces créoles présentent des innovations communes si originales et si spécifiques qu'elles n'ont pu qu'être introduites à l'Ile de France en 1721 par les colons et esclaves venus aider les colons dans l'implantation de la nouvelle colonie, car elles n'existent ni en français ni dans aucun autre créole. La parenté génétique des deux créoles n'empêche cependant pas qu'ils aient l'un et l'autre connu des évolutions internes ; ces dernières sont relativement divergentes car la situation de La Réunion, avec une communauté blanche plus importante, a contrarié l'évolution interne du système. C'est ainsi que le système verbal du réunionnais a conservé des éléments plus proches du français original. [...]

La comparaison des créoles français permet d'ores et déjà d'avancer avec certitude l'existence dans la langue des colons de traits ou de structures dont on prétend qu'elles avaient déjà disparu ou même dont on ignore complètement l'existence. Un exemple de tels faits est donné par les constructions réfléchies avec « corps » (tuer le corps = se tuer) dont les grammaires historiques du français affirment qu'elles disparaissent au xive ou au xve siècle. La présence de telles constructions dans les créoles démontre le contraire ; sans doute ont-elles disparu du français écrit, mais elles demeurent en usage bien au-delà de ces périodes, dans les formes parlées et/ou populaires de la langue.

Un dernier intérêt enfin, moins essentiel sur le plan scientifique, mais capital pour les pays créolophones, est le rôle que peuvent jouer ces recherches dans l'aménagement des diglossies et des langues créoles. Pour les populations créoles, la meilleure connaissance de leur histoire culturelle et linguistique est un élément majeur de la quête d'identité qui se manifeste partout. Par ailleurs, l'aménagement des diglossies est, à court et moyen termes, le seul objectif raisonnable. Il est illusoire de prétendre mettre les créoles sur un pied de totale égalité avec les langues européennes, mais en revanche il est indispensable que les citoyens puissent exercer le double droit à la langue qui est la leur : droit au créole, langue de l'existence quotidienne et de l'identité ; droit au français ou à l'anglais, langues officielles et modes de la communication avec l'extérieur. Les travaux scientifiques sur les créoles, constitués de descriptions et d'analyses mais aussi d'approches et d'études sociolinguistiques, sont dans tous les cas les préalables à l'aménagement linguistique des créoles.

Qu'on n'aille cependant pas voir là une revendication corporatiste. Pour reprendre, en la modifiant un peu, une formule célèbre et qui a beaucoup servi, l'aménagement des créoles est une chose trop sérieuse pour qu'on la confie aux seuls linguistes. Néanmoins, les travaux linguistiques préalables sont indispensables pour toutes les formes de l'aménagement des diglossies créoles. Ils doivent toutefois s'insérer dans une réflexion collective associant, outre les autres chercheurs en sciences humaines, décideurs politiques, économistes et techniciens. Aménager les langues créoles implique assurément une forme de pari sur leur avenir. Qu'elles soient en cours d'évolution ne fait pas de doute, mais dans les cas où l'on peut se livrer à des études diachroniques précises, comme en réunionnais ou en mauricien, on constate qu'au cours du siècle écoulé, l'évolution a été, somme toute, réduite. Certes, l'accélération des évolutions technologiques et sociales, qui réduisent la place des vieux fonds lexicaux créoles et, plus encore, la place croissante des moyens de communication de masse, où les langues européennes sont en situation de quasi-monopole, sont des facteurs potentiels d'une « décréolisation ». Les conditions d'une disparition pure et simple de ces langues sont toutefois loin d'être réalisées, dans la mesure où, de plus en plus, elles sont assumées et regardées comme des éléments fondateurs des patrimoines culturels nationaux. Dans bien des cas, une des plus lourdes menaces sur l'avenir des créoles pourrait venir d'une scolarisation réussie puisque, sauf aux Seychelles, aucun créole ne se voit reconnaître une place officielle dans des systèmes éducatifs qui partout fonctionnent en français ou en anglais. A cet égard, les langues créoles bénéficient, si l'on peut dire, de l'inefficacité de l'école qui se refuse généralement à prendre en compte le fait que les enfants sont, dans leur immense majorité, créolophones. L'apprentissage scolaire des langues européennes est donc très loin de procurer les résultats escomptés et, faute de pouvoir maîtriser la langue de l'école, les locuteurs perpétuent l'usage des créoles, langues de la famille et de la rue.

Robert Chaudenson (1992) 'Les Langues créoles'. *La Recherche* 248, 1248-56.

Section 4

French and gender

4.1.

Les femmes et la langue

Dans certains champs scientifiques le problème de la différence sexuelle et de ses incidences sur l'objet d'étude (ou même les sujets-*savants*) a été, et est encore, comme on le sait, complètement occulté (refoulé).

Il en est souvent encore ainsi dans le domaine du langage ; même si, très tôt, des auteurs ont noté la différence des usages linguistiques masculins et féminins, tous les linguistes, ou presque tous, agissent comme si la question ne se posait pas, au moins en *langue* (Saussure) ou dans le *modèle de compétence* (Chomsky) qui semblent exclure la prise en compte de *la variation*.

La conceptualisation linguistique, souvent dominée aujourd'hui par l'ethnocentrisme européen, conduit les linguistes à considérer que ces phénomènes — s'ils les envisagent — relèvent de la diversité des usages et ne sont rien d'autre que des faits marginaux (secondaires) ressortissant à la linguistique externe, voire à la socio- ou ethnolinguistique ; on peut certes leur consacrer, comme en passant, un paragraphe ou un chapitre dans une description, mais ils ne constituent pas, ils ne pourraient constituer, le centre d'une véritable étude scientifique du langage.

Tout se passe comme si aucune analyse linguistique ne pouvait être tenue pour sérieuse si elle se pose le problème de l'influence de la différence sexuelle dans les productions des sujets, en le prenant pour point central de sa recherche. L'analyse d'idiolecte (système linguistique individuel) est tolérée voire recommandée, à condition que le témoin soit considéré comme sans sexe puisqu'il lui faut être « représentatif de la langue ou du parler analysé ». Si des facteurs externes sont pris en compte et que leur influence devient l'objet de l'étude, on parle alors de géo- ou sociolinguistique, donc de recherche linguistique quasi « impure ». Une analyse du langage des hommes et/ou du langage des femmes de telle(s) ou telle(s) langue(s) ne relèverait-elle pas de la science dite linguistique ? La discrimination sexuelle, que bien des auteurs se plaisent à souligner aujourd'hui, joue donc aussi dans les sciences humaines, tant aux niveaux des rapports sociaux, économiques, subjectifs des sujets-linguistiques sexués qu'à ceux des choix des travaux, des domaines d'enquêtes ou d'analyses.

Pourtant aux premiers temps de la linguistique structurale américaine ou européenne, les descriptions de langues amérindiennes ou caucasiennes par exemple avaient permis de mettre en évidence le codage rigoureux de la différence sexuelle aux niveaux phonologiques, syntaxiques ou lexicaux [...].

Dans certaines langues, il existe en effet des formes réservées aux hommes en face de formes réservées aux femmes. Ainsi dans le dialecte darkhat (mongol) comme dans la langue des Youagirs (Nord-Est sibérien) [...] deux systèmes phonologiques [sont] utilisés, l'un par les hommes, l'autre par les femmes. En yana — langue indienne du nord de la Californie —, certaines notions présentent deux formes morphologiques, ou sont exprimées par deux lexèmes différents (deux « mots »), selon que l'activité est exercée par un homme ou une femme ; « l'homme marche » se dit *ni* et « la femme marche » dit *nī* (variation morphologique appuyée sur une différence d'ordre phonologique ; cf. en français, les variations je vais, il va : [vɛ] vs [va] ou *je peux, nous pouvons* [po] [*sic*] vs [puvɔ̃] ; mais *buri* ou *burī* signifie « un homme danse » et *djari* ou *djarī* « une femme danse ». Même si l'emploi de la traduction force l'articulation du réel dans cette langue en amalgamant en une seule notion française deux concepts yana, il n'empêche qu'hommes et femmes n'emploient pas le même lexème quand ils parlent en leur sexe. Preuve nous en est donnée par le fait que les hommes ne peuvent utiliser qu'une série, celle des formes dites « mâles » et les femmes l'autre, dite « femelle », dont la forme est toujours plus brève que celle de la forme mâle, quand elles parlent entre elles ou s'adressent aux hommes ; mais si elles rapportent le discours de l'un d'entre eux, elles emploient la forme « mâle » qui indique alors qu'il s'agit de style indirect (récit). La forme « mâle » ne leur est donc pas totalement interdite, comme cela se rencontre dans certaines langues où le codage sexuel est plus rigoureux. On notera au passage le bilinguisme imposé aux femmes dans ces conditions.

Ainsi est codée dans la langue elle-meme, dans la sélection obligée de l'un ou l'autre paradigme lexical, la différence de sexe des locuteurs. Indexation rigoureuse (cf. encore en cocama — langue d'Amazonie — « je + mâle » : *ta* vs « je + femelle » *etse* ... etc. vs *je* en français, *ich* en allemand, *I* en anglais sans marque sexuelle) et pourtant non assimilable aux tabous, répérables dans certaines civilisations où il est interdit aux femmes de prononcer tel ou tel mot, le nom du mari par exemple ou ceux des mâles de la communauté, voire de tous les lexèmes pouvant servir à former des prénoms masculins. Interdits linguistiques symptômes du sort réservée aux femmes dans ces sociétés.

N'en est-il pas de même dans les langues où le choix des pronoms personnels par exemple dépend de la situation d'interlocution, du sexe de celui ou celle à qui (auquel, à laquelle) l'on s'adresse ? En yaruro — langue indienne du Venezuela -, il existe un paradigme complet de pronoms « mâles » ou « femelles » à sélectionner selon le sexe de l'interlocuteur (destinataire). En français, anglais, allemand, italien, espagnol, etc. le sexe n'est indiqué qu'à la 3e personne et ne dépend pas de la situation de communication mais de la référence linguistique interne (relation anaphorique, co-référence, récit), cf. en français : *je parle d'elle, je parle de lui* mais *je lui parle* (neutralisation de la référence de sexe) ; cf. aussi en anglais : *him/her* ; en allemand : *ihm/ihr*, etc. Dans la plupart des langues connaissant les contraintes du yaruro, on constate que la forme « mâle » est celle qui prédomine ; soit *x* forme utilisée entre hommes et *y* entre femmes, *x* le sera entre hommes et femmes, que l'énonciateur soit de sexe masculin ou féminin. En kurux — langue dravidienne —, je « viens » se dit *bar-d-an* quand un homme répond à une femme ou à un autre homme, ou quand une femme parle à un homme, mais *bar-e-n* quand elle s'adresse à une autre femme.

Et n'en est-il pas finalement de même dans les langues où le codage plus discret, plus subtil se dissimule sous les phénomènes dits de *discours*, en ce sens que les restrictions des choix des locuteurs (leurs sélections dans les paradigmes lexicaux par exemple) ne semblent pas des faits de *langue*, c'est-à-dire imposés par le code comme index de la différence sexuelle. Tout se passe alors comme si chaque sujet parlant pouvait user du code à loisir, utiliser n'importe quel signe puisque ceux-ci ne comportent apparemment aucune marque « mâle » ou « femelle », même s'ils en contiennent au niveau morphologique masculin ou féminin ; ce qui n'a pas du tout la même valeur en langue (au niveau de la *discrétion* des traits) ; cf. en français : *le bureau, la table*, etc. où ne peuvent se lire les sèmes « mâle » ou « femelle » ; de même dans *mon/son bureau, ma/sa table*, alors qu'en anglais ou en allemand l'anaphorique possessif indexe le sexe du possesseur (anglais : *his/her*, allemand : *sein/ihr*). Il y aurait une longue étude à mener sur les rapports sexe et genre (mâle/femelle, traits sémantiques et masculin/féminin, marques morphologiques) et ce qu'ils peuvent impliquer dans le symbolique des langues qui les connaissent ; car le lien entre le sémantique et le morphologique (le signifié et la forme du signifiant) n'y est pas dénotatif mais connotatif, autrement dit *de fiction*, d'où toutes sortes de possibilités de re-motivations, de fictions, sans doute singulières à chaque sujet, mais qui sait …

Des enquêtes de plus en plus précises commencent à mettre en évidence qu'en anglais ou français par exemple — langues, s'il en fut, qu'on ne soupçonne guère d'imposer des indexations —, certains faits sont pourtant susceptibles de relever d'une telle interprétation. Certains lexèmes ne sont guère utilisés par les femmes, d'autres au contraire sont privilégiés par elles et ne se rencontrent pas dans le langage des hommes. Il s'agit certes le plus souvent de contraintes sociales (pratiques sociales différentes d'où vocabulaire différent, « social dialect differences ») plus — apparemment — que de contraintes linguistiques ou encore de phénomènes de discours, d'interlocution (de postures et représentations prises — choisies ? imposées ? — dans les procès d'allocution/illocution) ; on a donc l'impression de se trouver devant des pressions externes (sociales, idéologiques) et non des nécessités linguistiques systématiques. Cependant il apparaît de plus en plus que les locuteurs opèrent des *choix* différents (*choix* au sens des linguistes, c'est-à-dire des sélections imposées par la langue) à des niveaux où le choix conscient (choix au sens courant) des sujets n'a pas cours, est impossible (niveau phonologique, prosodique, syntaxique, etc.). Ce qui implique que le codage sexuel existe aussi dans nos langues ou, au moins, nos paroles, même si nous n'en savons rien, ou fort peu. Les femmes semblent avoir à cet égard un pressentiment (?), une clairvoyance plus grande que les hommes ; leur « rapport à la langue » est alors à interroger. Peut-être est-ce pour cela qu'elles sont les plus sensibles à ces traits que comportent les langues, dont on ne peut dire qu'ils sont précisément des marqueurs sexuels (cf. le genre par exemple) mais qui semblent pourtant fonctionner comme formes-reflet de la différenciation mâle/femelle, voire de la discrimination sexuelle, et donc la conforter. Voilà pourquoi, des femmes ont mis l'accent sur la nécessité de changer les règles de l'accord morphologique (masculin/féminin), et pourquoi elles favorisent partout où elles le peuvent l'emploi de noms féminins pour décrire des activités féminines et ainsi se les approprier.

La langue est alors soupçonnée de servir, non seulement à refléter la différence des statuts des hommes et des femmes et la discrimination sexuelle d'usage dans nos sociétés, mais encore d'aider à la faire persister et même à la renforcer. N'est-ce pas la thèse (ou prise de parti) peut-être un peu hâtive parfois, de certaines actrices, fort critiques à l'égard du langage, mâle ou toujours déjà masculin parce que langage du pouvoir, se précipitant alors dans la recherche (ou postulant activement) l'existence d'un *langage* « autre », de femme, étonnamment confondu la plupart du temps avec l'*écriture* qui, d'être *autre* (la leur ?) serait féminine ? Toutes ne tombent pas dans ces amalgames qu'il faudrait au contraire dénouer, creuser — ce me semble — si les femmes veulent atteindre, produire, une meilleure saisie du réel, et retrouver ou construire leur langage, leur(s) langue(s). Restent heureusement les pratiques qu'il conviendra d'analyser, l'écriture justement, mais l'oralité aussi, qu'il ne suffit pas de signer d'un prénom de femme pour la dire féminine et représentative à ce titre d'un langage de femme, *a fortiori* d'une langue féminine, même à la dire éclatée, diverse, plurielle. Il en sera d'ailleurs de même des paroles. Ne vaudrait-il pas mieux parler d'effet-femme dans l'écriture ou le langage comme certaines l'ont proposé, ou bien ? Le moins qu'on puisse dire est que nous avons du travail, non ?

Mon propos insiste ici, on l'a vu, moins sur cet aspect important de la recherche actuelle des femmes concernant l'écriture, que sur celui, plus simplement (?) linguistique, de chercher s'il existe un langage des femmes et partant un langage des hommes, et de décrire ce qu'il en est de la discrimination sexuelle dans les langues, le langage ou la langue. S'agit-il vraiment d'indexation linguistique, analysable en termes de structures (de *langue*), ou en termes de variations stylistiques ou discursives, ou encore de phénomènes d'énonciation ? L'étude linguistique est-elle alors envisageable, souhaitable ? Sous quels modes ? Quel pourra être son programme par exemple ? Quels niveaux seront à privilégier, quelles méthodes ? etc. Cette étude ne serait-elle pas restrictive ? Une analyse sémiologique des silences, des gestes, des attitudes n'est-elle pas aussi à produire ? Et cela suffira-t-il pour parler d'une description du langage des femmes ? N'y faudrait-il pas joindre une analyse des façons dont on s'adresse à elles, dont on parle d'elles et de leur langage, en un mot des images qu'on en donne ? Pourtant ne faut-il pas aussi, un temps, s'autoriser à resserrer le champ d'étude, le restreindre même pour voir un peu plus clair dans les rapports Langue/discrimination sociale/discrimination sexuelle … et par là pouvoir intervenir sur le réel mis au jour, pour le transformer, afin que les femmes acquièrent d'autres langages, d'autres langues et partant d'autres représentations, d'autres paroles, comme les luttes actuelles tentent de leur faire découvrir et acquérir d'autres rôles. Car c'est une insistance constante des mouvement de libération des femmes que de ne pas se contenter d'une levée des refoulés, mais de vouloir et tenter une transformation sociale et idéologique ; d'autant que, bien des études l'ont souligné, la discrimination est souvent introjectée par les femmes et reproduite par elles, non seulement en elles, à leur propre égard (cf. les diverses modalités de la dévalorisation subjective, les inhibitions intellectuelles des femmes, etc.) mais encore à l'égard des autres femmes. On pourrait, parodiant Chamfort [qui a écrit dans ses *Maximes* : « Quelque mal qu'un homme puisse penser des femmes, il n'y a pas de femme qui n'en pense encore plus de mal que lui »], écrire que quelque mal qu'un homme dise d'une femme, il s'en trouverait toujours une autre pour en dire encore plus. Heureusement les choses changent mais le peuvent-elles totalement, tant est inscrite profondément la rivalité entre femmes ? De nombreuses études d'opinions en témoignent ; je n'en citerai qu'une ; des textes d'hommes et de femmes, relativement divers quant à leurs sujets et leur style ont été attribués pour les besoins de l'enquête, de façon aléatoire, à des hommes et des femmes ; quel que soit l'échantillon d'hommes et de femmes considérés, on constate que les textes classés comme inférieurs (pour toutes sortes de raisons qu'on peut la plupart du temps considérer comme autant de rationalisations) sont ceux apparemment écrits (signés) par des femmes (quel que soit donc, dans la réalité, le sexe de leur auteur), et ceci par les femmes comme par les hommes. Chacune d'entre nous pourrait présenter de semblables témoignages, et qui s'en étonnerait ? Nombre d'ouvrages ont attiré l'attention sur le triste sort des femmes, qu'il s'agisse de ceux des féministes du début du siècle, de ceux de Simone de Beauvoir — il faudra lire et relire longtemps encore *le Deuxième Sexe*, ou de ceux qui voient le jour actuellement. Ils ont parfois montré que les mères sont les premières reproductrices de la discrimination sexuelle et cela dès les premiers jours (et même avant) dans leur relation au garçon ou à la petite fille, dans la manipulation du corps de l'enfant comme dans le discours qu'elles lui adressent ; cf. le désir d'avoir un fils, désir certes historiquement et socialement déterminé, et ce qu'il implique pour la trajectoire biographique du sujet « fils » ou « non-fils » (« fille »). Si même la première parole ponctuant la différence anatomique, soit le : « c'est une fille ! » ou le : « c'est un garçon ! » et le soupir ou l'exclamation, l'intonation donc qui a soutenu l'énoncé, ne l'avait déjà fait, préparé qu'il fut par l'antériorité des discours (désirs) de la mère et du père. On sait maintenant que les garçons sont plus touchés, manipulés par leur mère, ou son tenant-lieu, que les petites filles *et* qu'elles, elles parlent plus tôt. De là provient peut-être qu'elles savent un peu ce qui est en cause dans le *skew* (Lacan) dans le raté, dans le biaisé, sexe/sujet/corps/langue.

Et cela continue avec l'enfance et puis l'adolescence ; les discours (langages) adressés aux enfants mâles ou femelles ne sont pas les mêmes ; et aujourd'hui encore. D'où l'intérêt et la nécessité d'étudier les discours d'adresse, les interpellations, pour mieux comprendre ce qu'il en est de la différenciation linguistique selon les sexes. C'est sans doute son intuition qui sous-tend les propos courants des sujets ayant l'impression de se trouver devant des langages différents. Plus sensible, plus affectif, plus concret, bavard et futile serait celui des femmes, image même de la *féminité* qu'on attend d'elle ; plus sérieux, rationnel, abstrait celui des hommes, des pères. Et la langue française en témoigne. On y peut dire d'une *femme* qu'elle est *féminine* mais non d'un *homme* qu'il est *masculin* ; on le peindra *viril* ; on peut la décrire *masculine*, mais on constate qu'il n'est guère d'usage de considérer un homme comme *féminin* (au moins dans la langue courante, sinon, actuellement, dans le discours analytique), on le dit alors *efféminé* ; et dans la différence des procédures de qualification se lit, s'entend aussi bien le procès en cours (c'est-à-dire la transformation : l'homme n'était pas d'abord donné comme féminin, la femme pouvait l'être, masculine ; cf. la différence adjectif/participe passé) que le jugement (l'énonciation du locuteur, dans *efféminé*) qui peut donc être partial ; ce qui n'est pas dans l'autre cas.

La confusion (ou l'amalgame) rôle/langage, idéologie/langue existe alors, insiste, et rend difficile la seule étude du niveau linguistique, tant il est vrai que la langue manifeste les statuts sociaux et idéologiques ; cf. encore *une femme adultère*, mais non **un homme adultère*, reflétant l'inégalité de la législation ; cf. aussi en anglais *he's a professional* et *she's a professional* aux connotations si différentes que l'emploi dénotatif est de fait exclu pour les femmes ; cf. en français les diverses significations de *fille*, ou *garce*, etc. Le problème des rapports langue/société (soit l'hypothèse Sapir-Whorf), changements sociaux/changements linguistiques, est encore à interroger et peut l'être sous l'aspect : discrimination sociale-sexuelle/différenciations linguistiques.

Anne-Marie Houdebine (1977) 'Les Femmes et la langue'. *Tel Quel* 74, 84-90.

4.2.

Sexes et genres

Le fait que la société soit une société de l'entre-hommes et que l'ordre linguistique reflète cette réalité semble donc peser un poids considérable sur le discours des hommes et des femmes. Et cela a un impact décisif sur leur identité. Ainsi les femmes ont comme première interlocutrice leur mère, c'est-à-dire une personne de même sexe qu'elles. Les obliger à passer au discours culturel du *il* et de *l'entre-ils*, revient :

1. à les priver de leur première relation affective et cognitive, de leur premier *tu*, de leur première interlocutrice ;

2. à les exiler de leur identité sexuée qui correspond à un *je* féminin en relation avec un *tu* et *elle* féminins.

La première relation pour les femmes est une relation entre deux femmes. La culture les exile de cette relation de communication en ne les laissant presque jamais entre femmes et en ne prévoyant pas des procédés de marque de genre féminin quand elles sont en situation mixte. Même dans la vie privée, le domaine soi-disant réservé aux femmes, la langue efface l'identité des femmes. Ainsi, d'un couple, il faut dire *ils* s'aiment, *ils* s'epousent, *ils* viennent d'avoir un enfant, *ils* habitent ensemble, mais aussi *ils* sont *beaux*, *ils* sont *âgés*, etc. Les mouvements de libération sexuelle n'ont pas encore abouti à abolir cette subordination du sujet féminin au sujet masculin. Et il est nécessaire que les femmes restent entre elles pour que le genre féminin pluriel soit possible, situation que, encore une fois, arrive très rarement dans nos sociétés. De ce point de vue, la mixité scolaire ne va rien arranger et elle rend urgent le changement des règles linguistiques. Sinon les femmes seront obligées de se tenir à l'écart des hommes comme elles le font dans certains groupes des mouvements de libération. Je ne pense pas que ces militantes aient réfléchi beaucoup à cette composante de leur rassemblement hors de la mixité. Je pense qu'elles ont, que nous avons — car je fréquente des réunions non mixtes — compris le poids du *contenu* du discours mais pas toujours des *formes* de la langue. J'en ai moi-même réalisé l'importance depuis peu, bien que je l'aie pressentie depuis longtemps. D'où certaines stratégies d'écriture parfois difficiles à manier mais nécessaires si nous voulons préserver l'identité féminine. Par exemple, le *e* du genre féminin à tous les pluriels, ou parfois, la publication de conférences adressées seulement à des femmes … Cela permet de garder la marque du genre au pluriel.

Mais nous vivons en société mixte et il n'y a pas de raison de recourir aux procédures de clandestinité pour devenir un sujet libre. La conscience du problème doit amener la possibilité de solutions, à moins d'un désir délibéré de maintenir un sexe soumis à l'autre. Je pense que ce n'est peut-être pas le cas de la majorité. Mais peu sont conscients-conscientes de l'ampleur de la question. D'autant que les hommes sont ainsi privés de leur première interlocutrice : maternelle, et qu'ils se trouvent sans *tu* sexué femme. Cela les prive donc d'un certain type d'échanges et n'est pas favorable à l'élaboration, par eux, d'une économie intersexuelle. Si les femmes perdent la possibilité de se rapporter à elles-mêmes comme genre féminin, de communiquer entre elles, les hommes tournent en rond dans un auto-érotisme, une auto-affection, un narcissisme transposés au plan du langage ou dans les relations de séduction ou de possession entre eux.

En voici quelques exemples. Le schéma du discours de l'homme névrosé (?) peut se réduire à une phrase du type « Je me dis que je suis peut-être aimé » ou « Je me demande si je suis aimé » et celui de la femme à une phrase du type « M'aimes-tu ? ». Il n'y a que du *je* et du rapport à soi dans le premier cas, sauf un peu de doute ou une interrogation indirecte. Il n'y a que du *tu* dans le discours féminin. Le féminin est réduit à être un éventuel objet des affects ou des actes du *tu*. Si la psychanalyse peut faire apparaître que celui-ci est originellement une femme-mère, dans la vie courante, ce *tu* devient un *tu* masculin. Freud théorise bien des choses sur la rationalité de l'oedipe, il ne rend pas compte de cette nécessité linguistique. Que la petite fille doive se détourner de sa mère, cela, dans ma langue du moins, est inscrit comme passage, en particulier scolaire, au monde du *il(s)*. Ce passage, sans apprentissage ni amour, laisse les filles dans une profonde déréliction subjective. Elles ne s'en remettent, dira Freud, qu'en devenant mère, en souffrant l'enfantement, si possible d'un garçon. Alors *lui* et *elle* diront *ils*, mais *elle* sera, pour quelques mois ou années, la plus « grande », la « responsable » du couple. Nous pourrions faire mieux !

D'autant que dans le discours des femmes, et quel que soit leur/notre assujettissement, il y a des valeurs de subjectivité à conserver. Ainsi, d'après mes analyses réalisées à partir de corpus spontanés ou expérimentaux :

1. les femmes mettent beaucoup plus en scène la relation à l'*autre sexe*, alors que les hommes restent entre eux ;

2. les femmes s'intéressent beaucoup plus aux *autres* en général, ce qui se marque, par exemple, dans le nombre des verbes transitifs utilisés avec

un objet animé personne : « Je le lave », « Je le salue », « Je l'aime », ou « Tu me laves », « M'aimes-tu ? » etc., mais surtout dans l'usage beaucoup plus fréquent de prépositions indiquant des relations entre les personnes : *avec*, par exemple ;

3. les femmes s'intéressent beaucoup plus à la question du *lieu* : elles sont auprès des choses, des autres ;

4. les femmes s'intéressent beaucoup plus aux *qualités* des personnes, des choses, de l'action, et leur discours contient bien plus d'adjectifs et d'adverbes que celui des hommes, ce qui pose un problème linguistique très intéressant sur un discours antérieurement tenu par elles ;

5. les femmes s'intéressent plus au *présent* et au *futur*, les hommes au passé ;

6. les femmes sont plus attentives au *message* à transmettre que les hommes ; toujours, elles s'efforcent de dire quelque chose, les hommes demeurant plus dans l'inertie ou le jeu linguistique à moins que leur message exprime leurs états d'âme.

Je ne crois pas qu'il faille supprimer ces qualités du discours féminin. Au contraire, il faut permettre aux femmes d'attester publiquement de leur valeur. Perdront-elles pour autant ces qualités ? Je ne le pense pas. Elles font partie de leur identité sexuelle. L'important est qu'elles deviennent des sujets libres en restant ou devenant femmes et non en s'efforçant de devenir des hommes. Ce devenir implique que, tout en gardant l'intimité de leur sexe d'une totale visibilité, elles acquièrent les représentations linguistiques et iconographiques correspondant à leur identité. Cela signifie qu'elles disposent de normes lexicales et morphologiques qui valorisent le féminin, que les images d'elles soient valorisantes, qu'elles disposent de moyens linguistiques et artistiques, pour passer de l'empirique au transcendental : du je > elle > Elle.

Les hommes aujourd'hui, sans partenaires sexuels valables, tiennent un discours répétitif, passéiste, abstrait, désubjectivé par la technologie, coupé de l'environnement concret et vivant. Ils passent leur vie à équivaloir leurs pères ou frères sans cultiver leurs corps, leur sexualité. Ils produisent des *objets* ou des machines concurrentiels, consommables et échangeables, mais ne se produisent par comme *sujets* sexués.

Une culture sexuelle est encore à développer. Je pense que Marx, Freud, les mouvements de libération sexuelle, en particulier les mouvements de libération des femmes, ont ouvert des questions qu'il ne faut pas reciter comme vérités ou dogmes mais dont il faut poursuivre l'élaboration. Notre civilisation en a besoin. Elle ne peut pas se payer le luxe que les pulsions de mort dominent sans cesse les pulsions de vie, si je m'en tiens à cette terminologie beaucoup trop dichotomique à mon goût. Elle ne peut pas continuer l'éternelle guerre entre hommes, entre les hommes et la nature, à défaut de faire alliance publique et culturelle entre l'homme et la femme, le monde des femmes et celui des hommes.

Luce Irigaray (1990) *Sexes et genres à travers les langues : éléments de communication sexuée* (pp. 62-65). Paris : Bernard Grasset.

4.3.

La féminisation des noms de métier

Circulaire du 11 mars 1986
relative à la féminisation des noms de métier, fonction, grade ou titre

Le Premier ministre
à
Mesdames et Messieurs les
ministres et secrétaires
d'État

L'accession des femmes de plus en plus nombreuses à des fonctions de plus en plus diverses est une réalité qui doit trouver sa traduction dans le vocabulaire.

Pour adapter la langue à cette évolution sociale, Mme Yvette Roudy, ministre des droits de la femme, a mis en place, en 1984, une commission de terminologie chargée de la féminisation des noms de métier et de fonction, présidée par Mme Benoite Groult.

Cette commission vient d'achever ses travaux et a remis ses conclusions. Elle a dégagé un ensemble de règles permettant la féminisation de la plupart des noms de métier, grade, fonction ou titre.

Ces règles sont définies en annexe à la présente circulaire.

Je vous demande de veiller à l'utilisation de ces termes :

— dans les décrets, arrêtés, circulaires, instructions et directives ministériels ;
— dans les correspondances et documents qui émanent des administrations, services ou établissements publics de l'État ;
— dans les textes des marchés et contrats auxquels l'État ou les établissements publics de l'État sont parties ;
— dans les ouvrages d'enseignement, de formation ou de recherche utilisés dans les établissements, institutions ou organismes dépendant de l'État, placés sous son autorité, ou soumis à son contrôle, ou bénéficiant de son concours financier.

Pour ce qui concerne les différents secteurs d'activités économiques et sociales dont vous avez la charge, il vous appartient de prendre les contacts nécessaires avec les organisations socioprofessionnelles concernées afin d'étudier les modalités spécifiques de mise en oeuvre de ces dispositions.

LAURENT FABIUS

ANNEXE

Règles de féminisation des noms de métier, fonction, grade ou titre

Les féminins des noms de métier, fonction, grade ou titre sont formés par application des règles suivantes :

1. L'emploi d'un déterminant féminin : une, la, cette.
2. *a)* Les noms terminés à l'écrit par un « e » muet ont un masculin et un féminin identiques : une architecte, une comptable …
   Remarque. — On notera que le suffixe féminin « esse » n'est plus employé en français moderne : une poétesse …
   b) Les noms masculins terminés à l'écrit par une voyelle autre que le « e » muet ont un féminin en « e » : une chargée de mission, une déléguée …
   c) Les noms masculins terminés à l'écrit par une consonne, à l'exception des noms se terminant par « eur », ont :
   — un féminin identique au masculin : une médecin … ;
   — ou un féminin en « e » avec éventuellement l'ajout d'un accent sur la dernière voyelle ou le doublement de la dernière consonne : une agente, une huissière, une mécanicienne …
   d) Les noms masculins terminés en « teur » ont :
   — si le « t » appartient au verbe de base, un féminin en « teuse » : une acheteuse …
   — si le « t » n'appartient pas au verbe de base, un féminin en « trice » : une animatrice …
   Remarques :
   — l'usage actuel a tendance à donner un féminin en « trice », même à des noms dans lesquels le « t » appartient au verbe de base : une éditrice …
   — dans certains cas, la forme en « trice » n'est pas aujourd'hui acceptée ; dans ce cas, on emploiera un féminin identique au masculin : une auteur …

e) Les autres noms masculins terminés en « eur » ont, si le verbe de base est reconnaissable, un féminin en « euse » : une vendeuse, une danseuse …

Remarque. Le suffixe féminin « esse » n'est plus employé en français moderne : une demanderesse …

Si le verbe n'est pas reconnaissable, que ce soit pour la forme ou le sens, il est recommandé, faute de règle acceptée, d'utiliser un masculin et un féminin identiques : une proviseur, une ingénieur, une professeur …

4.4.

Les dénominations des femmes dans la presse féminine

Cette étude, qui rend compte des utilisations du vocable *femme(s)* et de ses substituts dans un discours, porte d'une part, sur un corpus de 79555 vocables tiré de 3031 pages de presse féminine à grande diffusion parue en France au mois d'avril 1974 et d'autre part sur un corpus parallèle provenant de 3164 pages des mêmes journaux, parus en avril 1984. [...]

L'objectif était de rechercher dans quelle mesure l'analyse linguistique du champ sémantique paradigmatique du vocable *femme(s)* permettait de décrire les images de femmes proposées par la presse féminine à ses lectrices, images, qui, si l'on en juge par le succès de cette presse, recevaient en 1974, aussi bien qu'en 1984, un feed-back tout à fait favorable de la part de la grande majorité des lectrices. Une synchronie d'un mois nous a paru pour chacun des corpus, adéquate et représentative et ceci pour deux raisons : les procédés lexico-syntaxiques utilisés par les locuteurs dans la presse féminine sont extrêmement répétitifs et sont les mêmes tout au long de l'année, la fréquence du vocable *femme(s)* et de ses substituts est importante et leur distribution très dense. [...]

Les dénominations des femmes dans le corpus d'avril 1984

I — Remarque sur la méthode de travail et les principes de classement

Les mêmes méthodes d'analyse et les mêmes principes de classement ont été appliqués aux deux corpus. Ceci a pu se faire sans aucune difficulté. En effet, la très grande fréquence des substituts concernant uniquement la personne des femmes montre à l'évidence que les locuteurs en 1984 comme en 1974 tiennent avant tout à ce que les femmes soient essentiellement préoccupées d'elles-mêmes, surtout dans les journaux comme *Marie-Claire* ou *Elle*. Nous avons donc retrouvé une structuration identique du champ sémantique paradigmatique du vocable *femme(s)*. Il faut toutefois remarquer que les dénominations des femmes indiquant une relation, rémunérée ou non, avec le monde extérieur sont infiniment plus nombreuses en 1984 qu'en 1974. Cette observation prouve qu'il y a eu, en ce qui concerne le discours de la presse féminine, une évolution très importante dans le sens d'une ouverture sur le monde extérieur et en particulier sur le monde du travail. L'étude des dénominations des femmes n'est cependant pas suffisante [...] pour conclure que ce changement correspond à un changement profond dans les mentalités des locuteurs. Il peut s'agir simplement d'un changement de mode.

Les remarques qui ont été faites en 1974 sur la cohérence, à l'intérieur d'un même journal, entre le discours didactique et pédagogique des journalistes et le discours des publicitaires lorsque ces deux catégories de locuteurs d'adressent aux femmes restent parfaitement valables en 1984. De même, il demeure vérifié que les lectrices sont traitées tout à fait différemment selon qu'elles lisent *Marie-Claire* ou *Elle*, *Femmes d'Aujourd'hui* ou *Nous Deux*. La catégorie socio-professionnelle supposée de la lectrice, et en particulier son pouvoir d'achat influencent plus que jamais les choix lexico-syntaxiques des locuteurs. Nous avons pu observer, notamment lors de l'étude des dénominations des femmes indiquant une relation avec autrui ou lors de l'étude des dénominations des professions, que les clivages entre les catégories socio-professionnelles s'étaient aiguisés et affinés. [...]

II — *Étude des lexies construites ou complexes*

Comme en 1974, nous avons pu observer que les lexies construites par composition : *femme-enfant, femme-objet, femme-ouragan* ou complexe : *des bonnes femmes, femmes mangeuses d'hommes, femmes de tête et de feu, femme fragile, femmes fontaines, femme lumière, femme tombée, femme fatale*, sont presque toujours ou fortement méliorées ou péjorées par les contextes. Que ces lexies soient figées ou qu'elles soient au contraire une création temporaire, elles sont toujours l'un des procédés lexicaux privilégiés par les locuteurs pour émettre des jugements de valeur sur les femmes ou pour véhiculer certains présupposés volontiers généralisateurs ainsi qu'en témoignent ces quelques contextes :

« Je ne suis plus une *femme-enfant*. Finis les rôles de *femmes fragiles* au charme troublant qui subissent les événements » (*Nous Deux*, avril 1984).

« Elle est trop consciente du fait que le mythe de la *femme-objet* n'est pas éteint » (*Intimité*, 13 avril 1984).

« (...) la « *femme tombée* », celle qui couchait et « *l'ange du foyer* », celle qui avait la migraine quand son mari de loin en loin assouvissait sur elle ses bas instincts » (*Elle*, 23 avril 1984).

« Pour les *femmes fontaines*, et de façon plus large pour beaucoup de *femmes*, c'est la relation amoureuse qui est chargée d'érotisme (…) ; le corps ne remplace jamais ce mouvement intérieur, il l'accompagne » (*Elle*, 7 mai, 1984).

« J'ai accepté de jouer ce rôle pour exorciser l'image négative que certains ont de moi, celle d'une *femme mangeuse d'hommes* » (*Elle*, 9 avril 1984).

Les lexies opposant les femmes qui travaillent à l'extérieur à celles qui travaillent chez elles se sont multipliées en 1984, témoignant de l'importance accrue du travail salarié pour les Françaises. Non seulement nous retrouvons les lexies *femmes au foyer* (2 occurrences), *femmes au travail* (1 occurrence) mais de multiples variantes sont attestées dans le discours :

« (…) *une femme qui reste chez elle* (…) » (*Marie-Claire*, avril 1984).

« (…) *la femme qui reste à la maison* (…) » (*Marie-Claire*, avril 1984)

« (…) *une femme de la maison* (…) » (*Elle*, 30 avril 1984).

— *les femmes d'action* (*Elle*, 30 avril 1984).

— *les femmes qui travaillent* (*Elle*, 30 avril 1984).

— *femmes actives* (2 occurrences, *Marie-Claire*, avril 1984).

— *femmes d'affaires* (3 occurrences : *Marie-Claire*, avril 1984, *Elle*, 16 avril 1984, *Nous Deux*, 25 avril 1984).

— *femmes actuelles* (*Marie-Claire*, avril 1984).

— *femmes dynamiques* (*Marie-Claire*, avril 1984).

Ces lexies sont réparties dans les articles et la publicité et témoignent tout comme en 1974, de la difficulté d'insertion sociale des femmes qui restent chez elles :

« *Une femme qui reste chez elle* toute la journée, est obligatoirement dans un état de dépendance effroyable » (*Marie-Claire*, avril 1984).

Bien que, dans *Marie-Claire*, Madame Roudy, Ministre des Droits de la femme, refuse d' « (…) opposer *la femme qui reste à la maison* et *celle qui travaille* », le discours dit sans cesse le contraire et méliore le plus souvent les dénominations des femmes qui travaillent. On parlera ainsi de « l'éclat des *femmes d'action* » (*Marie-Claire*, avril 1984) et l'on soutiendra même que :

« (...) *les femmes qui travaillent* ont plus de chances de maigrir que les autres » (*Elle*, 30 avril 1984).

Cependant, certains contextes mentionnent les difficultés de ces femmes. Nous trouverons aussi bien :

« Une *femme* ou un *homme d'affaires* plein d'audace » (*Maire-Claire*, avril 1984) que « des *femmes d'affaires* débordées » (*Elle*, 16 avril 1984).

L'étude des dénominations des femmes qui travaillent montre que les idées reçues concernant les rôles féminins traditionnels n'ont pas beaucoup évolué entre 1974 et 1984 :

« Elle n'a pas des heures et des heures pour après sa journée de *femme active* bien remplie, redevenir une *maîtresse de maison* accomplie » (*Marie-Claire*, avril 1984).

« (...) une *femme* passionnée par son travail mais sexuellement frustrée (...) » (*Marie-Claire*, avril 1984).

Il va toujours de soi que les femmes doivent cumuler avec brio leur travail à l'extérieur et le travail à la maison. En ce qui concerne les implications nécessaires, une femme doit être à la fois *femme active* et *maîtresse de maison* accomplie. L'idée d'une incompatibilité fondamentale entre une carrière et une vie sexuelle est par ailleurs toujours bien vivace.

Alors qu'en 1974 nous avions relevé peu de vocables concernant la libération des femmes, en 1984, on considère cette libération comme acquise :

« Des *femmes libres*, il y en a partout » (*Elle*, 23 avril 1984).

« Les *femmes* qui avaient effectivement pris le pouvoir voudraient maintenant le partager avec les hommes » (*Elle*, 7 mai 1984).

Le féminisme qu'on oppose volontiers à la féminité est traité comme une attitude passéiste, dépassée, rétrograde et un peu ridicule. On n'en parle d'ailleurs qu'au passé :

« Reflux du féminisme
Nostalgie de la féminité ? » (*Elle*, 16 avril 1984).
« Cette émission a reçu des *féministes* frénétiques qui ont fait hurler de rire (...) des opinions dont elles sont bien revenues » (*Marie-Claire*, avril 1984).

On leur reconnaît, cependant, toujours dans le passé, une action parfois heureuse :

« Les *féministes* (…) n'étaient peut-être pas vivables mais au moins elle étaient cohérentes » (*Elle*, 23 avril 1984).

« Nous leur devons, entre autres, notre identité sexuelle, la contraception, l'avortement, l'accouchement sans douleur (…) » (*Elle*, 23 avril 1984).

La conséquence de ces remarques est que nous trouvons plusieurs occurrences de la lexie complexe *femme libérée*, une occurrence de la *femme émancipée* :

« *Maîtresse* de ses désirs et de son corps » (*Elle*, 23 avril 1984),

deux occurrences de *femmes libres* (*Elle*, 23 avril 1984), une occurrence de la *femme libre et libérée* (*Elle*, 23 avril 1984) et une occurrence de la *femme libre ou libérée*. Encore faut-il examiner les contextes de ces dénominations. Cette liberté si fièrement clamée peut avoir ses limites !

« Le célèbre dîner en famille auquel, *femme libérée ou libre* on doit penser à un moment ou à un autre de la journée » (*Marie-Claire*, avril 1984).

« Elles ressemblent comme des soeurs aux *femmes libres et libérées*, celles qui font *Elle* et pouponnent aussi » (*Elle*, 16 avril 1984)

et qui nous dit-on plus loin, sont « des *dingos* du tricot ».

En 1984, les *petites femmes* et les *femmes fortes* ont totalement disparu de notre corpus. Par contre les *jeunes femmes* triomphent. Nous avons trouvé 28 occurrences de cette lexie complexe. Plus que jamais, la *jeune femme* représente la norme. Comme en 1974, les messages icôniques donnent presque toujours des jeunes femmes en exemple aux lectrices.

Les jeunes femmes sont : grandes
longues
ravissantes
photogéniques
merveilleuses en mini-jupes
enamourées
souriantes
gaies
peuvent être : entretenues
ont : des yeux dorés
une beauté fascinante
énigmatique
un peu froide.

Les normes physiques de jeunesse, de minceur et de beauté, dont nous avions remarqué l'importance en 1974 puisque les journaux, à l'aide de procédés lexico-syntaxiques divers, invitaient souvent les lectrices à s'y conformer, sont devenues semble-t-il plus sévères et plus pressantes. Les indications de poids et de taille de jeunes femmes citées se sont en effet multipliées, de même que les indications sur l'âge. Sont considérées comme jeunes femmes dans la norme : « Marie, 23 ans, 1,71 m, 52 kgs », « Dorothée, 28 ans, 1,63 m, 46 kgs », « Clémentine, 1,65 m, 46 kgs », « Charlotte, 22 ans, 1,60 m, 50 kgs. L'équilibre entre trop et rien », « Armelle, 30 ans, 1,61 m, 49 kgs ».

A quel âge est-on *jeune femme* ? Les locuteurs semblent d'accord pour estimer que c'est entre vingt et trente ans. Après cet âge, on n'est certes plus appelée *jeune femme*, cependant on peut encore avoir des qualités et du charme.

« Les *clientes* (…). Elles ont trente-quarante ans, elle sont actives, dynamiques et sont dans le coup (…) » (*Elle*, 9 avril 1984).

« C'était une Marseillaise d'opérette, la quarantaine aguicheuse, très brune (…) » (*Marie-Claire*, avril 1984).

« Fine, élégantissime (tailleur Chanel), charmante. Elle ne dépasse pas les quarante-cinq kilos, à quarante-huit ans » (*Marie-Claire*, avril 1984).

« Qui a dit (…) qu'il fallait malheureusement choisir entre être belle tout de suite et belle à soixante ans » (*Marie-Claire*, avril 1984).

En 1974, l'âge ultime de la féminité était la cinquantaine. Il semble donc que dans le discours de la presse féminine, les femmes aient gagné, en 1984, dix années d'espérance de charme, voire davantage à condition toutefois de rester dans les normes d'élégance et de minceur.

« Ainsi on reconnaît maintenant beaucoup de *femmes* dont la silhouette est restée jeune et belle, des *femmes* dont le corps ne trahit pas l'âge » (*Elle*, 9 avril 1984).

La cinquantaine est cependant vécue comme une étape redoutable :

« Une *vieille* comme elle. Elle avoue 50 ans, son médecin 52 » (*Intimité*, 6 avril 1984).

Fort heureusement cependant, on peut être encore appelée à 80 ans « une adorable *vieille* » ! (*Modes de Paris*, 24 avril 1984).

III — A quel âge est-on appelée femme dans la presse féminine ?

Les remarques faites en 1974 nous paraissent toujours pertinentes en 1984. Les jeunes filles de treize ans peuvent être dénommées *mineures, adolescentes, jeunes filles* (*Elle*, 9 avril 1984), *fillettes* (*Elle*, 16 avril 1984). A quinze ou seize ans, on peut être appelée une *très jeune fille, une adolescente, juniors, une fille* (*Elle*, 9 avril 1984 et 16 avril 1984). Comme en 1974, le fait de *devenir femme* est souvent lié à la puberté ou à la première expérience sexuelle et comme en 1974, on observe un certain flou sur l'âge auquel on est définitivement appelée femme ou jeune femme. Ainsi nous trouverons :

« Cette ravissante *jeune femme* de 19 ans 1/2 » (*Elle*, 24 avril 1984).

mais

« Recherche *jeunes filles* entre 16 et 20 ans pour publicité et cinéma » (*Elle*, 7 mai 1984).

L'utilisation du vocable *fille(s)* commutant avec *femme(s)* que nous avions décelée dans *Elle* en 1974, est devenue fréquente dans *Marie-Claire* également. Cette utilisation reste réservée aux publications destinées en priorité aux classes socio-professionnelles privilégiées. Nous en avons trouvé 22 occurrences, qui ne sont plus réservées au langage de la mode :

« Les *filles* indépendantes sont moins difficiles à vivre que les autres ».

« Tu sors avec une *fille* que tu crois libérée » (*Elle*, 23 avril 1984).

L'emploi du vocable *fille(s)* commutant authentiquement et fréquemment avec le vocable *femme(s)* s'oppose à une autre utilisation de ce même vocable dans laquelle *femme(s)* au contraire s'oppose à *fille(s)*. Le vocable *fille(s)* aura alors des connotations péjoratives très anciennes en français :

« Des *filles*, pas des *femme(s)*. Je croyais qu'on en avait enfin fini avec cette distinction ridicule entre celles que l'on aime et épouse, et les autres. Les *mamans* et les *putains*. Eh bien, non ! » (*Elle*, 23 avril 1984).

[…]

V — Femme, épouse, maîtresse ou concubine ?

Conséquence de l'évolution des mœurs, nous avons dû en 1984 élargir considérablement notre investigation des vocables ajoutant au noyau sémique du vocable *femme(s)* un sème indiquant une relation amoureuse avec un homme. Le mariage qui était encore la norme en 1974 a beaucoup perdu de son prestige institutionnel en 1984.

Les vocables *femme(s)* précédés de *ma, la, leur* ou ayant comme collocations *la* et *de* sont au nombre de 59 et les vocables *épouses* au nombre de 38. Comme en 1974, les locuteurs identifient beaucoup moins souvent les femmes dans leur rôle d'épouse que dans leur rôle de mère. Cependant le vocable *épouse(s)* très peu utilisé en 1974, trouve un regain de vigueur.

L'utilisation de ce vocable semble directement liée à l'éclatement de la famille nucléaire traditionnelle et au nombre croissant des divorces. En effet en 1984, l'union libre et le divorce, si l'on en croit le discours de la presse féminine sont passés dans les moeurs. Le problème majeur, pour les locuteurs est donc d'identifier clairement celle qui est liée à un homme par les liens du mariage et celle qui vit avec un homme pendant un temps long ou assez long, qui lui donne éventuellement des enfants, qui peut remplir les fonctions de l'épouse mais qui n'est pas mariée. Cette difficulté donne naissance à bien des hésitations linguistiques. Le vocable *épouse* paraît souvent plus précis que *ma femme* qui peut être utilisé pour signifier *ma concubine*. Comment être certain de bien se faire comprendre ? Quelquefois, l'ambiguïté est levée par la redondance et nous trouverons plusieurs occurrences d'*épouse(s) légitime(s)*. Une occurrence de cette lexie complexe s'oppose clairement à *concubines*.

> « Au cours de ces dernières années, la loi et la jurisprudence ont accordé aux *concubines* — on n'a pas trouvé de mot plus élégant — une partie de la protection juridique jusque-là réservée aux *épouses légitimes* » (*Marie-Claire*, avril 1984).

Le vocable *concubine(s)*, vieux terme un peu désuet, dont les connotations péjoratives sont encore clairement perçues, répond au besoin de dénommer certaines femmes non mariées. Le statut juridique de l'union libre, en pleine évolution, confère au vocable *concubine(s)* de nouvelles lettres de noblesse et nous avons trouvé 15 occurrences de ce vocable. En s'appuyant sur la jurisprudence récente, le discours de *Marie-Claire* atteste une différence entre les lexies complexes *concubine simple* ou *concubine adultère* et la *concubine notoire*. Les lexies dénommant la première catégorie de *concubines* entrent sans cesse en compétition avec le vocable *maîtresse* :

> « Il y a la *concubine simple* — célibataire (…) qui fait encore l'objet d'un certain nombre de réserves, parce qu'on considère sa situation comme sinon pas très morale du moins pas très licite. La *maîtresse*, comme vous dites, c'est tout de même plutôt cette *concubine adultère* » (*Marie-Claire*, avril 1984).

La véritable *concubine* est en fait la concubine notoire. Le critère pour accéder à « la qualité de *concubine* » (*Marie-Claire*, avril 1984) semble être, d'après les différents locuteurs le critère de durée et de stabilité qui, bien que mal défini, est reconnu par la jurisprudence :

> « En matière de logement, la loi Quillot (…) indique assez nettement où se situe le passage entre l'état de *maîtresse* et celui de *concubine* ».
> « (…) il faut vivre publiquement comme mari et *femme* » (*Marie-Claire*, avril 1984).

On devient alors *concubine notoire* ou *ayant-droit*.

La *maîtresse* par contre n'a pas de statut juridique.

> « Quoi qu'il en soit, tout le monde est d'accord sur un point : la *maîtresse* pour la loi, connais pas » (*Marie-Claire*, avril 1984).

Elle n'a que des relations temporaires avec un homme :

> « une *maîtresse* (…) ce serait plutôt (…) la *femme* qui entretient avec un homme des relations épisodiques ». « (…) c'est celle qui se couche sur le divan » (*Marie-Claire*, avril 1984).

On peut observer en effet que le vocable *maîtresse* est souvent employé avec des connotations morales, ce qui n'empêche pas de reconnaître des droits aux *maîtresses* :

> « Les droits des *maîtresses*. La loi ne s'oppose aux libéralités que si elles constituent « le salaire du stupre » » (*Marie-Claire*, avril 1984).

La relation devient-elle plus durable, la *maîtresse* est alors la *maîtresse entretenue*. Cette lexie semble plus proche du vocable *concubine*.

> « Toutes ces dispositions n'ont trait qu'aux *concubines à charge*, donc la *maîtresse entretenue* » (*Marie-Claire*, avril 1984).

Alors qu'en 1974, le discours de la presse féminine condamnait avec un bel ensemble « les *femmes* qui vivent en concubinage » (*Marie-Claire*, avril 1974), les *maîtresses* ont acquis droit de cité en 1984. Alors que nous n'avions trouvé qu'une occurrence de ce vocable en 1974, nous en avons trouvé 38 en 1984. Les *maîtresses* pourront être quelquefois dénommées *compagnes* (3 occurrences) ou *compagne illégitime*. Lorsque la relation amoureuse entre homme et femme est peu stable, *maîtresse(s)* entre en concurrence avec le vocable *amie(s)* (12 occurrences).

> « (*La maîtresse*) évoque plutôt l'adultère. Je reçois souvent des épouses inquiètes des absences répétées de leur mari. Mais elles n'emploient pas le mot « *maîtresse* », elles disent : « Je crois qu'il a une *amie* » » (*Marie-Claire*, avril 1984).

Il est à remarquer que cette diversification du vocabulaire concernant les hommes et les femmes se trouve surtout dans les journaux destinés aux classes socio-professionnelles privilégiées. Les journaux les plus conservateurs à ce point de vue sont, comme en 1974, *Femmes d'Aujourd'hui* et *Modes de Paris*. [...]

Conclusion

Qu'est-ce qui a donc changé dans les dénominations des femmes en 1984 et qu'est-ce qui est resté stable ?

Le changement le plus important nous paraît être la place prise par le monde du travail dans la vie des femmes, ce qui se traduit par une augmentation considérable des dénominations de professions. La variété de ces substituts, la diversité et la qualité de leurs contextes montrent à l'évidence que le travail féminin est réellement passé dans les moeurs. [...]

Le second changement majeur est l'éclatement de la famille nucléaire traditionnelle. Toutes les études que nous avons pu faire nous portent à croire que les locuteurs répondent là à un changement bien réel dans la mentalité des lectrices, surtout lorsqu'elles sont jeunes et qu'elles appartiennent aux classes sociales les plus favorisées. Tous les journaux sont cependant concernés et cela se traduit, ainsi que nous l'avons vu, par un échantillonnage varié des substituts du vocable *femme(s)* supposant une relation amoureuse avec un homme. [...]

Si les normes morales se sont indiscutablement diversifiées de 1974 à 1984, si la pression pour s'y conformer est moins importante, les normes physiques de minceur et de beauté sont devenues, quant à elles encore plus exigeantes. Plus que jamais les femmes doivent se conformer à la norme. Avec les nouveaux régimes et les nouvelles techniques de mise en forme, elles n'ont plus aucune excuse ! La seule modification sensible concerne l'âge. Nous avons vu que les femmes pouvaient, à condition de suivre les conseils des journaux, obtenir un délai de grâce au delà de la cinquantaine.

C. Galeazzi (1986) 'Les Dénominations des femmes dans deux corpus de presse féminine'. *Cahiers de lexicologie* 49, pp. 53-95, 76-85, 91-92.

4.5.

Genre et sexe

« Tu es vraiment trop con, » dit le père à sa fille de cinq ans. « Mais non, papa, pas *con, conne* ! » répond Anne-Natacha, pas vexée pour un sou, mais choquée de ce qu'elle considère comme une insulte à la langue. Ce n'est vraiment pas la peine d'être une fille si c'est pour être injuriée au masculin. C'est que la distinction entre le masculin et le féminin est au fondement de la langue française. L'enfant s'en saisit de façon très précoce. Cette distinction structure pour lui l'apprentissage du lexique, à tel point qu'il l'étendrait volontiers aux verbes. S'il réagit aux écarts, l'enfant reste perplexe devant les dissymétries : « Et une fille marin, comment ça s'appelle ? Une marine ? » Et les appellations génériques des animaux lui apparaissent facilement complémentaires : « Et le rat, c'est le mari de la souris ? »

« De la logique avant toute chose ! » nous intime ainsi le locuteur de français en herbe.

Logique ? Quelle logique ? La langue ne connaît que sa logique propre. Les irrégularités, les dissymétries, les anomalies y foisonnent, sans mettre en cause pour autant son caractère systématique. En français, comme dans les autres langues romanes, le genre se présente non comme un reflet grammatical de l'organisation naturelle de l'univers, mais comme un système de classement de *tous* les substantifs, qu'ils représentent des êtres animés ou des choses. Il en découle que la distinction masculin/féminin assume dans la langue deux rôles tout à fait différents. S'agissant des êtres animés, le genre apparaît fondé en nature. Son rôle est sémantique. Il nous renvoie directement à la partition sexuelle. Dans le cas des êtres inanimés, la répartition apparaît au contraire tout à fait arbitraire ; elle est génératrice de contraintes purement grammaticales et donc, par essence, « illogique ».

Mais l'identité formelle des deux systèmes ouvre la voie à des phénomènes de transfert. L'équation genre = sexe envahit volontiers l'ensemble de la langue. C'est ainsi que le genre devient prétexte à métaphores. On sera tenté alors [...] d'attribuer un « sexe » aux mots.

C'est un panorama complet du fonctionnement du genre en français que j'ai tenté de présenter dans ce petit lexique, l'information étant répartie entre les différentes entrées. Pourquoi dit-on que le masculin « absorbe » le féminin ? Les termes génériques — ceux qui renvoient à l'espèce — sont-ils toujours masculins ? Qu'est-ce qui différencie *personne* de *homme* et *individu* ? Pourquoi certains mots masculins — comme *laideron* — désignent-ils des femmes, tandis que des mots féminins — comme *sentinelle* — désignent des hommes ? Pourquoi les mots injurieux — comme *canaille, crapule* — ont-ils tendance à être du féminin ? Comment s'explique la péjoration des mots désignant les femmes ? Comment fonctionne l'alternance masculin/féminin dans les noms renvoyant aux êtres animés ? Pourquoi certains noms d'agent — comme *écrivain* — n'ont-ils pas de féminin ? Qu'est-ce qu'un épicène ? Le masculin est-il toujours le terme de base et le féminin le terme dérivé ? Quels mots ont changé de genre au cours des siècles ? Quels sont les mots à genre fluctuant ? Quelle est l'influence de l'analogie (formelle ou sémantique) sur la répartition des mots entre les deux genres ? Le genre des êtres inanimés a-t-il un sens ? Quelles représentations symboliques nourrit-il ? Quelles sont les fonctions du genre ? Est-il vraiment si inutile qu'il le paraît ? etc.

A la lumière des réponses apportées à ces questions, le genre apparaît comme le point de rencontre entre une structure grammaticale à la fois contraignante et fluctuante et les représentations sémantiques collectives des locuteurs francophones. On y observe mieux que partout ailleurs dans la langue l'interaction de la *forme* et du *sens*. [...]

Lexique

abbesse (latin *abbatissa*). Mot formé au xiie siècle sur *abbé* (du latin *abbas*), apparu au xie siècle. Il désigne la supérieure d'un couvent de religieuses érigé en abbaye. Il a donc une acception plus restreinte que le masculin, qui a connu une extension de sens depuis le Moyen Age et s'applique également au clergé séculier. C'est logique puisqu'il n'existe pas de clergé séculier féminin, du moins chez les catholiques. C'est aussi une des premières attestations de l'emploi régulier du suffixe *-esse* < *-issa*, issu du grec et transmis par l'intermédiaire du bas latin, c'est-à-dire précisément la variété du latin qui est parlée au Moyen Age (par les clercs). Très productif, ce suffixe s'ajoute à tous les noms d'agent masculins quelle que soit leur terminaison. Il connaît à l'époque deux variantes issues de fausses coupes, *-eresse* et *-gesse*. C'est ainsi que les féminins *chant-eresse* et *cler-gesse* (où le *g* provient par une alternance phonétique régulière du *c* final de *clerc*) sont responsables des formes *mir-esse* et *mir-gesse*, variantes féminines de *mire*, « médecin ». Ce mode de dérivation est néanmoins en concurrence dès l'origine avec d'autres qui vont le détrôner peu à peu. Les mots en *-eur* vont former de plus en plus leur féminin en -*euse* : *chanteresse* devient *chanteuse*. Les masculins à finale nasale s'adjoignent un -*e* et *lionnesse* devient *lionne* ; de même *patronnesse* est remplacé par *patronne* et ne survit que dans le composé *dame patronnesse*, à connotation péjorative. Le suffixe -*esse* subsiste dans des titres tels que *princesse, duchesse*, etc., dans *maîtresse* et dans quelques noms où il conserve une valeur distinctive par rapport à l'adjectif correspondant, dépourvu de marque de genre : c'est le cas de *Mulâtresse, Suissesse* et *Négresse*. Le suffixe -*esse* n'est cependant pas éliminé. Il reste vivant dans la langue populaire, qui en fait son mode de dérivation préférée chaque fois que se présente la nécessité de créer un nouveau féminin. C'est une évolution malheureuse pour l'image et le statut des femmes. Les mots en -*esse* [...] aquièrent une connotation péjorative, méprisante ou au mieux gentiment moqueuse, qui culmine avec les formations argotiques comme *chéfesse, goinfresse, gonzesse* et *fliquesse*. On est loin de la majestueuse *abbesse*, égale de l'homme par la fonction et le prestige. C'est à cette dépréciation qu'il faut attribuer la désaffection des femmes elles-mêmes pour des termes comme *doctoresse*, pourtant bien implanté dans l'usage au cours de la première moitié de notre siècle, ou bien encore *poétesse*.

[...]

abeille (du latin *apicula*, via le provençal *abelha*). Parmi les noms d'espèces vivantes, il s'établit une partition entre l'espèce humaine et les espèces animales. Alors que *homme* est le terme générique qui englobe le féminin, chez les animaux le terme générique est tantôt le féminin, comme c'est le cas pour *abeille*, tantôt le masculin. Lorsqu'il n'existe pas de terme spécifique désignant l'autre standard, on forme des noms composés avec *mâle* ou *femelle*. Ainsi, pour désigner le mâle de l'abeille, on dira une *abeille mâle* (lui conservant ainsi le genre grammatical féminin). Le terme générique, qu'il soit féminin ou masculin, est dit « non marqué » ; il constitue la base de l'opposition. On a cherché longtemps à fonder en nature cette répartition des espèces entre le genre féminin et le genre masculin. On a voulu entre autres utiliser le critère de la taille : les animaux petits (en particulier les insectes) seraient désignés au féminin et les grands au masculin. Un deuxième critère oppose les espèces domestiques (souvent féminines) et les espèces sauvages (souvent masculines). On peut citer d'innombrables contre-exemples dans l'une et l'autre opposition. Si la fourmi et la puce sont bien du féminin, le moustique et le taon sont masculins. Le mouton partage son territoire avec la chèvre ; et la baleine, tout comme la panthère, le disputent — l'une en taille, l'autre en sauvagerie — à l'éléphant et au lion ; de l'hyène et du chacal, il est difficile de dire lequel est le plus féroce. Ce qui est frappant, en revanche, c'est que cette différence dans l'emploi des termes génériques fait partie des moyens dont dispose la langue pour tracer une frontière entre l'*humain* et le *non-humain*. Le franchissement de cette frontière est l'une des sources de l'injure (*chien* !, *chienne* !, *espèce de dinde* !, *âne bâté* !, *ours mal léché* !, etc.) et de nombreuses métaphores […] [en] sont l'illustration. Certains animaux sont perçus comme étant d'essence masculine, à cause du nom générique qu'ils reçoivent (le loup, le renard, le lion) ; d'autres comme étant d'essence féminine ([…] [la] *souris*). C'est justement le cas de l'abeille, qui suscite tantôt l'image de l'abeille laborieuse, de l'ouvrière dévouée à sa tâche, tantôt celle de l'inconstante qui butine de fleur en fleur (concurrencée en cela, il faut bien le dire, par le papillon, masculin). Et on peut se demander pourquoi notre société ne fait pas plus grand usage de l'image de la Reine des abeilles, qui domine les mâles et finit par les mettre à mort. C'est sans doute qu'on dispose pour cela de la mante religieuse.

[…]

aigle Issu du latin *aquila*, le mot *aigle* a été longtemps du féminin […]. Nombre de mots ont changé de genre en français, d'autres ont fluctué. Le genre, contrainte essentiellement grammaticale et non motivée, subit l'influence de deux forces contraires : la *tradition*, parfois soutenue artificiellement par les grammairiens (qui ont cherché, dans certains cas, à restituer le genre étymologique), et l'*analogie*, qui peut être formelle ou sémantique. L'analogie formelle conduit à attribuer aux mots le genre que commande leur terminaison, à consonance maculine ou féminine : ainsi, *fresque* et *mosaïque* (respectivement de l'italien *fresco* et *mosaïco*, masculins) sont devenus féminins en français ; de même, *légume* en français populaire d'où l'expression argotique *une grosse légume* ; ou encore les mots d'origine italienne en -*ello*, qui ont donné des féminins en -*elle* en français (*ombrelle*, *ritournelle*). C'est là l'influence féminisante de -*e* muet (cf. les rimes féminines). *Cuiller*, ex-masculin, est devenu féminin par influence de la prononciation -*ère* (dont fait foi la variante orthographique *cuillère*), ce qui inscrit ce mot dans la même série que *théière* et *cafetière*. Inversement, *amour* est passé du féminin au masculin. C'est probablement une analogie à la fois formelle et sémantique qui a aligné l'*horloge*, autrefois masculine, sur la *montre* et la *pendule*. Dans le cas de *aigle*, il est probable que cet oiseau a été perçu comme symbolisant des vertus mâles plutôt que féminines ; cela a suffi à inverser son genre malgré la présence de -*e* muet. L'aigle, « roi des oiseaux », est ainsi devenu symbole impérial. Quant à l'*automne*, il a dû devenir masculin par influence des autres saisons.

[…]

beurette Féminin de *beur*, mot verlan dérivé de *arabe* et désignant les enfants d'immigrés nés en France. Il s'agit là d'un néologisme « sauvage », dont l'avenir dans la langue n'est pas assuré. Le mot est d'autant plus intéressant à observer qu'il échappe à l'emprise de la norme et des dictionnaires et nous permet d'observer le fonctionnement spontané des procédés de dérivation dans la langue parlée. Il est à noter que le suffixe *-ette* est diminutif et non féminisant (il s'ajoute à des noms déjà féminins). Quelles autres dérivations auraient été possibles ? *Beuse ?* *-eur* n'est pas dans *beur* un suffixe et n'a donc pas de raison d'alterner avec *-euse*. *Brice* est à écarter pour la même raison. *Beuresse* aurait dû s'imposer puisque *beur* peut être considéré comme appartenant à la sphère de l'argot, qui privilégie le suffixe *-esse* ([...] *chéfesse, fliquesse, gonzesse, juivesse*, etc.). *Beure* serait un choix neutre (cf. *prieure, supérieure*) qui aurait l'avantage de ne pas associer l'idée de petitesse à l'idée de féminin.

[..]

calculatrice Quand on dit *calculatrice*, on pense « machine qui permet de faire des calculs » plutôt que « femme qui calcule ». La machine à calculer fut à l'origine un *calculateur* (le calculateur arithmétique de Pascal). La forme *calculatrice* est une réfection destinée à harmoniser le mot avec les noms de machines. C'est une caractéristique de la structure lexicale du français que d'utiliser le féminin des noms d'agent pour désigner non seulement l'agente (ou plutôt l'agent féminin puisque *agente* est récusé par les dictionnaires), mais aussi la machine ou l'ustensile correspondant à une activité donnée. Les exemples en sont innombrables : *balayeuse, batteuse, cafetière, coiffeuse, cuisinière, écrémeuse, faucheuse, foreuse, jardinière, lessiveuse, mitrailleuse, moissonneuse, perceuse, tondeuse*, etc. Cette spécialisation du féminin a pu servir de prétexte pour bloquer la féminisation de certains noms de métiers traditionnellement masculins, comme *chauffeur de taxi, foreur, fraiseur, matelot*, etc. C'est de toute évidence un faux problème puisque la langue tolère déjà l'homonymie dans des cas comme *jardinière* et *cuisinière*. Notons aussi que le cas inverse se produit sans provoquer pour autant d'ambiguïté, puisque *distributeur*, par exemple, désigne à la fois un agent et un ustensile. Enfin, la tendance actuelle de la langue est à la formation de noms de machines et d'appareils du genre masculin. C'est ainsi que l'ordinateur détrône la simple calculatrice.

[...]

cerveau Le hasard de l'évolution du français nous a laissé quelques doublets, ou couples de mots de même origine, qui s'opposent par le genre. Il en est ainsi des couples *cerveau/cervelle, tonneau/tonnelle* et *vaisseau/vaisselle*. L'alternance *-eau/-elle* n'a pas ici la valeur qu'elle prend habituellement pour marquer l'opposition entre le féminin et le masculin des adjectifs ou des noms d'agent (comme dans *puceau/pucelle, beau/belle*). Il est évidemment tentant, et certains ne s'en sont pas privés, de justifier la différence de sens entre *cerveau* et *cervelle* par le fait que le mot masculin désigne un organe noble, caractéristique de l'espèce humaine, alors que le mot féminin désigne ce même organe chez les animaux et sous sa forme comestible. Au sens figuré, cette opposition est renforcée. « C'est un cerveau, » dit-on d'un homme très intelligent ; « cervelle de linotte » ou « sans cervelle », dit-on d'une personne peu intelligente. En fait, la question du genre mise à part, cette distinction joue un rôle sémantique important et s'inscrit dans un ensemble de procédés de différenciation lexicale entre l'*animé humain* et l'*animé non humain* (*cerveau* s'oppose à *cervelle* comme *visage* à *gueule*, *mourir* à *crever*, *accoucher* à *mettre bas*, *cadavre* à *charogne*, etc.). Dans ce cadre, les termes réservés aux animaux prennent un sens dévalorisant. Il est à noter que dans le cas des doublets *poitrine/poitrail*, c'est au contraire le mot masculin qui s'applique aux animaux.

[...]

chouette Comment ce nom d'oiseau de nuit a pu prendre son sens figuré actuel reste controversé. Au xviiie siècle, *chouette* figurait parmi les innombrables vocables désignant les prostituées. Le mot a évolué vers un sens positif, ce qui est assez rare pour être noté. Son emploi actuel est exclusivement adjectival et ne distingue pas entre le masculin et le féminin ; on dit : « Il/elle est chouette. »

[...]

cochonne La femelle du cochon est appelée *truie* et non *cochonne* (dans le cas des noms d'animaux domestiques, le masculin et le féminin sont souvent formés sur des racines différentes). Ce féminin « régularisé » correspond uniquement au sens figuré de « personne malpropre » (au physique ou au moral). De fait, *cochonne* est un cas de « surcomposition » ; historiquement, le masculin *cochon* a pour féminin *coche*, aujourd'hui inusité. *Cochon* s'intègre ainsi dans le petit groupe des animaux mâles dont le nom semble dérivé du nom de la femelle.

[...]

élève C'est le type même du nom épicène, c'est-à-dire non marqué du point de vue du genre. Les épicènes s'emploient indifféremment avec l'article masculin ou féminin. Les mots terminés par une consonne suivie de -*e* muet ont vocation à être de ce type. Le -*e* peut remonter selon les cas à un -*a* latin (comme dans *poète*, du latin *poeta*, masculin), à un -*o* (comme dans *élève*, de l'italien *allievo*, masculin), à un -*e* (comme dans *dilettante*, nom masculin en italien) et surtout à la finale des suffixes -*iste* (issu du latin) et -*logue* (issu du grec). On a donc affaire, en règle générale, à un -*e* étymologiquement masculin, mais le fait que -*e* muet soit une finale à consonance féminine rend la féminisation des noms d'agent de ce type très facile, sans qu'il soit nécessaire d'y adjoindre un suffixe. Cela explique l'absence de résistance à des emplois comme *une psychologue, une artiste, une journaliste, une fleuriste, une chimiste, une communiste, une imbécile, une fantaisiste,* etc. Il y a blocage lorsque la finale est en *-re,* comme dans *maire, maître* et *ministre.* Il s'agit de cas où la langue a forgé de bonne heure des féminins en *-esse,* créant ainsi toutes sortes de dissymétries (cf. *maîtresse*) et de difficultés d'emploi (notamment lorsque le statut d'épouse entre en conflit avec la fonction exercée par une femme, cf. *mairesse*). Pour certains mots, l'usage a fluctué entre le statut d'épicène et les différentes sortes de dérivation (ainsi dans le cas de *poète* et *philosophe,* dont les féminins *poétesse* et *philosophesse* sont attestés mais mal perçus). *Enfant* est un des rares épicènes (peut-être le seul) qui ne se termine pas par *-e* muet. Enfin, un problème particulier se pose lorsque la langue a réservé la forme féminine à un être inanimé, opérant une partition entre l'agent et l'objet. On distingue ainsi *un trompette* et *une trompette, un critique* et *une critique, un enseigne* et *une enseigne, un manoeuvre* et *une manoeuvre,* etc. Est-ce vraiment insoluble ?

[...]

maîtresse (*maistresse,* formé au xiiᵉ siècle sur *maistre,* du latin *magister*). C'est l'un des plus anciens féminins en *-esse* attestés et l'un de ceux qui se sont conservés, un grand nombre d'autres ayant été refaits sur d'autres modèles de dérivation. De même sens que le masculin au départ, *maîtresse* a subi au cours des siècles une dérive sémantique dans certains de ses emplois, d'où la dissymétrie flagrante que l'on observe dans la langue actuelle entre le féminin et le masculin, qui justifie deux entrées séparées dans les dictionnaires. Paradoxalement, c'est une conception élevée de la femme dans l'amour courtois au xiiiᵉ siècle, celle de la femme « maîtresse » (au sens figuré) du coeur de celui qui l'aime, qui est responsable du clivage fondamental entre *maîtresse* comme féminin de *maître* et *maîtresse* comme féminin de *amant.* C'est entre le xviiᵉ et le xixᵉ siècle que *maîtresse* dérive du sens de « femme aimée » à celui de « partenaire sexuelle hors mariage ». Il faut noter que, dans la langue moderne, le mot ne s'emploie plus guère.

Marina Yaguello (1989) *Le Sexe des mots* (pp. 11-13, 17-20, 22-23, 38-39, 43-44, 46-47, 50-51, 52-53, 69-70, 108-109). Paris : Belfond.